U0476688

昆玉河畔·首都师范大学哲学学术丛书

漫话哲学教育

Manhua Zhexue Jiaoyu

夏年喜◎编

中国社会科学出版社

图书在版编目(CIP)数据

漫话哲学教育／夏年喜编．—北京：中国社会科学出版社，2017.4
ISBN 978-7-5161-9532-1

Ⅰ.①漫… Ⅱ.①夏… Ⅲ.①教育哲学—文集 Ⅳ.①G40-02

中国版本图书馆CIP数据核字(2016)第325546号

出 版 人 赵剑英
责任编辑 冯春凤
责任校对 张爱华
责任印制 张雪娇

出　　版 中国社会科学出版社
社　　址 北京鼓楼西大街甲158号
邮　　编 100720
网　　址 http://www.csspw.cn
发 行 部 010-84083685
门 市 部 010-84029450
经　　销 新华书店及其他书店

印　　刷 北京君升印刷有限公司
装　　订 廊坊市广阳区广增装订厂
版　　次 2017年4月第1版
印　　次 2017年4月第1次印刷

开　　本 710×1000 1/16
印　　张 18
插　　页 2
字　　数 295千字
定　　价 79.00元

凡购买中国社会科学出版社图书，如有质量问题请与本社营销中心联系调换
电话:010-84083683

陈嘉映

译有海德格尔的《存在与时间》、维特根斯坦的《哲学研究》等，著有《哲学·科学·常识》、《说理》、《价值的理由》（译有韩文版）、《何为良好生活》等，被认为是“中国最可能接近哲学家称呼的人”。

白　奚

代表作《稷下学研究》（译有韩文版），是作者十年的发掘、排比、对勘和探索的成果，是“中国古代的思想自由与百家争鸣”探源的力作，荣获教育部优秀成果一等奖、北京市优秀成果一等奖。另有《先秦哲学沉思录》等。

陈　明

著有《儒学的历史文化功能》、《儒者之维》、《文化儒学》、《儒教与公民社会》等，文化保守主义、儒教主要代表，提出文化儒学和作为公民宗教的儒教，创办《原道》辑刊、原道及儒学联合论坛网站、原道文丛及原道译丛系列、原道书院等。

叶　峰

著有 Strict Finitism and the Logic of Mathematical Applications、《二十世纪数学哲学》、《从数学哲学到物理主义》等，一个被称作“当今中国最彻底的自然主义者”的学者，提出一种自然（物理）主义、严格有穷主义、唯名论的数学哲学。

陈　鹏

著有《20世纪现代新儒学》、《新实在论在中国》，在冯友兰等现代新儒家研究上有重要贡献，主张引入分析的方法推动现代新儒学发展。

程广云

著有《作为公民教育和对话教育的哲学教育》、《青春就是真理》、《当代中国精神》、《筑土为坛》等，致力于多元文化与公共政治的研究，提出“作为公民教育和对话教育的哲学教育”理念。

梅剑华

一个温和的物理主义者，致力于对自我、心灵、大脑的探索。一个跨文化论者，致力于认知科学、实验哲学视野下东西文化比较。

朱慧玲

译有桑德尔的《公正》、托马斯·斯坎伦的《道德之维》、玛莎·纳斯鲍姆的《正义的前沿》等。

叶磊蕾

一个从文学走到哲学的美学研究者。

目　录

【随笔】

作者题记

教育里最重要的是培养学生的独立判断力，培养他的自由人格，以期他成熟起来，能够在他自己的时代里，依他自己的性情，去获得他自己的善好，去过上一种有充实意义的生活。适当的哲学教育有助于这样的目标。

——陈嘉映

中国古人认为，哲学是为己之学，是人生的指导，其目的是提升人的境界和修养。今之哲学教育亦应回归“为己”的本质。

——白　奚

我理解的哲学教育是一种意义建构，是在个体生命成长到一定阶段时对于世界的基础、秩序及其与自己生命生活关系的提问、思考和尝试作答，并由此而使自己的大脑和心灵有所着落、有所安顿。

——陈　明

哲学教育包括以培育独立思考能力、理性精神为目标的普及教育，和以培养哲学专业人才为目标的专业教育。对于后者，目前应大力加强自然科学与社会科学基础教育，使未来哲学研究者具备广博的现代科学知识。

——叶　峰

哲学的本质是在本原上揭示新的可能性，因此，哲学教育的核心就是通过各种努力让学生学习、体会、领悟这种批判的精神和方法。

——陈　鹏

哲学教育是以公民教育为目标模式，以对话教育为实现模式的教育形态。这种哲学教育就是赋予公民理性、批判和反思的精神，为公民形成独立人格和自由精神奠定基础。

——程广云

论
文

哲学教育的历史、现状与未来

程广云

哲学本身具有教育（“教化”）功能（“无用大用之用”）。但是，哲学教育相应于哲学研究而言，讲坛哲学相应于论坛哲学而言。哲学具有三种基本形态，除了论坛哲学、讲坛哲学之外，还有实践哲学，亦即人们在日常生活中实际所奉行的哲学（“伦常日用之道”）。哲学研究也好，哲学教育也罢，都只有通过实践哲学产生效力，也就是在日常生活中发生效用。

近些年，有关哲学教育的改革和创新引起了人们越来越广泛和深入的思考。许多思考既聚焦技艺层面，更关注理念层面。显然，理念层面比技艺层面更根本和重要。为了正确提出、分析和解决问题，我们需要系统回顾哲学教育的历史，理解它的现状，以便真正把握它的未来。

中国传统伦理政治教育与哲学教育

中国传统的哲学教育也就是伦理政治教育，亦即意识形态教育。这也就是中国式的哲学教育。

首先，中国传统伦理政治教育依存的体制是官学为主、私学为辅。官学为主着重体现了政治对教育的主导地位；私学为辅着重体现了教育对政治的辅助作用。

夏、商、周三代，文化教育由官府垄断，各种知识都掌握在官府中，官守学术合而为一，国家有关典籍、档案、礼乐制度和一切文字材料等，都由史官负责解释、制作、收藏，此所谓“天下之术业，皆出于官师之掌故"[①]。夏、商、周"设为庠序学校以教之：庠者，养也；校者，教也；序者，射也。夏曰校，殷曰序，周曰庠，学则三代共之，皆所以明人伦也"（《孟子·滕文公上》）。"米廪，有虞氏之庠也；序，夏后氏之序也；瞽宗，殷学也；頖宫，周学也。"（《礼记·明堂位》）这就是说，夏、商、周三代贵族很重视教育，设立了贵族学校，学生都属贵族子弟，教师都由国家职官担任，教育的内容包括宗教、伦理、军事和一般文化知识。这就是中国官学的雏型。西周官学有"国学"与"乡学"之分。国学设在王城和诸侯国都，分小学与大学两级；乡学按地方行政系统，"家有塾，党有庠，术有序，国有学"（《礼记·学记》）。国学教育的对象限于王子、公卿大夫元士之嫡子，以及经过选拔的"国之俊秀"；乡学教育的对象，史无明文。西周初期的学校，是以习武为主，教师多由武官担任，"师"这个词即渊源于军旅和军官的称号。随着政治的稳定，经济、文化的发展，教育方面逐渐增加政治、伦理的内容，要求提高文化教养的水平，形成了以礼乐为中心的文武兼备的六艺教育。西周中期以后的学校，是以学文为主，教师多由文官担任。贵族奉行的原则是"德成而上，艺成而下"（《礼记·乐记》），认为学习科技是同高等贵族身份不相称的，所以学校并不重视科技教育。科技的传授是通过另外的渠道进行的，由专门事务官吏祝、史、医、卜及"百工"，父以传子，世代相继，成为"世业"。学校教育与"世业"并行，构造了中国教育传统官学为主、私学为辅的基本结构。

春秋时期，周室衰微，诸侯争霸，列强对土地、财富、权力以及文化知识的需求日益增长，打破官府垄断教育、推动教育走向民间成为大势所趋、人心所向。官学衰废，私学兴起，既是由于"天子失官，学在四夷"（《春秋左传·昭公十七年》），也是由于"士"的出现，造成了"文化下移"的社会基础。春秋初期，出现"养士"之风。到了战国时期，"养士"之风更为盛行。"邦无定交，士无定主"[②]，诸侯竞相"招贤纳士"，形成官办私学，尤其是齐威王和齐宣王建筑了高门大屋的稷下学宫，闻名

---

① （清）章学诚：《文史通义》，上海古籍出版社2008年版，第209—210页。

② （清）顾炎武：《日知录集释》中册，黄汝成集释，上海古籍出版社2006年版，第749—750页。

天下。士的出现，导致了“学在私门”的历史转型。儒墨两家私学，并称当时“显学”。学校从官府转移到民间，教育对象由贵族扩大到平民，教师可以自由讲学，学生可以自由择师，教学内容与社会现实生活联系比较密切。由于各家各派相互抗衡，而又相互补充，形成了“百家争鸣”的盛况，既促进了先秦时期学术思想的发展，又培养了大批的人才，各家各派大师辈出。

从夏、商尤其西周时代官学一统到东周（春秋战国）时代私学竞争，在中国传统教育模式这一伟大历史转型中，孔子以及儒家私学是其中的杰出代表。但是，孔子教育思想和实践的两面性（一方面打破官府垄断教育、推动教育走向民间；另一方面又将教育附属于伦理政治）以及这种两面性在诸如墨家、道家、法家等私学中的程度不等的反映，使得私学始终不能从对于伦理政治的依附中解放出来，获得思想上、学术上独立的品格。正是在这种情况下，在秦灭六国、天下一统后，出现了官学复辟的局面。在整个中国传统教育中，官学、私学长期并存，官学为主，私学为辅，这样一种局面始终没有改变。

在中国传统教育制度中，所谓“官学为主”具有这样几种含义：一是官府选士。中国传统选拔人才任用官吏制度，代有不同。汉代形成选士制度，以财富为主要条件，选举名不副实，请托相当普遍。魏晋南北朝实行九品中正制。行之既久，大小中正为世家大族所把持，品评人物的标准不是德才，而是门第，形成“上品无寒门，下品无势族”“公门有公，卿门有卿”[①] 的现象，成为巩固门阀势力的工具。为了消除这一积弊，由隋至唐，科举制逐步形成。至宋，科举广其名额，厚其荣利。至明，入学中举，考取进士，谋得高官厚禄，深入士子之心，比唐、宋两代，有过之而无不及。从九品中正制发展到科举制，历代皇权专制王朝通过考试选拔文官。这一制度把读书、应考和做官三者紧密地结合在一起，是中国选举制度、考试制度的一大典范。以“取士不问家世”[②] 为科举考试宗旨，“一切以程文为去留”[③]，科举制度几乎实现了中国传统士人“万般皆下品，

① （唐）房玄龄等：《晋书》第 4 册卷 31—卷 45（传）、第 8 册卷 89—卷 100（传），中华书局 1974 年版，第 1274、2382 页。

② （宋）郑樵：《通志》（志），浙江古籍出版社 2000 年版，第 439 页。

③ （宋）陆游：《老学庵笔记》，中华书局 1979 年版，第 69 页。

惟有读书高”“朝为田舍郎，暮登天子堂”① 的理想，世袭制、推荐制中的人为因素，被科场规制所拒斥，文章表达能力变成了决定士人前途的重要因素。历代皇权专制王朝确实通过科举选拔了大批德才兼备的人才。统治集团通过掌握考试权，也就掌握了教育的指挥权，这正是官学为主的首要含义。但是，科举逐渐凌驾于学校之上，使学校最终变成了科举的附庸。学校是培植人才之所，科举是选拔人才之法。宋仁宗时的范仲淹，宋神宗时的王安石，曾先后严厉批评过这种只取才不养人的重科举轻学校的错误做法。此后，明宪宗成化年间（1465—1487）开始盛行“八股文”取士，科举制衰落。讲关节、重门第乃至贿赂公行、舞弊屡禁不止，投机取巧形成风气，科举重又为富豪权贵所垄断。而八股则成为败坏学风和荼毒士人的罪魁祸首。顾炎武说：“八股之害，等于焚书，而败坏人材，有甚于咸阳之郊所坑者但四百六十余人也。”② 清光绪三十一年（1905），科举制在延续一千三百多年后被废除。二是官府办学。历代王朝的中央官学和地方官学，共同构成了中国传统社会的官学教育制度。中央官学指历代朝廷举办和管辖的、旨在培养各种统治人才的学校系统，主要分为最高学府（太学和国子监）、专科学校和贵族学校三大类。地方官学指历代官府按照地方行政区划设立的学校，或由中央朝廷制定地方官学制度在各地方设立学校，或由地方官府重视教育在其治所设置学校。中央官学，包括地方官学学校经费皆来源于官府，尤其宋元时期设置学田制度，划拨学田，保障经费。由于从中央朝廷到地方官府，无论在政治、文化，还是经济上，资源丰富，无与伦比，这就奠定了官学为主的教育格局。

在中国传统教育制度中，所谓“私学为辅”具有这样几种含义：一是文人私学传承百家之学。先秦私学“百家争鸣”，秦代官学“以法为教，以吏为师”（《韩非子·五蠹》），西汉初年官学推崇黄老之术，汉代以后官学“罢黜百家，独尊儒术”③。在官学只能传承儒学情况下，只有

---

① （宋）汪洙：《神童诗》，引自《神童诗·续神童诗》，张玮译注，中华书局 2013 年版，第 6、10 页。

② （清）顾炎武：《日知录集释》中册，黄汝成集释，上海古籍出版社 2006 年版，第 946 页。

③ （汉）班固：《汉书》第 8 册卷 47—卷 57（传二），［唐］颜师古注，中华书局 1962 年版，第 2523 页。

私学才能传承百家之学。从两汉经学（今文经学、古文经学）、魏晋玄学、南北朝隋唐佛学，到宋明理学、心学，明清实学、朴学，大抵私学贡献超过官学，尤其从唐中叶至清末，形成书院，从官方修书、校书、藏书的场所发展到私人读书讲学的场所；由私人隐居读书发展为置田建屋，聚书收徒，从事讲学活动。作为私学，书院与官学的根本不同之点，在于自由讲学，尤其宋明理学、心学主要以书院为基地，从北宋、南宋鼎盛，至明中叶，形成书院“讲会”制度。朱熹、王阳明等人对于书院发展，贡献良多。书院在中国历史上存在了近千年，历代皇权专制王朝为了加强思想控制，或利用，或抑制，乃至取缔（明末四毁书院）。而官学化则是书院发展的总趋势。光绪二十七年（1901）谕令各省所有书院，于省城均改设大学堂，各府厅直隶州均改设中学堂，各州县均改设小学堂。二是家庭私学承担蒙学教育。中国传统蒙学教育主要依靠私学。官立小学，兴废无常；私立学塾，通常由富家自办，专门为自家或亲戚子弟聘请教师授业，尤其明清时期已经定型，遍及城乡。其种类有：坐馆或教馆、家塾或私塾、义学或义塾。三是推动科技发展。中国传统科技教育同样主要依靠私学：自学成才、家学相传、师傅传授、朋友探讨，这一模式表明了中国传统科技教育的原始状态。

其次，中国传统伦理政治教育实现的模式是政教合一。“政教合一”原本是指政治和宗教的合一、政权和教权的合一。但是，中国式的政教合一之“教”不是宗教，而是意识形态教育。

儒家所谓政治与道德紧密联系在一起，亦即所谓伦理政治。“子曰：‘为政以德，譬如北辰，居其所而众星共之。’”（《论语·为政》）伦理政治的路径是将治人还原为治己，将治身还原为治心。因此，这种政治的关键是教育，所谓“三纲”“八目”——“明明德、亲民、止于至善”“格物、致知、诚意、正心、修身、齐家、治国、平天下”（《礼记·大学》）就是这样一个路径。教育优先于政治，教育是政治的前提和先决条件，只有良好的教育才能促成良好的政治，这就是儒家政教合一的基本思路。孔孟是通过伦理道德教育培养圣贤君子，实现仁政王道的政治理想。子夏的名言是：“仕而优则学，学而优则仕。”（《论语·子张》）这就将做官与求学、从政与为学紧密结合在一起，形成了士大夫阶层，形成了意识形态一体化结构，形成了学统、道统、政统三合一格局。

历史上，法家学派渊源于儒家学派，正是从孔子代表的儒家私学以伦理政治为宗旨的教育思想中产生了法家教育思想。商鞅提倡“耕战”，非议“诗书”，排斥“礼乐”，主张“变法以治，更礼以教百姓”，提出以官吏“为天下师”，“使学读法令”，主张以法家思想作为“壹教”（《商君书·更法、定分》）。韩非子提出“明主之国无书简之文，以法为教；无先王之语，以吏为师”（《韩非子·五蠹》）。法家“禁私学”的主张到秦王朝时变成了现实。“焚书”“坑儒”是文化极权主义的极端表现，加速了秦王朝的灭亡。汉以后两千年，中国传统社会虽再没有达到“焚书坑儒”这样一种文化极权主义高峰，但也没有出现“百家争鸣”这样一种文化多元主义高潮。

最后，中国传统伦理政治教育产生的影响有三个方面：一是教育替代宗教；二是人文取消科学；三是经学取代子学。

在中国教育史上，传统教育是以孔子以及儒家为代表的伦理政治教育。儒有多义：儒家指其思想流派，儒学指其学理，儒术指其治术，儒教指其教育（教化）。所谓儒教之“教”，不是宗教之“教”，而是教育（教化）之“教”。它有两个基本含义，就其体而言，它不是宗教，而具有教育的实质；就其用而言，它虽是教育，却发挥宗教的功能。此即教育为体，宗教为用。儒教的基本特征是以“现世关怀（现世关切）”和“人间关怀（人间关切）”来代替“终极关怀（终极关切）”，以伦理的“耻感”和审美的“乐感”来代替宗教的“罪感”和“爱感”。

中国传统文化基本格局，前期是“儒道互补”；后期是“三教（儒释道）合流”。真正的宗教精神在三教中均有所阙失，虽然阙失的性质和程度不一，譬如儒教缺乏“终极关怀（终极关切）”；道教太世俗，佛教也被世俗所污染；等等。但是，一极是宗教精神的阙失；另一极则是科学精神的阙失，两极相通，都是中国传统实用理性的文化精神的反映。而这实用理性又是由中国传统自然经济—封建政治决定的。科学精神和宗教精神的阙失是中国传统文化的两大基本特征。在中国传统科学文化，一方面是技术一度领先，另一方面则是科学一直落后；在中国传统人文文化，一方面是宗教衰落，另一方面则是迷信盛行。

中国传统的思想和学术可以分为两个时代：先秦以前的子学时代和秦汉以后的经学时代。中国古代学术又有大学、小学之分，小学（文字、音韵、训诂）是经学的附庸，大学是经学的意思。两汉时期流行经学，起初的意思是以注释六经为治学方法，包括今文经学、古文经学。今文经学是名副其实的经学，古文经学是以经学为名目的史学。明末清初，尤其乾嘉时代，出现了复兴汉学，反对宋学的学术潮流。于是便有汉学重考据，宋学重义理之说。在中国传统经史子集四学中，子学属于“百家争鸣”的自由思想，而经学则属于“定于一尊”的思想权威。经学取代子学的地位和作用，好比神学取代哲学的地位和作用。

总之，在家国一体和伦理政治的社会结构中，中国传统教育是以培养理想的圣贤君子亦即现实的臣民（等而下之的是奴才）为宗旨的。六艺中的二艺——礼、乐正是伦理政治教育，以孔子以及儒家为代表的伦理政治教育是中国传统教育的核心。

西方古典哲学教育

提及哲学教育，正像提及哲学一样，我们不能不从中国转向西方，并且不能不从现代回到古典。西方教育经历了从希腊教育、罗马教育、拜占庭教育、西欧中世纪教育到西方近现代教育几个历史发展阶段。其中，哲学教育只是在希腊教育中才能居于中心地位，起着主导作用。

所谓古典教育，在某种意义上，就是以古代希腊，尤其雅典的教育制度和柏拉图、亚里士多德的教育思想为典范的教育模式。古典教育就是自由教育（liberal education），自由教育就是人文教育，与之相对应的就是技能教育（skill education）。在古希腊，自由教育（人文教育）是自由人（奴隶主贵族）的教育，技能教育是奴隶的教育。前者是以受教育者具有闲暇为前提，以受教育者充分利用闲暇为手段，目的在于探索纯粹理论知识，以自由发展理性为目标的教育，后者属于职业训练；前者高尚，后者卑下。关于自由教育与职业训练的区分，反映了在古希腊，不同等级、阶级和阶层的人们只能享受不同的教育。中国通常把“自由教育”意译为“通才教育”或“博文教育”，“通识教育”或“博雅教育”，或者“文雅教育”，以别于学习各种专门知识的学科专业教育。

自由教育（人文教育）与技能教育的矛盾，或通才教育（博文教育）、通识教育（博雅教育）与学科教育（专业教育）的矛盾是贯穿整个西方教育制度史和教育思想史的一对基本矛盾。

斯巴达和雅典的教育体制代表了古代希腊教育的两种不同的类型。在某种意义上，斯巴达式的教育是极权主义教育的典范，儿童的生育、养育和教育均由国家监管，尚武教育（军事、体育）是其主要特征。雅典式的教育是自由主义教育的典范，儿童教育是家庭的职责和家长的义务，除体育、军事外，广泛涉猎其他人文教育领域。斯巴达教育的理想化部分表现在柏拉图的教育思想中，如儿童公有、教育公有等，而亚里士多德的教育思想则反映了雅典教育的精神。雅典教育是名副其实的公民教育，只有在公民教育中，才有哲学教育的地位和作用。

在古代希腊雅典的教育思想史和教育制度史上，智者的教育理论和实践是一个重要的环节。当时在希腊，尤其在雅典，有一批专门收徒取酬，传授所谓政治技艺的职业教师，号称“智者”。在柏拉图对话录《普罗塔哥拉篇》中，普罗塔哥拉讲了一个神话，用这个神话来说明智者传授的是一种不同于其他技艺的政治技艺，通过这种政治技艺人们获得廉耻和公正的美德，从而维系政治社会。在这篇对话中，普罗塔哥拉认为美德虽不是知识但可教，苏格拉底认为美德虽是知识但不可教。由于智者末流流于诡辩，柏拉图和亚里士多德把智者看成是歪曲真理，玩弄似是而非的智慧的人，亦即诡辩论者。这是希腊哲学传统称哲学为“爱智慧”而不是“智慧”，称哲学家为“爱智者”而不是“智者”的根据所在。古希腊文philosophia，由philo（爱）和sophia（智慧）合成。柏拉图、亚里士多德认为，智慧是属神的，只有神才能称为“智者”；而属人的则是爱智慧，人只能称为“爱智者”。依照古希腊文原义，作为爱智慧，哲学既是一种学问，也是一种修行。换句话说，前者是理论知识可教可学，后者是实践知识不可教不可学。

柏拉图和亚里士多德具有系统的教育思想。首先，柏拉图和亚里士多德都注意到儿童教育问题。在西方教育史上，柏拉图是第一个提出完整的学前教育思想并建立了完整的学前教育体系的人。同样，在《政治学》中，亚里士多德系统地探讨了儿童教育问题，从优生、节育到儿童教育，尤其论述了儿童教育的四门科目——读写（书算）、绘画、体操（体育）、音乐。其次，柏拉图和亚里士多德关于儿童教育的思想是服从于他们关于公民教育的理念的。在《理想国》中，柏拉图提出“关于教育和培养公民的原则纲要”。柏拉图认为，除了体操（体育）和音乐之外，自由人还需要继续学习几门课程——算术（算学）、几何学（平面几何、立体几何）、天文学、和声学，直到辩证法。这些为后来形成所谓七艺（seven liberal arts）奠定了基础。在《政治学》中，亚里士多德批评了斯巴达的尚武教育，为雅典的人文教育作了辩护。亚里士多德认为，教育不应当是斯巴达式的片面教育，只顾身体，不顾心灵；而应当是雅典式的全面教育，兼顾身心。最后，柏拉图和亚里士多德都讨论了哲学教育问题。

在希腊，尤其在雅典，哲学教育是公民教育的最高形态。柏拉图和亚里士多德的哲学教育思想是基于他们对于人性的理解。柏拉图明确将人性划分为理智、激情和欲望三个主要部分，认为理性是人性的最高部分，与理性对应的是知识，哲学是最高等级的知识。由此，柏拉图分别为统治者和被统治者设计了两种教育制度，认为哲学教育是培养城邦的统治阶级。亚里士多德更进一步明确将理性与德性、幸福连接起来，并且将德性划分为理智德性和道德德性两个基本方面，认为幸福的生活就是理性的生活和德性的生活。由此，亚里士多德主张哲学教育属于全体公民。柏拉图和亚里士多德创办的学园，是他们哲学教育的实验。他们的哲学活动就是他们的教育活动。他们的哲学教育活动是为城邦政治服务的，以培养合格的公民为宗旨。

首先，希腊古典教育确立了哲学教育的目标模式——公民教育。公民既是被治理者，也是治理者，公民之间的关系和君臣之间的关系和主奴之间的关系截然不同。亚里士多德把私人领域和公共领域划分开来，认为家庭（私人领域）存在着具有人身依附性质的三种关系——夫妇、父子、主奴，而城邦（公共领域）则存在着一种除妇女、儿童、奴隶和外邦人外的关系，这就是自由人（奴隶主贵族）之间的平等关系，也就是公民之间的关系。

在《理想国》中，柏拉图首先阐明了哲学教育的主体——“哲学家的天赋”：“具有良好的记性，敏于理解，豁达大度，温文尔雅，爱好和亲近真理、正义、勇敢和节制”，“敏于学习，强于记忆、勇敢、大度”。①

① ［古希腊］柏拉图：《理想国》，郭斌和、张竹明译，商务印书馆 1986 年版，第 233、244 页。

其次，柏拉图通过“太阳喻”和“洞穴喻”阐明了哲学教育的目的。所谓“太阳喻”，就是柏拉图把世界分为可见世界与可知世界，认为太阳照亮了可见世界，而善（好）则照亮了可知世界。可见世界包括肖像和事物，与之相应的是意见，包括猜测和相信；可知世界包括数学对象和理念（相、型或式），与之相应的是知识，包括了解和理解。所谓“洞穴喻”，就是柏拉图认为，人们在洞穴中由于没有太阳的照耀，因而只能看见事物的影子，不能看见事物本身；同样，人们在现实世界中由于没有善（好）的照耀，因而只能看见理念的影子——事物，不能看见理念本身。因此，哲学教育是传授最高形态的知识（理解），认识理念。再次，柏拉图通过回忆说阐明了哲学教育的方法。人们是怎样认识理念的呢？柏拉图认为：认识就是灵魂的回忆。“学习就是回忆。”① 柏拉图将知识和意见对立起来，认为关于感觉世界的意见是经验的，关于理念世界的知识是先验的，人们通过回忆获得知识。在柏拉图体系中，回忆说和灵魂不朽说、灵魂轮回说结合在一起。复次，柏拉图阐明了哲学教育的过程。柏拉图把算术（算学）、几何学（平面几何、立体几何）、天文学和声学当作类似于法律序言的学习的准备阶段，把辩证法当作类似于法律正文的哲学学习的阶段。在西方哲学史上，柏拉图第一次运用“辩证法”这一概念，并将它提到哲学的高度，认为辩证法是最高级的知识，它不必凭借假设而可以认识理念和第一原则。柏拉图认为，“有无辩证法天赋的最主要的试金石”就是能在联系中看事物。他认为，一个人必须经过长期准备，到了50岁可以学习辩证法。最后，柏拉图阐明了哲学教育的任务。柏拉图将智慧、勇敢、节制、正义称为四种美德。他认为，其中最主要的是理智，它应当成为其他三部分美德的目标，以及其他一切事物的目标。因此，教育的目标是培养人的理智，这就是哲学教育的任务。

在《政治学》中，亚里士多德论述了初等教育的四门科目——读写（书算）、绘画、体操（体育）、音乐，没有来得及论述高等教育的科目。但是，在《伦理学》中，亚里士多德给我们提供了一个哲学教育体系。亚里士多德将理智德性区分为知识的部分和推理（考虑）的部

---

① ［古希腊］柏拉图：《柏拉图全集》第1卷，王晓朝译，人民出版社2003年版，第77—78（72、507）页。

分，知识的部分的目标在于真，推理（考虑）的部分的目标在于正确。获得真和正确的五种方式是技艺、科学、明智、智慧和努斯。这里，除了科学、技艺之外，其他三种——明智、智慧、努斯都与哲学、哲学教育有关：明智属于实践智慧；努斯属于直觉智慧，同“始点”相关；智慧便是理论智慧。明智（实践智慧）、努斯（直觉智慧）、智慧（理论智慧）构成了哲学的三个领域，而培养上述三者则构成了哲学教育的三个目标。

同时，希腊古典教育确立了哲学教育的实现模式——对话教育。在西方教育史上，哲学教育这一古典形态以苏格拉底为人格典范。苏格拉底通过“对话”进行自己的哲学活动和教育活动。苏格拉底在“对话”中设立了“无知推定”的原则。苏格拉底所谓“自知其无知”亦即“人应当知道自己无知”[①]，就是认定这样一个前提：既然人人“无知”，也就证明“知识面前人人平等”。相反，柏拉图在《对话》中设立了“有知推定”的原则，认为人人先天具有知识，由于遗忘，变得无知，通过后天学习，亦即“回忆”——“学习就是回忆”[②]，就会唤醒一切知识。柏拉图帮助一个童奴学习（“回忆”）几何学正是这样一个例子。“无知推定”也好，“有知推定”也罢，都在消解权威预设，提供对话前提。

在古希腊罗马，哲学教育起先属于七艺中的一艺——辩证法（逻辑学），后来包括逻辑学、物理学（自然哲学）和伦理学（道德哲学）。这就是古典哲学教育的三个基本科目。但是，哲学教育这一古典形态在中世纪被宗教教育边缘化，当哲学成为神学的奴婢时，哲学教育也就成为神学教育的奴婢。在中世纪欧洲，以神学为核心，包括哲学、法学、医学是大学教育的四个基本科目。更进一步，哲学教育在近现代被科学教育边缘化。当文艺复兴打着“复兴古典文化”旗号时，科学的权威、技术的权威正在取代哲学的权威；当思想启蒙打着“理性”和“自由”的旗号时，这个“理性”和“自由”已经不是哲学的理性和自由，而是科学的理性

① ［古希腊］柏拉图：《柏拉图全集》第1卷，王晓朝译，人民出版社2003年版，第6—9页。

② 同上书，第77—78（72、507）页。

和自由、技术的理性和自由。这也就是现代理性（经济理性、私人理性）和古代理性（政治理性、公共理性）的区别。文艺复兴以来，古典教育模式受到了现代性即教育的大众化和实利化的挑战。在西方教育史上，夸美纽斯是最早提出普及教育的思想家。教育的大众化和实利化的一个重要表现是哲学教育被边缘化。到了近现代，哲学系科变成“低等系科”，法学、医学和神学变成“高等系科”。所谓系科之争，归根结底是现代性与古典、现代性与传统之间的冲突。

近代西方大学模式大致分为两种：英国大学模式和德国大学模式。英国大学模式以英国的牛津、剑桥和法国的巴黎高师为代表，强调以希腊文和拉丁文为中心的西方古典人文教育。洛克倡导“绅士教育”，就表现了这样一个特点。德国大学模式强调学术自由、追求真理，以自然科学研究方向为取向（当时新型社会科学主要以自然科学为模板），确立研究型的专业性的教育，尤其注重发展自然科学和技术科学的研究生院，建立专业系和学院、研究所和中心。洪堡反对等级学校，主张普及教育，在教育史上第一个提出大学教学应当与科研相结合。

现代西方大学模式主要就是美国大学模式。美国大学模式是“英国模式+德国模式”的混合型大学模式，美国大学是“英国式自由学院+德国式大学”的混合性组织。这种模式成型于20世纪四五十年代，其特点是：本科生教育秉承英国模式，强调通识教育，注重文化传承，而研究生教育则采取德国模式，注重研究、注重创新。

总之，以柏拉图和亚里士多德为代表的古典教育就是所谓“博文教育”、“博雅教育”（liberal arts）、“文雅教育”，与技能教育、学科教育、专业教育相对应。哲学教育就其本性而言，是公民教育的最高形态；就其形式而言，是通过对话教育实现的。在古代希腊雅典人们心目中，作为公民教育和对话教育的哲学教育是自由人（奴隶主贵族）的教育，而技能教育则是奴隶的教育。现代性将这两者的地位和作用颠倒过来。正是这样，在古典教育中有最高地位和起最大作用的哲学教育日益式微。于今，教育的大众化和实利化倾向日益深重。正是在这一时代背景下，许多有识之士呼吁教育“回到古典”，作为公民教育和对话教育的哲学教育因此呼之欲出。

西学东渐与哲学教育

自容闳的自传被翻译为《西学东渐记》后，“西学东渐”提法为人们所接受，概指明末清初尤其清末民初，欧美思想学术传播到中国并且被中国传统文化结构吸收和消化的过程。这一历史进程至今仍在持续之中。起初，西方传教士（如意大利耶稣会传教士利玛窦等）的动机是传播天主教，但真正的效果却是西方思想学术得到广泛、深入和持久的传播。西学逐步将中学边缘化。西学称为“新学”，主要是指科学，包括自然科学、社会科学、人文科学。中学称为“旧学”，主要在人文科学领域内继续产生影响，诸如国学热、经学热等，至今仍在发生作用。

西学（新学）的一个主要门类是哲学。Philosophy，明末清初的译名是“理学”“爱知学”或“穷理学”，沿用到了晚清，又有“性学”“性理学”或“因缘学”译名。日本明治维新时期学者西周首创“哲学”日文译名。黄遵宪的《日本国志》（1887 年撰成，1895 年刊行）首次将“哲学”这一译名介绍到汉语系统。自此而后，汉语学界遂以“哲学”正名。

如果我们考察哲学在中国的命运，就会发现它与教育有着密切关系，哲学把中国的传统教育提升到了近现代的层次，推进到了近现代的阶段。

中国现代教育转型始于清末。1902 年，清廷颁布由张百熙奏拟的《钦定学堂章程》，又称“壬寅学制”，未及实行；1904 年，清廷重新颁布由张百熙、荣庆、张之洞等奏拟的且以日本学制为蓝本的《奏定学堂章程》，又称“癸卯学制”，并付实行。清季学制改革“值智力并争之世，为富强致治之规”，按照“中体西用”原则，“节取欧、美、日本诸邦之成法，以佐我中国二千余年旧制”。[①] 这一学制改革“以忠孝为本，以中国经史之学为基”[②]，“端正趋向，造就通才……于智育体育外，尤重德

① （清）张百熙：《进呈学堂章程折》，引自《中国近代教育史资料汇编·学制演变》，陈元晖主编，璩鑫圭、唐良炎编，上海教育出版社 2007 年版，第 241 页。

② （清）张百熙、荣庆、张之洞：《重订学堂章程折》，引自《中国近代教育史资料汇编·学制演变》，陈元晖主编，璩鑫圭、唐良炎编，上海教育出版社 2007 年版，第 298 页。

育”，“宜注重读经以存圣教”，“中国之经书，即是中国之宗教”。[①] 这一指导思想反映在学制改革上，就是在大学堂设经学科，在中小学堂讲读经课程。清季学制改革在吸收科学的同时，为了捍卫经学，唯独拒斥哲学。1906年，清廷进一步明确“教育宗旨”，即“忠君、尊孔与尚公、尚武、尚实”五端。[②] 这反映了清季学制改革的保守性和顽固性。

当时，王国维提出了若干重要批评。首先，针对经学教育，倡导哲学教育。王国维批驳了张之洞等人的观点，论证“哲学非有害之学”“哲学非无益之学”“中国现时研究哲学之必要”“哲学为中国固有之学”“研究西洋哲学之必要”。[③] 其次，确立哲学教育在整个教育体系中的地位和作用。王国维认为“教育之宗旨”“在使人为完全之人物”，分为“智育、德育（即意育）、美育（即情育）”三部，“三者并行而得渐达真善美之理想，又加以身体之训练，斯得为完全之人物，而教育之能事毕矣”。[④] 在智德美体四育中，哲学教育具有首要的地位和作用。再次，揭示“哲学之与教育学之关系”。王国维将这种关系比喻为“物理学、化学之与工学之关系；生理学、解剖学之与医学之关系”。[⑤] 这是理论学科与应用学科的关系，由这种关系揭示了哲学的基础地位和指导作用。最后，反对“平凡之教育主义”，主张“知力之贵族主义”。所谓“平凡之教育主义”就是以为“为学之次第”“宜循小、中、大学之序”，王国维由办学首需师资而反驳这一观点，力主“大学之立之先于中小学，专门教育之先于普通教育”。所谓“知力之贵族主义”除了强调高等教育优先之外，应当包括哲学教育优先。[⑥] 王国维批评“大学及优级师范学校之削除哲学科”，尤其从哲学之与教育学之关系而批评优级师范学校之削除哲学科。王国维认为清季学制改革“根本之误”“在缺哲学一科”，主张“哲学之不可不

---

① 《钦定京师大学堂章程》《奏定大学堂章程》《奏定学务纲要》，引自《中国近代教育史资料汇编·学制演变》，陈元晖主编，璩鑫圭、唐良炎编，上海教育出版社2007年版，第243、348、494—495、498页。

② 《学部：奏陈宣示教育宗旨折》，引自《中国近代教育史资料汇编·学制演变》，陈元晖主编，璩鑫圭、唐良炎编，上海教育出版社2007年版，第543（547）页。

③ 《王国维文集》下，姚淦铭、王燕主编，中国文史出版社2007年版，第1—2页。

④ 同上书，第32、33页。

⑤ 同上书，第35页。

⑥ 同上书，第37、44页。

特置一科……经学文学二科中之必不可不讲哲学”。王国维还指出，研究哲学之所以“必博稽众说而唯真理之从”，是因为“今日之时代，已入研究自由之时代，而非教权专制之时代”。[①] 这是王国维的“独立之精神，自由之思想”[②]。总之，在中国现代教育转型中，王国维是倡导哲学教育的第一人，首先主张把哲学纳入教育体制并贯穿其他学科。

辛亥革命之后，在第一任教育总长蔡元培主持下，民国政府把哲学纳入教育体制，并在大学废止经学科，在中小学停止读经课程。针对清季学部“教育宗旨”，蔡元培认为“忠君与共和政体不合，尊孔与信教自由相违”。蔡元培把教育分为“隶属于政治”与“超轶乎政治”两类。隶属于政治的有“军国民主义、实利主义、德育主义”三者；超轶乎政治的是“世界观、美育主义”二者。他认为二类五种教育均不可偏废。这是修正清季学部“忠君、尊孔、尚公、尚武、尚实”五项宗旨而提出的。其中，“军国民教育、实利主义、公民道德”三项与“尚武、尚实、尚公”相等，而“世界观、美育”二项却与“忠君、尊孔”完全不同。[③] 其教育思想体系，是以军国民主义、实利主义为急务，以德育主义为中心，以世界观为终极目的，以美育主义为过渡桥梁。蔡元培力主“以美育代宗教”[④]，反对以孔教为“国教”。民国教育部公布《教育宗旨令》，明确“注重道德教育，以实利教育、军国民教育辅之，更以美感教育完成其道德”。[⑤] 其中仍然没有世界观教育。新旧教育体制根本区别在于以“道德教育”取代了“忠君”和“尊孔”，而“道德教育”“美感教育”则彰显了哲学教育的地位和作用。

由此可知，中国现代教育转型兴于民初，其关键是在教育体制中削除经学，纳入哲学。孔子以及儒家经典被分散至文史哲等学科，从而彻底颠覆经学在中国传统经史子集四学中的支配地位和决定作用。在中国现代教

① 《王国维文集》下，姚淦铭、王燕主编，中国文史出版社 2007 年版，第 38、39 页。

② 《陈寅恪集·金明馆丛稿二编》，生活·读书·新知三联书店 2009 年版，第 246 页。

③ 《蔡元培全集》第 2 卷，高平叔编，中华书局 1984 年版，第 136、130、134—135、136—137 页；第 7 卷，中华书局 1989 年版，第 196—197 页。

④ 《蔡元培全集》第 3 卷，高平叔编，中华书局 1984 年版，第 30 页。

⑤ 《教育部公布教育宗旨令》，引自《中国近代教育史资料汇编·学制演变》，陈元晖主编，璩鑫圭、唐良炎编，上海教育出版社 2007 年版，第 661 页。

育体制中，孔子亦是诸子中的一子，儒家亦是百家中的一家。这是符合共和政体的信仰自由精神的。当然，其中对于中国传统思想和学术的支离亦有弊端。然而民初学制改革的大方向和大趋势始终是正确的。但是，这遭遇了一些保守派和顽固派的阻挠。其中的代表是康有为。康有为从反对共和政体，主张君主立宪到尊孔教、立国教，附和袁世凯称帝、张勋复辟。在袁记教育体制中还形成了经学与哲学并立的局面。然而时势不可逆转。新文化运动在彻底拒斥旧文化过程中，彻底以新教育来取代旧教育。胡适、陈独秀等人按照“全盘西化”原则，“重新估定一切价值”，确立“民主”和“科学”的价值准则。这就造成了传统文化的断裂，但这一断裂却是中国文化的新生。

但是，当哲学教育取代经学教育的地位和作用后，它仍然面临着许多问题。举其要者有三：一是哲学教育和意识形态教育的关系；二是精英教育和大众教育的关系；三是通识教育和学科专业教育的关系。

第一，在教育和政治的关系上，中国现代教育转型初步突破了传统教育依附于政治的基本格局，在教育内容上采用了移植自西方的现代学科体系，在教育形式上采用了移植自西方的现代学校体制。尽管保守派和顽固派的教育思想一直希望传统教育的内容和形式得以复活，但中国教育现代化（西方化）历史潮流却早已浩浩荡荡，不可阻挡。然而，中国现代教育转型虽然在效果上初步突破了传统教育依附于政治的基本格局，但其中的动机却仍然存在于政治中（如“教育救国”等）。正是由于救国这种政治需要，为中国现代教育转型提供了强大动力，但也在这一转型中继续着政治的支配局面。

在中国现代教育转型中，意识形态教育无疑是一个重要的方面。在民国和人民共和国时期，国民党的三民主义的党义（党化）教育和共产党的马列主义的思想政治教育是中国现代意识形态教育的两大典范。在革命与战争年代，它们作为社会政治动员的手段和方法，无疑是十分有效的。但是，在和平与建设时期，意识形态教育不能取代哲学教育，因为前者适用于部分成员，而后者则适用于全体公民。

第二，在精英教育和大众教育的关系上，中国现代教育转型承担培养现代人才和普及现代教育的双重任务。蔡元培着力于高等教育改革实践，在担任北京大学校长时，提出大学在于研究高深学问。他提倡“思想自由、兼容并包”，主张学（“学理”）与术（“应用”）分校（前者称为“大学”，后者称为“高等专门学校”），文与理通科等教育理念。① 陶行知着力于平民教育改革实践，创办晓庄等平民学校。他提出生活教育、教学做合一等教育理念。生活教育的基本观点是：“生活即教育”，“社会即学校”，“教学做合一”，“行是知之始，知是行之成”。② 从延安到“文化大革命”时期，我们利用政权力量，普及教育，全民扫盲，是一个历史的进步。但是，将大众教育与精英教育对立起来，摧毁正规教育，是一个历史的倒退。改革以来，正规教育得以恢复。但是比较而言，精英教育成为中心，而大众教育则被边缘化。

整个中国现代化（西方化）历史进程的特点是先政治、文化现代化，后经济现代化。这就造成了民间资本的不足，无力转移到教育领域来。因而中国现代教育，大多仍然是官方资本支持的。所谓民办教育、社会办教育，迄今为止不过是官办教育、政府办教育的冗余而已。这里既有经济的制约，也有政治、意识形态的考量。但是，随着经济、文化持续发展，政治持续稳定，教育改革必须破除政府官办教育垄断局面，充分吸收民间资本，大力支持社会民办教育，推动教育改制，鼓励实践多元教育理念，这正是中国现代教育的唯一出路。

第三，近现代中国教育受到了近现代西方教育模式的深刻影响。20世纪50年代以来，我们学习苏联教育体制，这种体制的主要特点是从大学一年级起就实行学科专业教育，本科一年级就分学科分专业，因此现代中国大陆大学一直没有通识教育与学科专业教育的区分，与此相应也就一直缺乏大学人文教育的制度与传统。这是由当时国情、时代背景决定的。2004年，我国进入高等教育大众化阶段。当年，毛入学率达到19%。这样，现代性教育的两个基本方面——教育的大众化和实利化从此支配了现代中国的教育体制。现代中国的教育体制，尤其是大学教育，在总体上首先受到国家意志的制约，然后受到市场导向的制约及科层制的数字化、标准化和量化管理模式的制约。

---

① 《蔡元培全集》第3卷，高平叔编，中华书局1984年版，第5页；第7卷，中华书局1989年版，第200页。

② 《陶行知文集》，江苏省陶行知研究会、南京晓庄师范学校编，江苏教育出版社2001年版，第269、320、366—368、506、519页。

针对我国教育的大众化和实利化，及科层制管理的弊端，许多学者提出了教育改革的理念，并进行了尝试。近年，甘阳不仅在理论上而且在实践中探索了通识教育亦即博雅教育的模式。所谓“通识教育”，就是“共同教育”（common education）。在这个问题上，甘阳主要借鉴美国大学通识教育模式，认为其核心和灵魂是它们的“经史传统”，以人文社会科学为重心，以阅读历代西方经典著作为核心课程；普遍采取深度经典阅读的教学方式，特别反对我们习惯的“概论”和“通史”（即所谓“通识教育大杂烩”）的教学方法；普遍采取教授讲课与学生讨论并行的方式，讨论课严格要求小班制，一般不得超过 15 人。他还设计了五门“共同核心课”（中国文明史，中国人文经典，大学古代汉语，西方人文经典，西方文明史），每门课都应为一学年连续两学期。甘阳所谓共同核心课，就是以中西方人文经典深度阅读为基础，达到通识教育目标，中山大学博雅学院就是以此为教育方针建立起来的。甘阳的通识教育（博雅教育）主张以中西方人文经典阅读为基本导向；而蒋庆的通识教育则是主张回到中国传统，以中国人文经典尤其“四书”“五经”为基础，恢复儒学院和书院传统，恢复经学科和读经传统。

当今中国教育，究竟应当解构现代性，回到传统，回到古典，还是继续沿着现代化轨道发展？我们是否需要回到中国固有的传统教育体制，推翻清末民初的历次学制改革，乃至重新定位经学和哲学的关系？——这就是我们在思考哲学教育时需要回答的问题。

哲学教育的改革与创新

有别于传统伦理政治教育的现代哲学教育虽通过西学东渐传播且为我们所接受，但由于国情和文化传统的差异，却表现了我们自己的特色。比较当代中西哲学教育，我们可以发现许多差别。当前西方哲学教育虽各国有所区别，却具有两个基本特征：一是注重对问题的研究；二是注重对方法的训练。而当前中国内地哲学教育则相反，概论与通史相结合，缺乏真正问题意识。国内（境内）哲学专业的课程设计是按照学科分类的，哲学是一级学科，下面有马克思主义哲学、中国哲学、外国哲学、逻辑学、伦理学、美学、宗教学、科学技术哲学 8 个二级学科。哲学课程是按照各个学科设置的。而国外、境外哲学教育则是按照领域划分的，诸如形而上学、知识论、语言哲学和心灵哲学等。相比而言，问题意识的训练、思维方法的训练和学术规范的训练，是我们当前哲学教育匮乏的三个主要方面。

哲学教育的改革和创新亟待进行。这样的改革和创新不应该是枝节性的，而应该是根本性的。这就需要我们对于哲学教育给出正确定位，从而给出有效设计。

我们要知道哲学教育是什么，首先应知道它不是什么。首先，哲学教育不是科学教育，即知识化教育；其次，哲学教育不是思想政治教育，即意识形态化教育。科学（其代表如培根）诉诸经验证据，但哲学和宗教都不可验证；宗教（其代表如安瑟伦）诉诸超验信仰，但哲学和科学都属于理性；哲学（其代表如笛卡儿）诉诸理性怀疑。哲学和科学，和宗教既不完全同一，也不完全对立，各有划界标准。我们将哲学教育从科学教育中分离出来，并不等于取消科学教育；同样，我们将哲学教育从思想政治教育中分离出来，也不等于取消思想政治教育。二者应当相互兼容。哲学教育究其本性而言，属于公民教育门类；究其形式而言，具有对话教育特征。两个方面构成一个定义中的“属和种差”。换句话说，公民教育是哲学教育的目标模式，对话教育是哲学教育的实现模式。因此我们称之“作为公民教育和对话教育的哲学教育”。

哲学教育定位

目标模式	公民教育	非科学教育、非意识形态教育
实现模式	对话教育	非独白教育（灌输式、启发式）

当今世界是一个全球化的时代。一方面是社会和文化的多元化；另一方面则是人们努力在多元意识形态背景下进行对话，寻求共识，以便共存，这样势必推动权威政治朝着协商政治转型。在这样一个时代背景下，哲学作为多元文化、普遍意识和公共精神的表现，应当成为公民和世界公民教育的核心成分。哲学教育既是回到哲学和教育的古典形态，也是当今时代精神的产物和表现。在现代，正如在古典时期一样，哲学教育无疑是公民教育的最高形态。作为公民教育的最高形态的哲学教育，就是引导人们怀疑、批判、反思现成的一切知识体系和价值体系，这是公民（世界

公民）的基本人格，也是哲学教育的基本宗旨。

如何达到这一目的？哲学教育不仅要回到它的公民教育的本性，而且要回到它的对话教育的形式，只有通过对话教育，哲学教育才能培养独立精神和自由思想的公民。所谓对话教育，是与独白教育相对应的。现代教育的真正弊端是用权威式的独白教育代替了古典教育中的自由式的对话教育。所谓班级授课制，尤其大班制，是这种独白教育的典型。灌输式也好，启发式也罢，无非是独白教育的两种不同方式而已，其权威预设都是将现成的知识体系和价值体系传授给学生，学生只是教育的客体、对象，而不是主体，甚至教师都不是主体，而只是教材（现成知识体系和价值体系）的传播工具而已，无非一个采取强硬的手段和方法（灌输式）；另一个则采取温和的手段和方法（启发式）。正是在这样一种情况下，回到古典教育的真正含义是回到对话教育。对话教育充分体现主体与主体之间的关系，是两个以上主体之间的互动。作为真正自由和平等的教育方式，对话教育没有权威预设。我们之所以能够进行对话，是因为我们在一个知识底线上。没有这个知识底线，对话无法进行。

“对话（dialog）”是指两个人以上 N 个人之间进行的言语行为，其中 log 源自希腊词 logos（逻各斯）。对话的技术和艺术亦即“问答法”是“辩证法”的本义。因此，“对话（dialog）”的基本意思是两个人以上 N 个人之间交互进行的、形式上轮流交替的、内容上对立统一的言语活动。对话只是讨论，不是辩论。辩论是以求胜为目的的言语博弈；而对话则是以求真为目的的思想交流。在历史上，中国的名家、希腊的智者，都只知道辩论，而不知道对话。对话传统渊源于孔子弟子和再传弟子记录孔子言行的《论语》和苏格拉底学生柏拉图记录苏格拉底言行和表达柏拉图自己思想的“对话”。对话必须满足的基本条件和基本规则大致包括三点：首先，对话主体必须是自由的，他们之间必须是平等的。这种自由首先是言论自由，然后由政治自由来保障；这种平等首先是知识论意义上的平等，然后由社会学意义上的平等来保障。其次，对话过程必须是理性的，这种理性是公共理性和交往理性，对话主体之间必须始终是相互宽容的。最后，对话结果应该是对话主体之间共识的形成或扩大，或异见的减少或消除。

哈贝马斯在讲到协商时，提出三种有效性要求：真诚性、正确性、真实性。它们分别对应三个现实领域：主观世界、社会世界、客观世界。[①] 但是，对话并不等于协商。协商是共同决策，对话是交换意见。因此在理论上，对话比协商更容易一些；然而在事实上，对话也好，协商也罢，存在诸多困难。

有关对话理论的主要代表有三位：德国宗教哲学家马丁·布伯揭示了对话的存在论向度，主张将独白式的“我—它（他、她）”转换为对话式的“我—你”，“我—它”呈现的是对象世界、经验世界，“我—你”呈现的是关系世界。[②] 苏联时期俄国文艺理论家和哲学家巴赫金不仅揭示了对话的存在论向度，而且揭示了对话的语言学向度。他用“我与他人”表述了与布伯“我—你”相类似的思想，同时揭示了对话的种种话语特征，提出了复调理论、大型和微型对话理论，等等。[③] 英国科学家和哲学家戴维·伯姆揭示了对话的认识论向度，提出对话双方或各方悬置思维假定，破除思维定势和搁置己见，达成共识的方法和途径。[④]

只有通过对话教育，才能进行问题研究，进行思维训练。对话教育的几个基本步骤是：第一，问题导向。任一对话都是围绕某些问题进行，没有问题也就没有对话，有了问题也就有了对话。因此，对话首先在于提出问题，提出问题比分析问题和解决问题更根本和重要。问题是已经发生、尚未解决因而正在研究的，必须严格区分真问题和假问题的界限。第二，答案穷举。分析问题就是寻找各种可能解决办法，应当允许不断地试错和证伪，不设禁区，不设防线，不是以所谓终极真理来终结真理探索，而是以求知的勇气去不断开辟通往真理的道路。第三，优选答案。解决问题就是寻找一种最佳解决办法，条件有异，方案不同，最佳方案不仅是可行的，而且是效率（收益/成本）最高的，只有在比较中才能鉴别各种解决方案的优劣和好坏，从而做出正确取舍。

---

① ［德］尤尔根·哈贝马斯：《交往行为理论》第1卷，曹卫东译，上海人民出版社2004年版，第100、292—293、293页。

② 参见［德］马丁·布伯：《我与你》，陈维纲译，生活·读书·新知三联书店2002年版；《人与人》，张见、韦海英译，作家出版社1992年版。

③ 参见［苏］巴赫金：《巴赫金全集》第1—7卷，钱中文译，河北教育出版社2009年版。

④ 参见［英］戴维·伯姆：《论对话》，［英］尼科编，王松涛译，教育科学出版社2004年版。

对话理论在教育中已经得到了初步的应用。首先，对话教育应当扬弃独白教育的班级授课制，尤其是大班制形式，采取圆桌会议形式。其次，每次对话可以设立一个主持人、少数对话参与人和多数对话旁听人，所有主持人、参与人和旁听人一旦进入对话，均被视为承认对话的问题、程序和规则，以便对话正常进行。最后，主持人、旁听人，尤其是参与人应当具备对话必要的知识背景和思想基础，以便对话能够取得一定成效。

对话教育应当是建立在概论和通史的背景教育和经典教育基础上的。回到古典教育，就是回到公民教育，回到哲学教育，哲学教育是公民教育的最高形态；回到哲学教育，就是回到对话教育，对话教育是哲学教育的最高形式。当然，在现代教育中，对话教育具有两个基本前提——知识的背景和经典的基础，但是，背景教育和经典教育若不能导致对话教育，就不能达到哲学教育的目的。只有对话教育才能符合哲学教育的本性，实现哲学教育的本性。停留在背景教育上，我们只会死记硬背；停留在经典教育上，我们只会引经据典。若哲学的研究和教育只有诸如翻译、考证、梳理等，就没有真正的思想和学术。

哲学教育不仅是学科专业教育，而且是通识教育。在通识教育与学科专业教育之间并不是非此即彼的选择。古典教育就是通识教育，但它是奴隶主贵族的人文教育，反映了奴隶主贵族歧视奴隶劳动的心态，事实上与整个社会发展不相称。现代教育实现了普及教育的理想，这是历史进步。无论怎样，大众教育还是比精英教育更进步。当然，现代教育在大众化的同时出现了实利化的倾向确有弊端，但是，这是由现代社会历史状况决定的。现代社会的基本特点是职业分工，现代教育适应了现代社会的这一特点，表现为学科专业的分门别类，以技能教育为主导，因而出现了忽视人文教育的倾向。但是，一方面，通过现代学科专业教育培养出来的人才出现了人文精神失落、人文素质低下的现象；另一方面，现代社会职业分工的固定界限正在被打破，出现了非固定化的态势。这决定了通识教育的必要和可能。

通识教育三阶

初阶	背景教育（概论式、通史式）	高中
中阶	经典教育	大学本科低年级
高阶	对话教育	大学本科高年级

如何进行通识教育？首先，大杂烩式通识教育确实应该扬弃。概论式或通史式的通识教育，既不能提高教师的水平，也不能提高学生的水平。但是，完全抛弃背景知识教育也是行不通的。概论式和通史式的背景知识教育应该是通识教育的初阶，只是在教学中应该抛弃条条框框的讲授和背诵方式。我们可以把高中作为通识教育的初级阶段（现在受到应试教育限制）。

其次，经典教育应当是通识教育的中阶。只有具备一定的人文知识背景才能进入人文经典的深度阅读阶段。过去我们忽视经典阅读是错误的，但是近些年，学术界和教育界的风气是倡导经学和读经。甘阳、蒋庆等人倡导的经学热和读经热就是这一时代风气的产物和表现。他们中间有一些人甚至认为，在大学教育中，经典比个人理性更权威，大学教育主要不是自由式的个体启蒙教育，而是权威式的经典教育。但是，如果以经典权威来压倒个人理性，不仅违背现代教育的宗旨，而且违背古典教育的宗旨。我们不能将古典教育归结为经典教育，无论在古代中国，还是在古代希腊，无论在孔子那里，还是在柏拉图、亚里士多德那里，当时即使有了经典，如六经、荷马史诗等，但却没有什么经典教育，读经原本就是读书，经典有待于他们进一步创作。总起来说，在历史上，正是子学时代成就了“百家争鸣”的辉煌，而经学时代则造成了“定于一尊”的灰暗。

最后，既然古典教育并不是经典教育，那么它是什么呢？唯一的答案是对话教育。《论语》《对话》是古典教育作为对话教育的两个证据。在柏拉图的学园里，教学就是通过师生之间对话的形式进行的，因此柏拉图的学派叫作“学园派”。亚里士多德习惯于一边散步，一边讲学，因此亚里士多德的学派叫作“逍遥派”。对话教育是建立在概论和通史的背景教育、经典教育基础上的通识教育，是通识教育的高阶。总体来说，通识教育的三阶，应该在相应的三个阶段完成。概论通史教育应该在高中阶段完成；大学本科低年级阶段应当进入通识教育的中阶，以阅读经典为主；大学本科高年级阶段应当进入通识教育的高阶，以对话教育为主。三个阶段应当相互衔接，低级阶段应当包含高级阶段的内容和形式，譬如在概论、通史教育中选读经典文献，在经典教育中选择对话主题；反之，高级阶段应当包含低级阶段的内容和形式，譬如在对话教育中阅读相关经典文献，在经典教育中讲解相关概论、通史知识。通过这样三个阶段，循序渐进，最终在大学本科毕业时，完成通识教育任务。至于学科专业教育，从大学本科、硕士研究生、博士研究生三个阶段，根据各学科、各专业特点，予以规划。毫无疑问，人文教育尤其哲学教育，应当在概论和通史的背景教育、经典教育基础上更加突出对话教育。只有在这一意义上，哲学教育才能在系科之争中体现自身独特的意义和价值。

（原载《中国哲学年鉴 2015》“专文”，中国社会科学院哲学研究所编，谢地坤主编，中国社会科学出版社 2015 年版）

当代中国大陆的思想政治教育与公民教育

程广云

当代中国大陆并无所谓“公民教育”，取而代之的是“思想政治教育”，亦即马列主义意识形态教育。从小学到中学，“政治”都是一门基础课程。“中考”“高考”，乃至于研究生考试，都有“政治”科目。大学设有“公共政治”课程，并有相关的专业和学科。“思想政治教育”是设在“法学类”下“马克思主义理论”一级学科下之二级学科及其专业，在各个高等院校里一般依托于“马克思主义（教育）学院”。

改革开放以来，由于“思想政治教育”模式逐渐式微，于是就出现了一些替补类型。“心理健康教育”基于它的科学形态，近来逐渐获得了合法性和正当性，填补了“思想政治教育”留下的空缺。相比之下，迄今为止，“公民教育”仍然没有获得正式认可，没有形成正式体制，只是某些学者研究的问题，某些知识分子倡导的目标。最近几年有关“通识教育”的理论和实践在某种程度上蕴含了“公民教育”的理念。概括起来，除了“思想政治教育”路径之外，当代中国大陆“公民教育”理念包括这样两个基本方向：一是保守主义者企图以“儒教”为“国教”或“公民教育”的路径；二是自由主义者企图以“普世价值”和“宪法教育”为“公民教育”的路径。我将试图描述这一历史进程中的逻辑线索，表明自己在相关问题上的立场和态度。

一　思想政治教育

思想政治教育，亦即意识形态教育，就是将官方意识形态“灌输”到人们头脑中去，并且清洗一切异端思想。

马克思、恩格斯的理论与实践是奠基于西欧、北美资本主义的先进性与无产阶级的自发性的基础之上，“无产阶级意识”是欧美无产阶级内在固有的，无须“灌输”。只是到了列宁那里，由于俄国资本主义落后，无产阶级薄弱，才有必要将“无产阶级意识”“灌输”给俄国无产阶级。

当然，列宁主义根源于马克思主义。在对待几乎一切思想、学术、文化现象上，马克思主义一个最重要、最根本的特征是强调其历史性、阶级性。马克思主义认为：当一个阶级处于上升阶段，亦即它自身的利益与历史发展的总方向、总趋势相一致时，它的意识便趋向于进步和革命；反之，当一个阶级处于下降阶段，亦即它自身的利益与历史发展的总方向、总趋势相背离时，它的意识便趋向于落后和反动。因而，几乎一切学科都要受到历史境况和阶级境况的约束，其科学性是与其历史性和阶级性紧密联系在一起的。例如，在社会主义上，马克思和恩格斯认为：在科学社会主义出现后，空想社会主义就从批判和革命转向保守和反动。在政治经济学上，马克思将“资产阶级”政治经济学区分为“古典”政治经济学和“庸俗”政治经济学，批判继承、借鉴前者，反对后者，创立“无产阶级”亦即马克思主义政治经济学。在哲学上，恩格斯从哲学基本问题第一方面——世界（宇宙）的本原亦即思维与存在的第一性问题来区分哲学基本派别——唯物主义和唯心主义，列宁甚至将这一点提升到党（派）性原则高度上来。

但是，马克思和恩格斯仍然是以科学的、人文的态度来对待自己的“主义”。马克思主义意识形态色彩仍然不够鲜明。马克思在《国际工人协会共同章程》中指出：“工人阶级的解放应该由工人阶级自己去争取。”① 然而，列宁为了将经济斗争提升为政治斗争，反对自发性，强调自觉性，在《怎么办》中提出了著名的“灌输论”：“我们说，工人本来也不可能有社会民主主义的意识。这种意识只能从外面灌输进去。”“阶级政治意识只能从外面灌输给工人，即只能从经济斗争外面，从工人同厂主的关系范围外面灌输给工人。”② 这种“灌输论”已经显露了马克思主义意识形态的端倪。列宁主义是马克思主义意识形态化的典型。虽然哲学上的党性

---

① 《马克思恩格斯选集》第2卷，中共中央编译局编，人民出版社1995年版，第609页。

② 《列宁选集》第1卷，中共中央编译局编，人民出版社1995年版，第317、363页。

原则并不等于政治上的党性原则，但两者却密切相关。一旦将这一原则推广于一切艺术领域、学术领域，就会造成意识形态对于整个艺术、整个学术的支配地位和决定作用。列宁正是在这一意义上提出了著名的“齿轮和螺丝钉”比喻。1905 年，列宁在《党的组织和党的出版物》一文中提出了“党的出版物的原则”：“党的出版物的这个原则是什么呢？这不只是说，对于社会主义无产阶级，写作事业不能是个人或集团的赚钱工具，而且根本不能是与无产阶级总的事业无关的个人事业。无党性的写作者滚开！超人的写作者滚开！写作事业应当成为整个无产阶级事业的一部分，成为由整个工人阶级的整个觉悟的先锋队所开动的一部巨大的社会民主主义机器的‘齿轮和螺丝钉’。写作事业应当成为社会民主党有组织的、有计划的、统一的党的工作的一个组成部分。”列宁在论述中作了若干让步，但却坚持其中以意识形态来否定艺术自主性和学术自主性的核心原理。“德国俗语说：‘任何比喻都是有缺陷的。’我把写作事业比作螺丝钉，把生气勃勃的运动比作机器也是有缺陷的。……无可争论，写作事业最不能作机械划一，强求一律，少数服从多数。无可争论，在这个事业中，绝对必须保证有个人创造性和个人爱好的广阔天地，有思想和幻想、形式和内容的广阔天地。这一切都是无可争论的，可是这一切只证明，无产阶级的党的事业中写作事业这一部分，不能同无产阶级的党的事业的其他部分刻板地等同起来。……写作事业无论如何必须成为同其他部分紧密联系着的社会民主党工作的一部分。”①

起先的情况是：任何理论发现及其实际应用都要受到发现者和应用者的历史境况和阶级境况的制约。这一点无疑具有知识社会学的意义和价值。但后来的情况却是：只要一部艺术作品、学术成果被判定为属于进步的和革命的阶级，则其本身就是进步的和革命的；反之，只要一部艺术作品、学术成果被判定为属于落后的和反动的阶级，则其本身也是落后的和反动的。首先并且主要不是以艺术标准去衡量艺术，以学术标准去衡量学术，而是首先并且主要以政治标准来衡量一切，从而否定艺术和学术的普世价值。这就是艺术的意识形态化，也就是学术的意识形态化。在艺术意识形态宰制下，艺术标准让位于政治标准，艺术形式服从于思想内容；在

① 《列宁选集》第 1 卷，中共中央编译局编，人民出版社 1995 年版，第 663—664 页。

学术意识形态宰制下，学术标准同样让位于政治标准，学术观点、方法同样服从于政治立场。思想上、政治上正确与否变成了区分真假、善恶、美丑的标准。从而，一切情感的表现和艺术的创作、一切理性的探讨和科学的研究，即使不是在全部意义上，也是在首要意义上，还原为某种信念、理想和价值立场。意识形态对于艺术和学术的宰制的基本模式是：艺术创作、学术研究以最大限度满足政治需要为目的，艺术批评、学术批评往往将艺术问题、学术问题上升为政治问题，以政治力量来干预艺术论争、学术论争。在通常情况下，不仅以思想教育方式，而且以组织处理方式解决问题，轻则纪律制裁，重则法律制裁，直到以囚禁身体来囚禁思想，以消灭身体来消灭思想这样一种极权主义。在这样一种意识形态宰制下，真正的艺术就毁灭了，真正的学术也毁灭了。

苏联意识形态对于艺术和学术的宰制，可以斯大林和赫鲁晓夫时代的两人为例：一是日丹诺夫；二是李森科。苏联主管意识形态的领导人日丹诺夫为了捍卫布尔什维克党的党（派）性和原则性，曾给哲学史下过这样的定义："科学的哲学史，是科学的唯物主义的世界观及其规律底胚胎、发生和发展的历史……哲学史也就是唯物主义与唯心主义斗争的历史。"[①] "日丹诺夫教条"以哲学党派史取代全部哲学史，以哲学两条路线斗争史取代全部哲学史。李森科因"春化处理"育种法（亦即在种植前使种子湿润和冷冻，以加速其生长）而得名。"春化处理"育种法在俄国农业史上曾出现过，李森科根据农业生产经验，对此给予理论解释，但他推广这种技术，却不是依靠严格的科学实验，而是借助浮夸和弄虚作假。他不是出于学术考虑，而是出于政治考虑，坚持生物进化中的获得性遗传观念，否定基因存在性观念，名义上是"达尔文主义"，实际上是以拉马克和米丘林的遗传学来反对孟德尔—摩尔根遗传学，并把孟德尔—摩尔根遗传学派称为苏维埃人民的敌人。李森科把具体科学问题上升为哲学问题，进而把哲学问题上升为政治问题，声称"米丘林生物学"是"进步的""唯物主义的""辩证的""无产阶级的"；而孟德尔—摩尔根—魏斯曼遗传学则是"反动的""唯心主义的""形而上学的""资产阶级的"。[②] "李森科主义"把学术问题上升为哲学问题，以政治力量来干预学

---

① ［苏］日丹诺夫等：《苏联哲学问题》，李立三等译，新华书店1950年版，第4—5页。

② 参见［苏］麦德维杰夫：《李森科沉浮录》，李宝恒、赵寿元译，上海译文出版社1980年版。

术论争，孟德尔—摩尔根学派遭到镇压，米丘林—李森科学派取得胜利。

列宁主义对现代中国的影响，其中一个根本和重要的方面就是意识形态。中国国民党实行三民主义“党化教育”，中国共产党实行马列主义“思想政治教育”，其起源和本质都是列宁主义。相比当时俄国，当时中国资本主义更加落后，无产阶级更加薄弱。在一个半殖民地（“次殖民地”）和半封建的国家里，中共依靠广大农民进行武装斗争，必须“灌输”“无产阶级意识”。因此，“思想政治教育”首先发生于中共领导的军队建设。“枪杆子里面出政权”，“党指挥枪”，而“思想政治教育”则是实现上述目标的有效手段。然后，当中共武装夺取政权后，“思想政治教育”就扩展于中共领导的国家建设了。

当代中国大陆人文社会科学由于马克思主义的支配地位和决定作用，新中国成立以来相当一段历史时期是作为意识形态存在、发展的。

早在延安时期，中共就将文艺、学术作为“齿轮和螺丝钉”安装到了整个革命战争机器之中。1942 年，毛泽东发表了《在延安文艺座谈会上的讲话》。这篇讲话提出的文艺工作的指导方针同时也就是学术工作的指导方针。讲话涉及许多问题，中心的问题是两个：一是文艺与人民大众的关系；二是文艺与政治的关系。毛泽东指出：“我们的文学艺术都是为人民大众的，首先是为工农兵的，为工农兵而创作，为工农兵所利用的。”“文艺是从属于政治的，但又反转来给予伟大的影响于政治。革命文艺是整个革命事业的一部分，是齿轮和螺丝钉，和别的更重要的部分比较起来，自然有轻重缓急第一、第二之分，但它是对于整个机器不可缺少的齿轮和螺丝钉，对于整个革命事业不可缺少的一部分。……我们所说的文艺服从于政治，这政治是指阶级的政治、群众的政治，不是所谓少数政治家的政治。政治，不论革命的和反革命的，都是阶级对阶级的斗争，不是少数个人的行为。”“文艺批评有两个标准，一个是政治标准，一个是艺术标准。”“我们的要求则是政治和艺术的统一，内容和形式的统一，革命的政治内容和尽可能完美的艺术形式的统一。”① 讲话的基本贡献是提出了文艺以及学术工作的“二为”方向：一是为人民大众（工农兵）服务；二是为政治服务。这个讲话是革命战争年代和环境的产物和表现，

① 《毛泽东选集》第 3 卷，人民出版社 1991 年版，第 863、866、868、869—870 页。

对于中共文艺以及学术工作发生了重大而又深远的影响。在毛泽东《讲话》的指引下，延安文艺工作以及学术工作逐步形成了自己的特色，出现了一批既为人民大众（工农兵）所喜闻乐见，又服从政治需要的文艺作品。但是，许多文艺作品为符合政治标准而牺牲艺术标准，甚至以艺术来图解政治。这个问题在学术上也有类似表现。

新中国成立后，通过对于广大人民群众的思想教育，尤其对于知识分子的思想改造，更将文艺、学术作为“齿轮和螺丝钉”安装到了整个国家机器之中。即使在当时中共所提出的“双百”方针，即“百花齐放、百家争鸣”的方针中，仍然是以“辨别香花和毒草”和“判断我们的言论和行动的是非”为前提和基础的。1956年，毛泽东作了《论十大关系》的讲话。毛泽东指出：“艺术问题上的百花齐放，学术问题上的百家争鸣，我看应该成为我们的方针。”1957年，毛泽东《关于正确处理人民内部矛盾的问题》的讲话和《在中国共产党全国宣传工作会议上的讲话》，进一步系统地论述了“百花齐放、百家争鸣”的方针。他提出了“辨别香花和毒草”和“判断我们的言论和行动的是非”的“六条政治标准”：“（一）有利于团结全国各族人民，而不是分裂人民；（二）有利于社会主义改造和社会主义建设，而不是不利于社会主义改造和社会主义建设；（三）有利于巩固人民民主专政，而不是破坏或者削弱这个专政；（四）有利于巩固民主集中制，而不是破坏或者削弱这个制度；（五）有利于巩固共产党的领导，而不是摆脱或者削弱这种领导；（六）有利于社会主义的国际团结和全世界爱好和平人民的国际团结，而不是有损于这些团结。这六条标准中，最重要的是社会主义道路和党的领导两条。”①“百花齐放、百家争鸣”方针的提出，吸取、继承了我国历史上学术文化发展的经验，概括、总结了我国党领导科学文化的经验和教训，参考、借鉴了外国党领导科学文化的经验和教训。“百花齐放、百家争鸣”的方针，同中共的文艺、学术“为人民服务、为社会主义服务”的方向以及中共在科学文化领域其他重要的方针一起，是指导中国社会主义科学文化事业的根本方针。但是，所谓“辨别香花和毒草”和“判断我们的言论和行动的是非”的“六条政治标准”无法通过制度予以规范，在绝大多数场合下成为政

① 《毛泽东文集》第7卷，人民出版社1999年版，第54、234页。

治策略。历史证明，为了贯彻这一方针，必须建立民主法制（法治）。只有健全和完善民主法制（法治），才能从根本上保证科学文化事业的繁荣发展。

在毛泽东时代，人文社会科学的学习、教学和研究工作，以及众多的批判和争论，如对“新人口论”的批判，对条件论或唯条件论的批判、对生产力论或唯生产力论的批判，如所谓“三大哲学争论”：20世纪50年代中期关于过渡时期经济基础与上层建筑问题的争论（“单一论”与“综合论”的争论）、50年代末60年代初关于“思维与存在的同一性”问题的争论、60年代中期“一分为二”与“合二而一”的争论，都是以当时政治为背景，归根结底是意识形态性质的所谓“学术”争论。

甚至到邓小平时代，意识形态仍然占据主流。20世纪70年代末期关于真理标准问题的讨论，确立了实践标准，掀起了第一次思想解放运动，从而为终结毛泽东“无产阶级专政下继续革命”理论和“无产阶级文化大革命”实践，转向邓小平“建设有中国特色社会主义”理论和实践开辟了道路；直到90年代初期、中期，进一步确立了生产力标准，掀起了第二、第三次思想解放运动，推动了经济体制从计划经济到市场经济，所有制从国有到民有的历史转型。80年代中期关于人道主义和异化问题的讨论，自由主义知识分子在思想启蒙旗号下，宣扬人性、人道，反对异化。对于这样一种倾向，中共以“清除精神污染”来应答，将“反资产阶级自由化”与“扫黄”并列。90年代中期关于人文精神问题的讨论，是知识分子对于市场经济与人文精神之间的关系的思考。乃至于最近一些年来关于普世价值、公民社会、宪政问题的争论，这些仍然具有意识形态倾向。

二　心理健康教育

改革开放以来，随着思想解放、思想启蒙，以及社会的多元化、文化的多元化，马列主义意识形态以及思想政治教育愈益式微。虽然中共不断更新思想政治教育的内容，譬如从马列主义毛泽东思想到邓小平理论、“三个代表”重要思想和科学发展观，不断加强思想政治教育的形式，但它的效力却不尽人意。在这种情况下，若干替补形态出现。心理健康教育由于它的科学形态获得了合法性和正当性。

所谓心理健康，是在与生理健康相对应意义上提出的。现代人的健康理念已经更新：不仅确立了生理健康的标准，而且确立了心理健康的标准；并且，不仅识别了不健康状态，而且识别了亚健康状态。在这一背景下，心理健康的理论和实践愈益流行：医院开设心理门诊服务；学校开设心理健康教育课程；单位用人进行心理测验；灾难实施心理危机干预；心理咨询、心理治疗，诸如此类成为时尚。

心理健康亦称精神健康。何谓心理健康？标准何在？根据何在？

1946 年，第三届国际心理卫生大会将“心理健康”定义为：“心理健康，是指在身体、智慧以及情感上与他人的心理健康不相矛盾的范围内，将个人心境发展成最佳状态。具体表现为：身体、智力、情绪十分协调；适应环境，人际关系中彼此能谦让；有幸福感；在工作和职业中，能充分发挥自己的能力，过有效率的生活。”[①]

美国心理学家马斯洛和米特尔曼提出“心理健康十条标准”：①有充分的安全感。②对自己有充分的了解，并能适当地评价自己的行为。③自己的生活理想和目标切合实际。④与周围环境、事物保持良好的接触。⑤保持人格的完整与和谐。⑥具有从经验中学习的能力。⑦保持适当和良好的人际关系。⑧适度地表达和控制自己的情绪。⑨在集体允许的前提下，有限地发挥自己的个性。⑩在社会允许的范围内，适当地满足个人的基本要求。[②]

按照福柯说法，“健康”“正常”是被建构的。[③] 正像法律建构了违法和犯罪一样，医学建构了异常和疾病。只要我们阅读一下福柯，就会知道，精神病院像监狱一样，是被文明建构的。“疯癫不是一种自然现象，而是一种文明产物。没有把这种现象说成疯癫并加以迫害的各种文化的历

① 转引自周莉、赵妍：《大学生心理健康教育》，中国人民大学出版社 2010 年版，第 12—13 页。

② 同上书，第 14 页。

③ 福柯认为：“一般来说，可以说，到十八世纪末为止，医学更强调的是健康，而不是正常；……相反，十九世纪的医学更注重正常，而不是健康。”（［法］福柯：《临床医学的诞生》，刘北城译，译林出版社 2001 年版，第 39 页。）

史，就不会有疯癫的历史。”①

然而，与生理活动相比较，人类心理活动非常复杂，健康和疾病、正常和异常之间差别往往是相对的，制定一个统一的、公认的判别标准非常困难。从目前几个常用标准来考察，第一，个人主观经验。这是最古老的标准，是一种以一般人的心理活动与行为作为参照，进行对比的方法。第二，客观检查指标。这是最现代的标准，包括两种类型。一是医学检查。人脑的生理功能和组织结构受到损害，往往影响心理活动正常进行。但是在许多情况下，心理异常未必表现在生理异常上。二是心理测验（实验）。通过心理测验工具和心理实验仪器检查，判定人的心理活动和行为是否正常。与物理测量相比较，心理测量首先是通过行为表现进行的间接测量，各种主客观因素使得误差不可避免；其次是人的一种心理特征可以在多种行为上表现，测量只能选入其中一或二项作为行为样本进行，测量的标准化必须保证样本的代表性程度，保证测量的信度和效度达到质量标准，但是，由于心理量没有绝对零点，心理测量也就没有绝对标准，测量结果只是确定一个人在量表上的相对位置，需要参照一定标准作出解释。第三，归根结底，上述两个标准都依赖于统计学标准。人类心理特征分布呈常态曲线，多数人居中，即接近于平均数，少数人居于两端。将居中者划为常态，将居于两端者划为变态，这一方法，称为统计学标准。第四，上述标准又决定了社会适应性标准。多数人生活方式构成了少数人生活的社会环境，凡适应者为常态，不能适应者为变态，这一方法，称为社会适应性标准。

因此，关键的问题是：所谓心理健康及其标准预设了一个常人性格以及常态生活的模型。所谓常人、常态，在统计学意义上就是多数人及其日常生活方式。相反，所谓异类、变态，就是少数人及其日常生活方式。但是，在相当一些情况下，前者并非就意味着正常、健康，后者亦非就意味着异常、疾病。譬如，右撇子是多数，左撇子是少数，二者也都正常；异性恋是常态，同性恋以往被人们认为是变态，现在逐渐为人们所宽容；中性一度成为时髦，甚至连变性都逐渐为人们所接受。须知，我们现在处于

① ［法］福柯：《疯癫与文明——理性时代的疯癫史》，刘北城、杨远婴译，生活·读书·新知三联书店2003年版，封底。

多元文化时代，性别、种族差别已经不再具有价值尊卑高下的意义，甚至自然差异、文化差异也都不再具有价值尊卑高下的意义。健康人能够歧视残疾人吗？什么样的家庭是正常？除了核心家庭之外，丁克家庭、单身家庭不正常吗？我们应当同情地理解不同的人类生态。譬如，一个人的高矮胖瘦，只要不影响日常生活职能，原本都属于正常。但是，由于日常生活许多物事通常是按照多数人的尺度定制的，使得少数人的日常生活显得“不正常”，但却并非确实不正常。

一个定义就是一次归类，一个标准就是一次分类。心理健康及其标准也不例外。当我们将所谓常人、常态确定为心理健康标准时，我们就是按照这一标准区分心理健康、亚健康、不健康三种基本类型的人。当然，分类包括事实分类、价值分类两种。事实分类并不一定就意味着价值分类。但是，当我们使用心理健康、心理障碍、心理疾病这样一些术语时，显然就意味着价值排序。首先，就事实说，究竟是先有事实分类，还是先有分类标准？然后，就价值说，究竟是先有价值排序，还是先有排序标准？这个“鸡生蛋”和“蛋生鸡”的循环问题，在生理健康问题上比较容易解决，因为生理健康问题比较清晰。我们一般假定，长寿总比短命好，能够独立地、自由地执行日常生活职能的身体状况总比不能执行日常生活职能的身体状况好。生理健康、亚健康（障碍）、不健康（疾病），三者之间边界是比较清晰、容易测量的。相反，心理状态比较模糊，测量困难。譬如，一个人的个性由于不为多数人所认同，就会形成不适应环境和人际关系不和谐的状态，这一状态内化、积淀到人的心理上，久而久之，就会形成心理障碍乃至心理疾病。但是，即使心理障碍、疾病这一事实判断成立，也不能够决定价值判断。因为应当怀疑、批判、反思的不一定是这个人的个性，而可能是为多数人所构成的环境和人际关系，起码也有两个方面。因此，应当改变的不一定是前者，而可能是后者，或者也有两个方面。然而，心理健康的理论和实践并不引导人们怀疑、批判、反思社会现实，而是引导人们适应社会现实。它只承认“存在的就是合理的”，而不承认“合理的也是存在的”。因为改变不了世界，所以就改变世界观；因为改变不了人生，所以就改变人生观。按照它的理念，只有常人常态是健康的，可以列入正册。在这一尺度下，古往今来许多伟大的政治家、思想家、艺术家和科学家等，恐怕都得打入另册，因为非常之人，必行非常之事，他们的心态多少就“不健康”或“亚健康”了。这就是心理健康理念的常人常态心理。但是，在心理学中也有一些学派注意到了这一问题，例如马斯洛的人本主义心理学（“第三思潮”）就批判了以病态、变态人的心理来衡量健康、正常人的心理的弗洛伊德的精神分析学（“第一思潮”）和以动物心理来衡量人的心理的华生的行为主义心理学（“第二思潮”），主张以超常人（“自我实现的人”）的心理来衡量普通人的心理，着重心理潜能的开发和利用。[①] 这就说明，常人、常态未必是健康的、未必是正常的。但是，“超常”隐含的事实分类标准和价值排序标准仍然取消了人格和生态的多样性，并且以精英来衡量大众。

心理健康理念之所以流行，首先是因为科学兴盛。我们提到科学，必须具备两个前提：一是它的实验基础；二是它的数学形式。比较所有其他科学，心理学迄今为止是科学化程度较低的学科，它的实验基础、数学形式尚未充分具备。在某种意义上，即使不说它是伪科学，也可以说它是前科学或潜科学。

科学心理测量的产生和发展是心理学科学化的基本方面。由于实验心理学的诞生和发展，心理测量获得了严格的标准化程序。心理测量包括智力测量、人格测量等。有些以常模为参照的称常模参照测量；有些以标准为参照的称标准参照测量。英国心理学家高尔顿是第一个倡导心理测量的人。法国心理学家比奈是第一个倡导智力测量的人。1905 年，第一个科学智力测量——比奈—西蒙量表诞生。1916 年，美国心理学家特曼修订比奈—西蒙量表，形成斯坦福—比奈量表，首次使用了“智力商数”的概念，简称为 IQ（智商），是心理年龄和实际年龄的比值。[②] 目前国际常用的个人智力测量主要有两种：斯坦福—比奈智力量表和韦克斯勒智力量

---

① 参见［美］戈布尔：《第三思潮：马斯洛心理学》，吕明、陈红雯译，上海译文出版社 2001 年版。

② 20 世纪初德国心理学家斯特恩最早提出。1916 年特曼在修订斯坦福—比奈智力量表时，称为智力商数，简称智商（IQ），用公式表现为：$IQ = MA/CA \times 100\%$。若心理年龄与实际年龄相等，智商为 100，表示中等智力水平。这种用比率方法求得的智商，也称为比率智商（IQR）。目前通行的是美国心理学家韦克斯勒用离差表示智商的方法，也称为离差智商（IQD）。以一个年龄组或团体的平均智商为 100，标准偏差为 15 或 16（在韦克斯勒量表中为 15，在斯坦福—比奈量表中为 16），用计算公式为：$IQ = 100 + 15Z$，Z 是标准分数，其值等于（$X-\overline{X}$）/S，X 为测量得分，$\overline{X}$ 为团体平均分数，S 为标准偏差。

表。1990 年，心理学家首先使用了“情绪智力”的概念，简称为 EQ（情商），并且认为“情商比智商更重要”。[①]

一方面是心理学的科学化；另一方面则由于心理学科学化处于初级阶段或者低级层面，因而心理学研究领域常常伴随伪科学。现在伪科学大半渗透附着于心理学研究中。所谓心灵现象研究就是一个例子。它从古老唯灵论时期的催眠术经过唯灵论时期的招魂术发展到心灵学研究。心灵现象分为两类：一称超感知觉（Extrasensory Perception），是指所有不用任何已知感官获得有关物体、事件、地方或他人思想的现象，包括传心术（Telepathy）、天眼通（Clairvoyance）和预知（Precognition），此三种现象统称为 ESP 现象；一称意念致动（Psykenises），指用精神直接移动物体，统称为 PK。概括起来称超心理现象（PSI）。心灵学研究的性质是伪科学。与科学可控实验相比较，伪科学实验的特点是不可控：一是实验者效应，即持怀疑态度的实验者不能重复成功的实验；二是山羊—绵羊效应，即在相信者（即“绵羊”）面前表演时能成功，而在不相信者（即“山羊”）面前表演时则不能成功；三是 ESP 和 PK 的消失和转移效应，即受试者在实验中的 ESP 和 PK 功能没有出现，或比原先预想的差，就被称为 ESP 和 PK 的消失和转移；四是衰退效应，即在 ESP 和 PK 实验中，受试者在一连串拖延后得分降低或测试失败，就被称为衰退；五是害羞效应，即在测试受试者 ESP 和 PK 功能时，一旦实验严格控制和测试者密切注视时，受试者的功能消失，就被称为害羞。

心理学研究领域中的科学化倾向和伪科学干扰，这两个方面都折射到心理健康的理论和实践中，是我们特别应当关注的问题。坚持和发展其科学性因素，反对和扬弃其伪科学成分，是心理健康理论和实践工作的基本任务。

在日常生活中，应用心理健康理念时时、处处都有它的表现，我们出现心理问题，除了自我调适之外，通常寻找某个可以信赖的亲人、友人或爱人倾诉，而对方也予以劝说，从中我们在心理上获得排解。心理健康的理论和实践无非将这一日常行为专门化和职业化而已。

---

① 20 世纪末，两位美国心理学家梅耶、萨洛维最早提出。1995 年，丹尼尔·戈尔曼出版《情商：为什么情商比智商更重要》，推动了情商的研究。

心理健康理念之所以流行，同时是因为宗教衰落。古往今来，心理问题一直存在，正像生理问题一直存在一样，但是人们原本是托付宗教解决问题的，正像最初甚至连生理问题都托付宗教解决一样。在这一意义上，心理健康的理论和实践替代或者补充了宗教心理慰藉的职能。

但是，宗教实现心理慰藉职能多半是以刺激精神狂热为代价的。这是由宗教具有超越精神决定的。但是这一情况在各类宗教中表现不一。除了原始地方宗教之外，当代世界宗教大致分为三类：西亚先知型宗教（犹太教、基督教、伊斯兰教等）、印度神秘型宗教（印度教、佛教等）和东亚智慧型宗教（儒/道教、日本宗教等）。大致地说，由西往东，宗教狂热程度递减，理性程度递增。中国传统的道教以及印度传播的佛教，其中心理慰藉职能十分显著，而狂热精神则比较淡泊，但超越精神也比较淡泊。譬如禅宗提倡以平常心，做平常事，做平常人，已经非常切近现代心理健康理念的常人和常态标准。①

心理健康的理论和实践同时是意识形态的替代或者补充形态。意识形态将人的思想按照政治正确（这里不是在当代美国维护多元社会和文化的意义上应用“政治正确”［=“政治中立”］概念，而是在一般意识形态意义上）标准区分为正确与不正确。心理健康的理论和实践将人的心理按照心理健康标准区分为健康与不健康、正常与不正常。值得注意的是：以往马列主义意识形态标准的理论基础是斗争哲学，思想政治教育的基本原则和方法就是使人们获得正确的世界观和方法论，获得正确的立场、观点和方法。而现在心理健康标准的理论基础则是和谐哲学。心理健康教育的基本原则和方法就是使人们适应环境，形成和谐人际关系。因此，正像思想政治教育一样，心理健康教育也是意识形态教育，尽管它标榜价值中立，但却连意识形态中立都无法实现。诚然，它并不直接体现统治集团的利益和意志，但却表现常人的心态和愿望，从而间接维护现存社会稳定、发展与和谐的秩序。因此，心理健康教育是思想政治教育的替代或者补充形态。但是，当我们判定一个人心理不健康或不正常时，正像我们判定一个人政治不正确时一样，如果我们不批判不反思判定标准自身问

① 例如，至今依然流传的一首禅宗偈颂是：“春有百花秋有月，夏有凉风冬有雪，若无闲事挂心头，便是人间好时节。”（［宋］无门慧开：《禅宗无门关》十九“平常是道”。）

题，那么是危险的。譬如，假如社会现实本身是不健康不正常的，怎么可以只引导人们去适应它，不引导人们去怀疑它？

儒家一方面作为官方意识形态，具有伦理—政治教育（教化）职能；另一方面则作为民间意识形态，具有心理健康教育职能。儒家所谓“心安”，就是心理健康，还有所谓“理得”，就是政治正确。二者是相辅相成的。①

时下广泛流行“莫生气歌”等，多半是常人日常生活心态的写照。如果我们将传统心理健康观念与现代心理健康理念相比较，其中源流关系就更加明显了，例如时下流行的“‘十不’心理保健歌”。这种心理保健，是常人意识形态的反映，是常态生活方式的诉求。它适用于大多数人——平常之人、中等之人，也可以说就是庸人。当这样一种文化心态成为时代风气时，我们应当懂得，一个不需要巨人并且不能够创造巨人的时代、民族和国家终究是悲哀的。这就是心理健康教育的局限。

上述说明，首先，心理健康的理论和实践具有科学化和伪科学的双重特点；其次，心理健康的理论和实践是宗教心理慰藉职能的替代或者补充，同时消解了宗教的狂热精神，但也消解了宗教的超越精神；最后，我们必须充分意识心理健康理论和实践的意识形态性质，这种意识形态表征了常人的日常生活形态。总之，心理健康理念及其应用既替代了宗教也替代了意识形态，是以科学面貌出现的灰色意识形态。通过对心理健康理念及其应用的批判和反思，实现对日常生活的批判和反思，这是我们干预心理健康的理论和实践。只有充分具备怀疑、批判、反思精神的人，才是通情达理、心理健全的人。

三　回到传统教育

在整个中国传统教育中，官学、私学长期并存，官学为主，私学为辅，这样一种局面始终没有改变。所谓“官学为主”，一是官府选士；二

① 例如，郑板桥“难得胡涂”在古代士大夫以及现代知识分子中影响深远：“聪明难，胡涂尤难，由聪明而转入胡涂更难。放一着，退一步，当下心安，非图后来福报也。”

是官府办学。官府通过掌握考试权、选举权，达到了对于教育的间接的、绝对的控制，而又通过创办中央官学、地方官学，达到了对于教育的直接的、相对的控制。这就是官学为主的基本含义。所谓“私学为辅”，一是文人私学传承百家之学；二是家庭私学承担蒙学教育；三是推动科技发展。

“政教合一”原本是指政治和宗教的合一，政权和教权的合一。但是，中国式的政教合一之“教”不是宗教，而是意识形态教育。培根的“知识就是力量”① 就人和自然界的关系说明了要改造自然就要认识自然；福柯的“知识—权力”② 揭示了知识和权力在人类社会生活中的内在关系；阿尔温·托夫勒在描述当今时代特征时提出：知识正在取代暴力和财富，成为社会的主宰力量。③ 但是，中国传统社会早已具备这一时代特征。金观涛、刘青峰所提出的“政治结构和意识形态结构的一体化”（简称“一体化”）正是对中国式的政教合一的描述：“一体化概念是从社会组织方式角度提出的。一体化意味着把意识形态结构的组织能力和政治结构中的组织力量耦合起来，互相沟通，从而形成一种超级组织力量。我们知道，统一的信仰和儒家学说是意识形态结构中的组织力量，而官僚机构是政治结构中的组织力量。由于中国封建社会主要是通过儒生来组成官僚机构的，这便使政治和文化两种组织能力结合起来，实现了一体化结构。”④ 在中国传统教育中，官学是私学必须围绕的中心，着重体现了政治对教育的主导地位；私学是官学必要的补充形态，着重体现了教育对政治的辅助作用。中国传统教育的这种官学为

① “人类知识和人类权力归于一；因为凡不知原因时即不能产生结果。要支配自然就须服从自然；而凡在思辨中为原因者在动作中则为法则。”（［英］培根：《新工具》，许宝骙译，商务印书馆 2009 年版，第 8 页。）

② “权力制造知识（而且，不仅仅是因为知识为权力服务，权力才鼓励知识，也不仅仅是因为知识有用，权力才使用知识）；权力和知识是直接相互连带的；不相应地建构一种知识领域就不可能有权力关系，不同时预设和建构权力关系就不会有任何知识。”（［法］福柯：《规训与惩罚——监狱的诞生》，刘北城、杨远婴译，生活·读书·新知三联书店 2003 年版，第 29 页。）

③ 参见［美］阿尔温·托夫勒：《权力变移》，周敦仁、徐以骅、陈寅章、沈培娣等译，四川人民出版社 1991 年版。

④ 金观涛、刘青峰：《兴盛与危机——论中国社会超稳定结构》，（香港）中文大学出版社 1992 年版，第 28 页。

主、私学为辅的结构是中国式的政教合一制度的完整表现。儒家意识形态不仅影响了官学，直接作用于中国传统政治结构；而且通过对私学的影响，对中国传统政治结构产生了间接作用。二者相反相成，这是中国式的政教合一制度。

孔子所开创的儒家意识形态、儒学、儒术，之所以被称为儒教，是因为孔子的教育思想和实践，使其成为“至圣”（“文圣”）、“素王”“万世师表”。儒教之“教”，不是宗教之“教”，而是教育之“教”（教化之“教”）。这种教育继生育、养育后，通过内化—积淀方式，实现着人类自身的生产和再生产，建构了中华民族的文化—心理结构。关于儒教，孔子有一个减法表述和一个加法表述。减法表述是：“子贡问政。子曰：‘足食。足兵。民信之矣。’子贡曰：‘必不得已而去，于斯三者何先？’曰：‘去兵。’子贡曰：‘必不得已而去，于斯二者何先？’曰：‘去食。自古皆有死，民无信不立。’”（《论语·颜渊》）这里的“信”包括政治信任、伦理信用以及一般信念含义，但是由于此处强调超越生死，势必包含宗教意义。这个减法表述说明，孔子认为政治需要三个基本条件：“足食”（经济）、“足兵”（军事）、“民信”（宗教）。孔子认为，从政治信任、伦理信用到宗教信仰，是比经济、军事更不可或缺的首要条件，由此可见宗教对政治的优先性。加法表述是：“子适卫，冉有仆。子曰：‘庶矣哉！’冉有曰：‘既庶矣，又何加焉？’曰：‘富之。’曰：‘既富矣，又何加焉？’曰：‘教之。’”（《论语·子路》）这个加法表述说明，孔子认为政治具有三个基本功能，首先是增殖人口，也就是人类自身的生产和再生产；其次是发展经济，也就是物质资料的生产与再生产；在这两个基础上发展教育。此处的“教”是教育。由此可见人口、经济对教育的优先性。我们认为，孔子所创立的儒教的基本含义体现在这两个表述及其相互关系中。一方面，就宗教意义上的信仰说，精神因素是第一位的，物质因素是第二位和第三位的。另一方面则就教育说，人口因素、经济因素是第一位和第二位的，教育本身是第三位的。若减法表述是一种先验表述，则加法表述是一种经验表述。因此，我们所理解的孔子所谓儒教具有两个基本含义，就其体而言，它不是宗教，而具有教育的实质；就其用而言，它虽是教育，却发挥宗教的功能。此即教育为体，宗教为用。蔡元培说“以美育代宗教”①，梁漱溟说“以道德代宗教”②，我们认为“以教育代宗教”更加切近于中国传统文化之现象实情。

当今中国，儒教思潮是文化保守主义思潮的主要表现，其中又有两个主要流派：一是“国教论”；一是“公民宗教”论。代表人物便是蒋庆、陈明，所谓“南蒋北陈”是也。

在“关于重建中国儒教的构想”一文中，蒋庆系统地提出了“重建中国儒教的构想”即儒教国教论。此文的特点是思想的极端、行文的直白，足以惊世骇俗、益人神智。

在该文中，蒋庆首先将“儒教”与“儒家”“儒学”作了比较，他说：“儒家是一个学派，存在于儒家义理价值未上升为‘王官学’（国家主导意识形态）的时代，即存在于儒家义理价值未形成国家‘礼制’‘文制’以安顿人心、社会与政治的时代。儒家一词的对应者是其他学术流派……‘儒家’是中国历史文化的衰世之词，是边缘化于中国文化权力中心的被放逐者的称号。”“儒教……是一个具有独特文化自性的自足的文明体，存在于儒家义理价值上升为‘王官学’（国家主导意识形态）的时代，即存在于儒家义理价值形成国家‘礼制’‘文制’以安顿人心、社会与政治的时代。儒教一词的对应者是其他的文明体……‘儒教’是中国历史文化的盛世之词，是中国古圣人之道占据中国文化权力中心时的称号。”至于“儒学”，既是“儒家的学理系统”，又是“儒教的教义系统”，“价值渊源”都是“儒经”。③ 蒋庆的目的是贬低“儒家”，抬高“儒教”。将“儒教”这一“文明体”的部分说成是一“文明体”的全部。其实，蒋庆所谓“衰世之词”和“盛世之词”的说法是不能成立的。为了论证“儒教”之“国教论”，蒋庆索性编造历史：“儒教的历史长于儒家，夏、商、周‘三代’即有儒教，严格说来伏羲时代已有儒教，因儒教是一文明体，伏羲画卦即开创了中国文明。此外，‘圣王合一’‘政教合一’‘道统政统合一’是儒教的本质特征，也是儒教的追求目标，伏

① 参见《文化融合与道德教化——蔡元培文选》，张汝伦编选，上海远东出版社 1994 年版，第 306 页。

② 参见梁漱溟：《中国文化要义》，上海人民出版社 2005 年版。

③ 蒋庆：《关于重建中国儒教的构想》，载《中国儒教研究通讯》2005 年第 1 期，中国社会科学院世界宗教研究所儒教研究中心编，第 3 页。

羲时代即具备了这些特征，故伏羲时代即有了儒教。春秋、战国、秦汉之际儒教退出中国文化权力中心边缘化为儒家，汉武帝‘独尊儒术’后儒家又回到中国文化权力中心的位置上升为儒教，一直到一九一一年儒教崩溃，儒教又退出中国文化权力中心的位置下降为儒家。”[①] 这里起码存在这样两个问题，一是将想象的“历史”当成了真实的历史（所谓“伏羲时代”），既缺少文献学的依据，更没有考古学的证据；二是颠倒“盛世”“衰世”用法，将“百家争鸣”的时代说成了“衰世”，将“定于一尊”的时代说成了“盛世”。蒋庆的核心观点是“全方位地复兴儒教”（“儒教文明”），认为“复兴儒教是复兴中国文化重建中华文明的当务之急”。[②] 蒋庆不仅将“中国文化”（“中华文明”）全部归结为汉族文化（文明），完全置外来文化以及其他少数民族对于中国文化和中华文明的贡献（从“夷夏之辩”“华梵之辩”以及“佛学东渐”到“中西之辩”以及“西学东渐”这一整个中国文化和中华文明的历史进程）于不顾，而且将汉族文化（文明）全部归结为“儒教文明”，完全置这一文化（文明）的多样性和一体性（“儒道互补”以及“外儒内法”“外道内法”，“三教合流”以及“三教九流”）于不顾，甚至为了抬高“儒教”，贬低“儒家”，诸如此类，不仅与当今中国文化和中华文明的多元开放的态势相冲突，而且与中国文化和中华文明的历史传统（“汉唐盛世”）相违背。假如我们接受他的主张，那么，“中国文化”（“中华文明”）一定不能进入“盛世”，只能落入“衰世”。

蒋庆阐发了他的儒教“宗教论”，继而阐明了他的儒教“国教论”。“儒教的‘教’既有中国文化中‘礼乐教化’与‘道德教育’之义，又有西方文化中‘神人交通’的‘宗教’之义；既有信奉‘天道性理’‘良知心体’的超越信仰之义，又有实现‘神道设教’的治世功能之义。”[③] 蒋庆在重弹了儒教“宗教论”的老调后，接着进入了儒教“国教论”的主题：“在中国‘三代’以来的历史中，除儒教降为儒家的少数时代外，儒教一直是国教。国教的特征就是‘政教合一’，即‘道统政统合

---

① 蒋庆：《关于重建中国儒教的构想》，载《中国儒教研究通讯》2005年第1期，中国社会科学院世界宗教研究所儒教研究中心编，第3页。

② 同上。

③ 同上。

一'，国家担负着道德教化的职责，是实现儒教超越神圣价值的工具或载体。儒教作为国教的根本标志是将圣人义理之学上升为'王官学'，即上升为国家意识形态，就是今天所说的'宪法性原则'，此原则是中国一切政治礼法制度的价值基础。此外，儒教作为国教解决了国家的文明属性问题，确立了国家的文化自性，形成了中国人共同的文化共识与精神信仰。"[①] 鉴于我们已经批驳了儒教"宗教论"，对于儒教"国教论"原本可以置之不理，但是，由于这是一个核心观点，我们还是可以提出三点反驳：第一，"儒教一直是国教"并不符合史实。即使将"儒教"理解为伦理政治意识形态，将"国教"理解为"国家意识形态"，即使考虑它的限制条件，儒教仍然并非一直是国教。在绝大部分情况下，统治阶级是通过"儒道互补"以及"阳儒阴法""阳道阴法""三教合流"进行统治的。第二，所谓"王官学"、国家意识形态或"宪法性原则"完全背离了现代政治的根本特点和精神。现代政治要求政教分离，不仅政治与宗教分离，甚至政治与意识形态分离，在多元文化背景下形成公共政治领域。第三，所谓国家的文明属性、国家的文化自性、共同的文化共识与精神信仰，不能是单一的，只能是多样的、交叉和重叠的共识。因此，蒋庆提出所谓"儒教""三大功能"（"解决政治秩序的合法性问题，为政治权力确立超越神圣的价值基础；解决社会的行为规范问题，以礼乐制度确立国人的日常生活轨则；解决国人的生命信仰问题，以上帝神祇天道性理安顿国人的精神生命"[②]），认为"今天重建儒教的目的就是在新的历史时期用儒教来解决中国的政治问题、社会问题和人生问题"[③] 完全是开历史倒车。

其次，蒋庆还给出了重建中国儒教的两条路线：上行路线和下行路线。所谓"上行路线"（"传统路线"）就是："儒教上升为'王官学'后儒教与政权合一，政治权力成为儒教价值的载体，然后儒教价值再从上到下影响到社会形成礼乐教化的'礼制''文制'，通过'礼制''文制'起到安顿社会人心的作用。……具体来说，就是'儒化'当代中国的政

① 蒋庆：《关于重建中国儒教的构想》，载《中国儒教研究通讯》2005 年第 1 期，中国社会科学院世界宗教研究所儒教研究中心编，第 4 页。

② 同上。

③ 同上。

治秩序……此‘儒化’当代中国的政治秩序有两个要点：1. 通过儒者的学术活动与政治实践，将‘尧舜孔孟之道’作为国家的立国之本即国家的宪法原则写进宪法，上升为国家的意识形态；也就是说，恢复儒教古代‘王官学’的地位，把儒教的义理价值尊奉为中国占主导地位的统治思想，建立中国式的‘儒教宪政制度’，以解决中国政治权力百年来的‘合法性缺位’问题，为中国的国家政权奠定合法性的基础。2. 建立新的科举制度与经典教育制度，即国家成立各级政治考试中心，有志从政者必须通过‘四书’‘五经’的考试才能获得做官资格，……另外，用儒教的经典取代各级党校、行政学院过时的意识形态经典，使其作为各级党政干部思想品德教育与历史文化教育的主要内容。除党政教育系统外，在国民教育系统中，恢复小学中学‘读经科’，将‘四书’‘五经’教育作为基础课与语、数、英同列；大学则恢复‘经学科’，作为大学通识教育的基础课程。”[①] 毫无疑问，这些主张完全是逆历史潮流而动。虽然其中充满梦呓，我们还是应该警惕（不是有人在探索和实验“读经”和“经学”吗?），有朝一日，一旦儒教国教论者成为国家领导人，或者国家领导人成为儒教国教论者，所谓中国式的“儒教宪政制度”、新的科举制度与经典教育制度必将使我们再一次陷入历史的黑暗之中。所谓“下行路线”（“变通路线”）就是：“在民间社会中建立儒教社团法人，成立类似于中国佛教协会的‘中国儒教协会’，以儒教协会的组织形式来从事儒教复兴的事业。”[②] 在受到“上行路线”刺激后，“下行路线”似乎给了我们一点慰藉。是啊！既然我们可以允许成立中国佛教协会，为什么我们不允许成立“中国儒教协会”？但是，且慢！正当我们准备给予某种同情性的理解时，蒋庆公然声称：“中国儒教协会”要求“拥有其他宗教组织没有的政治、经济、文化、组织方面的特权”，“不仅有参与政治的特权，有获得国家土地、实物馈赠与财政拨款的特权，还有设计国家基础教育课程的特权，有设计国家重大礼仪的特权，有代表国家举行重大祭典的特权，以及其他种种特权”。“中国儒教协会”“是一存在于民间又拥有政治、经

---

① 蒋庆：《关于重建中国儒教的构想》，载《中国儒教研究通讯》2005 年第 1 期，中国社会科学院世界宗教研究所儒教研究中心编，第 4—5 页。

② 同上书，第 5 页。

济、教育、文化等特权的在国家宗教生活中占统治地位的宗教社团”。在现代社会里，公然要求“特权”，简直不可理喻。但是蒋庆竟然做了这样一个解释：“儒教在中国作为国教享有特权，并不意味着儒教的精神思想专制，只意味着中国精神思想的共识与一统，对此国人不必过虑。”① 这是把大家都当成傻子。

最后，蒋庆还提出了通过“中国儒教协会”完成中国儒教全面复兴的十项具体内容，包括儒教的政治、社会、生命、教育、慈善、财产、教义、传播、聚会、组织十大形态。② 概括起来有五：一是完全过时，复兴已经被现代社会扬弃的东西无疑是历史的倒退，如仁政、王道政治与大同理想；读经，成人讲经、书院讲学，“新科举制”，军人忠义爱国教育，“全民读经”运动等。二是虽反映现代社会需求但根本无须依靠儒教，如小区文化（寓教于乐）全民健身……以及协助治安、预防青少年犯罪、反对黄赌毒、小区乡里民事调解；在全国兴办幼儿园、小学、中学；济贫、救灾、助学、孤儿院、敬老院、残障院、医院、免费医疗、心理辅导、意义治疗、临终关怀、殡仪丧葬服务、无家者收容中心、监狱人心改造、服刑者家庭援助、戒毒中心、生态环境保护与文化艺术保护等。三是虽反映现代社会需求但不能仅仅依靠儒教，如全民性的“中国道德振兴运动”；上帝信仰、天道性理信仰、祖宗鬼神信仰、良知信仰以及民间信仰等。四是充分暴露了所谓“中国儒教协会”的财产欲望和权利野心，这就是有关儒教的财产形态和儒教的组织形态方面的内容，如历代书院建筑与地产，文庙建筑与地产，孔庙建筑与地产等均由其代管（所有权属孔子后人），历代圣贤儒士之祠庙、地产、故居、坟茔、遗稿、遗物，历代圣贤儒士过化之文化古迹与各种文物，历代古圣王陵墓、陵寝、陵园，历代帝王之祠庙与忠烈祠、文昌阁、城隍庙等均归其所有、管理与经营；甚至接受国家土地与实物等馈赠及定期财政拨款；还要成立“中国儒教复兴基金会”接受儒教信众与社会人士广泛捐款；还要开征“儒教遗产使用税”；“中国儒教协会”统摄、管理、指导省、市、县各级儒教协会

① 蒋庆：《关于重建中国儒教的构想》，载《中国儒教研究通讯》2005 年第 1 期，中国社会科学院世界宗教研究所儒教研究中心编，第 5 页。

② 同上书，第 5—6 页。

的工作。这一点最重要和最根本，它说明了所谓“中国儒教协会”是一个地地道道的要求经济和政治特权并实行经济和政治垄断的组织。五是可以通过儒教探索和实验的，如礼乐教化（制礼作乐）、乡村自治（礼俗乡约）、各种冠婚丧葬祭等，各种国家祭祀礼仪与民间祭祀礼仪等；国家级“中国儒教大学”与地方各级儒学院；儒教出版社、儒教报纸杂志、儒教网站论坛、儒教广播电视以及儒教国际学术交流中心、海外传教中心等；全国各级“讲经堂”等。但是应该指出：所有这些探索和实验的活动不能在强制基础上，只能在自愿基础上进行，必须尊重宗教（信仰）自由，不能享有任何特权、占有任何垄断地位。

所谓“儒教中国”，所谓复兴正教——儒教，所谓“在当今社会反邪教是传统儒教反淫祀的继续”①，蒋庆诸如此类说法可以盗名，不能欺世。

如果说蒋庆的“国教论”是一个“高调”的“儒教论”的话，那么，陈明的“公民宗教论”则是一个“低调”的“儒教论”；如果说蒋庆的“国教论”包括“上行路线”和“下行路线”，以“上行路线”为主的话，那么，陈明的“公民宗教论”则仅仅是指“下行路线”：“公民宗教，是基于社会的下行路线。”②

所谓“公民宗教”，是陈明借用美国学者罗伯特·贝拉提出来的。它与“国民宗教”“公共宗教”以及公共神学间的关系，陈明做了辨析。他说：“公民宗教”“主要的功用是确立政治制度与运作的价值标准从而确立其合法性、提供共同体的认同基础从而提升其凝聚力”。③ 其实，这种“功用”未必只有“公民宗教”具备，所有意识形态都有“确立合法性”和“提升凝聚力”的“功用”，我们为什么一定要求助于“公民宗教”呢？“公民宗教概念成立的前提是公共领域或公共性与宗教或神圣性。公共性意味着政治的合作性、协商性（而不是斗争性、暴力性）；宗教则是指某种宗教或某种神圣性话

---

① 蒋庆：《关于重建中国儒教的构想》，载《中国儒教研究通讯》2005 年第 1 期，中国社会科学院世界宗教研究所儒教研究中心编，第 7 页。

② 陈明：《对话或独白：儒教的公民宗教说随札》，载《原道》第 14 辑，陈明、朱汉民主编，首都师范大学出版社 2007 年版，第 52 页。

③ 同上书，第 48 页。

语在公共领域里作为某种元素的功能发挥或承担。”① 如果为了用“合作论”来取代“冲突论”，我们需要“公民宗教”，这个理由还是非常勉强，因为并非所有意识形态都是“冲突论”，也有属于“合作论”。

但是，在没有给予我们充分理由相信“公民宗教”的必要与可能这样一种情况下，陈明就“从公民宗教角度讨论儒教问题”，“在方法上是把儒教置于其与社会政治的关系中，考察儒教诸元素在实践中的实际状况和功用。从学术思想上讲，它可以将儒教本身的形态结构（如神祇、经典、教士等）这个‘亚细亚式问题’姑且悬置起来，排除先入之见的干扰（基督教视角和圣教本位元）进入对儒教的历史把握和分析；从儒学本身讲，它可以通过对曾经鲜活的儒教诸元素（表现为某种情感和价值原则）的启动，反过来刺激促成作为有机整体的儒教在其他方面的复兴，如信仰、祭祀以及组织活动等。从文化发展战略讲，它可以避开所谓政教合一、儒教国教论等高调理论，使儒学儒教在今天的发展变得比较平稳顺当。换言之，公民宗教不仅是儒学实现复兴的重要标志，也是其实现复兴的重要途径”。② 这一段话终于泄露天机，它的实用主义倾向终于暴露出来，其中“文化发展战略”最为清楚明白，原来“公民宗教论”这样一个“低调理论”仅仅是在“国教论”这样一个“高调理论”面临困难时“曲线救教”的一个替代方案。陈明确实是在反对蒋庆的“国教论”，但是并不承认它在理论上的根本错误和在实践中的根本危害，只是认为“国教”理想过高，不太现实，只好用“公民宗教”来取而代之。但这种“公民宗教”不管怎样论述，都不像什么宗教（因此陈明在儒教圈素有“伪儒”称号）。如果不是“战略”一词提醒我们，我们确实无法理解他的用心。

毫无疑问，公民在公共政治领域中确实需要共识，但是在现代条件下，这种共识应该是理性的，并非一定需要“公民宗教”。恰好相反，随着政教分离，宗教已经成为私人的信仰和精神寄托，个人可以自由选择，因而是多元的。只有政治是公共的，公共政治不能以任何一种宗教信仰为共识，只有在多元文化背景下寻找各种宗教和意识形态的重叠（交叉）共识。在这个意义

① 陈明：《对话或独白：儒教的公民宗教说随札》，载《原道》第14辑，陈明、朱汉民主编，首都师范大学出版社2007年版，第49页。

② 同上书，第51页。

上，“公民宗教”是多余的，也可以说是自相矛盾的概念。我们所真正需要的不是“公民宗教”，而是公民教育。这种公民教育的特点是宗教和意识形态的中立，公民教育的核心内容应该是宪法教育，只有宪法教育才能培养公民共识，不论他或她具有何种宗教或意识形态背景，作为公民均应具备宪法共识。此外，人权政治、责任伦理，也应是公民教育的两门基础课程。而公民教育的最高体现则是哲学教育，这种哲学教育就是赋予公民理性、批判和反思的精神，为公民形成独立人格和自由精神奠定基础。

总之，无论蒋庆的儒教“国教论”，还是陈明的儒教“公民宗教论”，既无必要，也不可能。作为中国传统意识形态教育，儒教应当通过它的现代转型，与公民教育相衔接，尤其在为中国现代知识分子提供使命意识和道义承当上，提供精神文化资源。

四 回到古典教育

所谓古典教育，在某种意义上，就是以古代希腊雅典的教育制度和柏拉图、亚里士多德的教育思想为典范的教育模式。古典教育就是自由教育(liberal education)，自由教育就是人文教育，与之相对应的就是技能教育(skill education)。在古希腊，自由教育（人文教育）是自由人（奴隶主贵族）的教育，技能教育是奴隶的教育。前者是以受教育者具有闲暇为前提，以受教育者充分利用闲暇为手段，目的在于探索纯粹理论知识，以自由发展理性为目标的教育。后者属于职业训练。前者高尚，后者卑下。关于自由教育与职业训练的区分，反映了在古希腊，不同等级、阶级和阶层的人们只能享受不同的教育。中国通常把“自由教育”意译为“通才教育”或“博文教育”，“通识教育”或“博雅教育”，或者“文雅教育”，以别于学习各种专门知识的学科专业教育。“布鲁斯·金鲍尔对自古典时代以来直至今日的‘博文’（liberal arts）理念进行过研究，他就此区别出两种传统：一种是雄辩家传统，如西塞罗式的对公民责任的重视；另外一种是哲学家传统，如苏格拉底式的对追问的强调。”①

① 修·豪金斯：《造就博文学院的特性》，《人文学与大学理念》，哈佛燕京学社主编，江苏教育出版社2007年版，第177页。

自由教育（人文教育）与技能教育的矛盾，或通才教育（博文教育）、通识教育（博雅教育）与学科教育（专业教育）的矛盾是贯穿整个西方教育制度史和教育思想史的一对基本矛盾。

西方教育经历了从希腊教育（古典教育）、罗马教育、拜占庭教育到西欧中世纪教育几个历史发展阶段。到了西欧中世纪，出现了大学，影响到近现代教育制度和教育思想的发展。

文艺复兴以来，古典教育模式受到了现代性即教育的大众化和实利化的挑战。在西方教育史上，夸美纽斯是最早提出普及教育的思想家。[①] 刘小枫说："现代的大学基于大众化的教育理念，换言之，教育的大众化是促使现代'大'学产生的第一个理念。""虽然古代教育和现代教育之间存在的根本性差别不容易说清楚，但明显的差别不难厘清。其一是……在传统时代，读书人很少；其二是传统教育不是实利性的知识教育。柏拉图在其关于教育的经典文献《普罗塔戈拉》中，讲述了苏格拉底对知识所做的分类：一是实利性的、涉及实用和利益的知识；二是涉及人的德性的知识，或者说关于道德的知识……在现代民主时代，教育发生了根本性的转变：在古代不进学堂的实利——技术性知识成了大学教育的主体，政治的（实践的）知识变成了普遍的理性知识，而沉思的生活则被要求取消。这样，少数人与多数人的区分就消失了——确切点说，少数人被要求向多数人看齐。"[②] 教育的大众化和实利化的一个重要表现是哲学教育被边缘化。中世纪大学的主要系科是神学、法学、医学和哲学。到了近现代，哲学系科变成"低等系科"，法学、医学和神学变成"高等系科"。所谓系科之争，归根结底是现代性与古典、现代性与传统之间的冲突。

近代西方大学模式大致分为两种：英国大学模式和德国大学模式。英国大学模式以英国的牛津、剑桥和法国的巴黎高师为代表，强调以希腊文和拉丁文为中心的西方古典人文教育。洛克倡导"绅士教育"[③]，就表现了这样一个特点。德国大学模式强调学术自由、追求真理，以自然科学研究方向为取向（当时新型社会科学主要以自然科学为模板），确立研究型

① 参见［捷］夸美纽斯：《大教学论》，傅任敢译，教育科学出版社 1999 年版。

② 刘小枫：《当今教育状况的几点观察》，载《中山大学学报》（社会科学版）2006 年第 2 期，第 2、3 页。

③ 参见［英］洛克：《教育漫话》，徐大建译，上海人民出版社 2011 年版。

的专业性的教育，尤其注重发展自然科学和技术科学的研究生院，建立专业系和学院、研究所和中心。洪堡反对等级学校，主张普及教育，在教育史上第一个提出大学教学应当与科研相结合。①

克拉克·克尔早已指出了“现代大学本身的基本问题，即现代大学不像传统的书院那样是一个单一的共同体，而是由诸多相互矛盾的亚共同体所组成”。② 现代西方大学模式主要就是美国大学模式。美国大学模式是“英国模式＋德国模式”的混合型大学模式，美国大学是“英国式自由学院＋德国式大学”的混合性组织。这种模式成型于20世纪四五十年代，其特点是：本科生教育秉承英国模式，强调通识教育，注重文化传承，而研究生教育则采取德国模式，注重研究、注重创新。

近现代中国教育受到了近现代西方教育模式的深刻影响。20世纪50年代以来，学习苏联教育体制，这种体制的主要特点是从大学一年级起就实行学科专业教育，本科一年级就分学科分专业，因此现代中国（大陆）大学一直没有通识教育与学科专业教育的区分，与此相应也就一直缺乏大学人文教育的制度与传统。这是由当时国情、时代背景决定的。“什么叫作专业？所谓‘专业’是基于知识的分化和分工，指一个非常细致的知识门类；不仅如此，它还与一个相应的职业行当对应——学什么专业就找什么工作，‘专业不对口’叫作‘浪费人才’或‘浪费国家资源’。由此我们可以明白，所谓‘专业’指的是具有实效或实利性的知识。”③ 2004年，我国进入高等教育大众化阶段。当年，毛入学率达到19%。这样，现代性教育的两个基本方面——教育的大众化和实利化从此支配了现代中国的教育体制。现代中国的教育体制，尤其是大学教育，在总体上首先受到国家意志的制约，然后受到市场导向的制约。但是，教育的大众化和实利化，近来受到了师生、家长和社会各界的广泛质疑。蒋庆一针见血地指出：“由于中国的大学是1905年中国废除传统的书院制度后完全移植西方教育制度的产物，现在中国的大学体现的正是西方现代性的特质，这一特

---

① 参见［德］贝格拉：《威廉·冯·洪堡传》，袁杰译，商务印书馆1994年版。

② 转引自甘阳：《大学人文教育的理念、目标与模式》，载《北京大学教育评论》2006年第3期，第40页。

③ 刘小枫：《当今教育状况的几点观察》，载《中山大学学报》（社会科学版）2006年第2期，第2页。

质就是对教育进行科层制的管理。科层制的特征是对管理对象进行所谓数字化管理、标准化管理以及量化管理，美其名曰理性化管理，其实是对教育进行机械化管理、工厂化管理、智愚不肖一鞭赶的羊群式管理以及扼杀贤能创造性才智与独特风格的一刀切的僵化管理。"① 虽然蒋庆提出的方案是值得怀疑的，但是揭示的问题值得关注。

针对我国教育的大众化和实利化，及科层制管理的弊端，许多学者提出了教育改革的理念，并进行了尝试。近年，刘小枫倡导"回到古典"，虽然主要的问题表现在政治和哲学上，但也涉及了教育问题。甘阳不仅在理论上而且在实践中探索了通识教育亦即博雅教育的模式。所谓"通识教育"，就是"共同教育"（common education）。在这个问题上，甘阳主要借鉴美国大学通识教育模式，认为其核心和灵魂是它们的"经史传统"，以人文社会科学为重心，以阅读历代西方经典著作为核心课程；普遍采取深度经典阅读的教学方式，特别反对我们习惯的"概论"和"通史"（即所谓"通识教育大杂烩"）的教学方法；普遍采取教授讲课与学生讨论并行的方式，讨论课严格要求小班制，一般不得超过 15 人。他还设计了五门"共同核心课"（中国文明史、中国人文经典、大学古代汉语、西方人文经典、西方文明史），每门课都应为一学年连续两学期。② 甘阳所谓共同核心课，就是以中西方人文经典深度阅读为基础，达到通识教育目标，甘阳建立中山大学博雅学院就是以此为教育方针的："博雅班学生的人生榜样不是亿万富翁，而是学富五车的大思想家、大学问家。"③ 如果说刘小枫的古典教育和甘阳的通识教育（博雅教育）主张以中西方人文经典阅读为基本导向，那么，蒋庆的通识教育是主张回到中国传统，以中国人文经典尤其"四书""五经"为基础。他主张："在中国的大学里面成立一个儒学院，或者说成立一个书院。"他反复强调："儒家文化在中国大学人文素质教育中的主导地位是不能改变的。具体在

① 蒋庆：《通识教育与书院传统》，"专题：大学改革与通识教育"，载《开放时代》2005 年第 1 期，第 28—29 页。

② 参见甘阳：《大学人文教育的理念、目标与模式》，载《北京大学教育评论》2006 年第 3 期，第 62 页。

③ "中大博雅班正式亮相"（本报记者张胜波、通讯员王丽霞），载《南方日报》2009 年 9 月 20 日 A04 版"广东新闻"。

课程设置上，‘四书’‘五经’这些中国文化的经典就必须成为大学人文素质教育的必修教材，中国大学的‘通识教育’课就必须以‘四书’‘五经’为基础。只有这样，才能体现中国大学在人文素质教育上的中国文化特色。”① 蒋庆这一观点暴露了当今中国教育理念的深刻矛盾，也就是说，当今中国教育，究竟应当解构现代性，回到传统，回到古典？还是继续沿着现代化轨道发展？朱维铮在“通识教育八疑”中特别提出这样一个疑问：“假如‘通识教育’，意味着不分学科，在大学阶段把人文教育置于首位，那么自唐至清的科举教育体制，岂非堪称完形？而清末民初的历次学制改革，都把废止强迫性的经典教育当作重心，岂非自始便走入误区？”② 同时，更多人质疑所谓“通识教育”是否“小资教育”？

我们认为，在通识教育与学科专业教育之间并不是非此即彼的选择。古典教育就是通识教育，但它是奴隶主贵族的人文教育，反映了奴隶主贵族歧视奴隶劳动的心态，事实上与整个社会发展不相称。现代教育实现了普及教育的理想，这是历史进步。无论怎样，大众教育还是比精英教育更进步。当然，现代教育在大众化的同时出现了实利化的倾向确有弊端，但是，这是由现代社会历史状况决定的。现代社会的基本特点是职业分工，现代教育适应了现代社会的这一特点，表现为学科专业的分门别类，以技能教育为主导，因而出现了忽视人文教育的倾向。但是，一方面，通过现代学科专业教育培养出来的人才出现了人文精神失落、人文素质低下的现象；另一方面，现代社会职业分工的固定界限正在被打破，出现了非固定化的态势。这决定了通识教育的必要和可能。

如何进行通识教育？首先，甘阳所批判的大杂烩式通识教育，确实应该扬弃。概论式或通史式的通识教育，既不能提高教师的水平，也不能提高学生的水平。但是，完全抛弃背景知识教育也是行不通的。概论式和通史式的背景知识教育应该是通识教育的初阶，只是在教学中应该抛弃条条框框的讲授和背诵方式。我们可以把高中作为通识教育的初级阶段（现在受到了高考的应试教育限制）。

---

① 蒋庆：《通识教育与书院传统》，“专题：大学改革与通识教育”，载《开放时代》2005年第1期，第30页。

② 朱维铮：《通识教育八疑》，《专题：大学改革与通识教育》，载《开放时代》2005年第1期，第7页。

其次，经典教育应当是通识教育的中阶。只有具备一定的人文知识背景才能进入人文经典的深度阅读阶段。过去我们忽视经典阅读是错误的，但是近一些年，学术界和教育界的风气是倡导经学和读经。冯友兰在编写《中国哲学史》时，将整个中国哲学史分为两个阶段：先秦以前的子学时代和秦汉以后的经学时代。① 子学时代是思想原创的时代，经学时代是学理阐释的时代。这里涉及思想和学术的关系。没有学术的思想是没有根基的，没有思想的学术是没有灵魂的。中国古代学术又有大学、小学之分，小学（文字、音韵、训诂）是经学的附庸，大学是经学的意思。两汉时期流行经学，起初的意思是以注释六经为治学方法，包括今文经学、古文经学。今文经学是名副其实的经学，古文经学是以经学为名目的史学。明末清初，尤其乾嘉时代，出现了复兴汉学，反对宋学的学术潮流。于是便有汉学重考据，宋学重义理之说。现代中国，子学和经学的传统不仅表现在中学里，而且表现在西学里。“五四”时期和20世纪80年代，随着思想启蒙和思想解放浪潮的兴起，新子学压倒新经学；“五四”之后和20世纪90年代，随着思想启蒙和思想解放氛围的消失，新经学又反过来压倒新子学。近一些年，刘小枫、甘阳和蒋庆等人倡导的经学热和读经热就是这一时代风气的产物和表现。应当注意的是，当今经学、读经更强调的不是“六经注我”式的义理学，而是“我注六经”式的考据学。蒋庆公然声称：“在大学教育中，不是个人理性比经典更权威，而是经典比个人理性更权威……大学教育培养的不是以批判思辨为特征的哲学家，也不是以怀疑辩难为志业的苏格拉底式的人物，大学培养的是有文化教养的人、有人文素质的人、有道德意识的人、有艺术美感的人，最后是有知识技能的人。从这个角度来看的话，康德式的个体启蒙教育不是大学教育的主流，大学教育的主流应该是权威式的经典教育。所以在权威和理性的问题上，我认为大学教育应当把权威放在理性的前面，权威对于理性具有优先性，具体说来经典教育对于康德式启蒙教育具有优先性。……总之，在大学教育中，经典权威的教育应当是主流，康德式的启蒙教育只应在很小范围内存在，如在硕士博士的小型讨论班中存在。大学教育的定位应该是权

---

① 参见冯友兰：《中国哲学史》（上下册），华东师范大学出版社2000年版。

威式的经典教育，而不是康德式的启蒙教育。”① 我们认为，子学、经学，大学、小学，义理、考据应该并重，强调任何一个片面，都会走向极端。如果学蒋庆样，以经典权威来压倒个人理性，不仅违背现代教育的宗旨，而且违背古典教育的宗旨。必须强调的是，我们不能将古典教育归结为经典教育，无论在古代中国，还是在古代希腊，无论在孔子那里，还是在柏拉图、亚里士多德那里，当时即使有了经典，如“六经”《荷马史诗》等，但却没有什么经典教育，读经原本就是读书，经典有待于他们进一步创作。总起来说，在历史上，正是子学时代成就了“百家争鸣”的辉煌，而经学时代则造成了“定于一尊”的灰暗。

最后，既然古典教育并不是经典教育，那么它是什么呢？唯一的答案是对话教育。《论语》《对话》是古典教育作为对话教育的两个证据。在柏拉图的学园里，教学就是通过师生之间对话的形式进行的，因此柏拉图的学派叫作“学园派”。亚里士多德习惯于一边散步，一边讲学，因此亚里士多德的学派叫作“逍遥派”。我们认为，对话教育是建立在概论和通史的背景教育、经典教育基础上的通识教育，是通识教育的高阶。总体来说，通识教育的三阶，应该在相应的三个阶段完成。概论通史教育应该在高中阶段完成；大学本科低年级阶段应当进入通识教育的中阶，以阅读经典为主；大学本科高年级阶段应当进入通识教育的高阶，以对话教育为主。三个阶段应当相互衔接，低级阶段应当包含高级阶段的内容和形式，譬如在概论、通史教育中选读经典文献，在经典教育中选择对话主题；反之，高级阶段应当包含低级阶段的内容和形式，譬如在对话教育中阅读相关经典文献，在经典教育中讲解相关概论、通史知识。通过这样三个阶段，循序渐进，最终在大学本科毕业时，完成通识教育任务。至于学科专业教育，从大学本科、硕士研究生、博士研究生三个阶段，根据各学科、各专业特点，予以规划。毫无疑问，人文教育尤其哲学教育，应当在概论和通史的背景教育、经典教育基础上更加突出对话教育。只有在这一意义上，哲学教育才能在系科之争中体现自身价值：“哲学院（philosohical faculty）是大学的灵魂和光荣，它是其他任何事物的基础。没有哲学院，

① 蒋庆：《通识教育与书院传统》，《专题：大学改革与通识教育》，载《开放时代》2005年第1期，第31页。

神学就会成为枯燥的教条，法学就会成为一门日益枯萎的学问，而医学就会陷于危险的经验主义当中。”①

五　走向公民教育

公民教育是古典教育的主要形态，而哲学教育则是公民教育的最高形态。

在中国教育史上，传统教育是以孔子以及儒家为代表的伦理政治教化。儒有多义：儒家指其思想流派，儒学指其学理，儒术指其治术，儒教指其教育。所谓儒教之“教”，不是宗教之“教”，而是教育之“教”（教化之“教”），或者教育为体、宗教为用。孔子既是伟大的思想家，也是伟大的教育家。孔子的思想语录《论语》同时记录了孔子的思想、学术和教育活动。由于中国传统社会始终没有形成类似古代希腊（尤其雅典）的城邦和公民，因此，中国传统教育始终没有形成公民教育和哲学教育的形态。在君主专制制度以及封建官僚制度下，中国传统教育是以培养理想的圣贤君子亦即现实的臣民（等而下之的是奴才）为宗旨的。

在西方教育史上，哲学教育这一古典形态以苏格拉底为人格典范。苏格拉底通过“对话”进行自己的哲学活动和教育活动。在希腊，在雅典，哲学教育是公民教育的最高形态。柏拉图和亚里士多德的哲学教育思想是基于他们对于人性的理解。柏拉图明确将人性划分为理智、激情和欲望三个主要部分，认为理性是人性的最高部分。与可见世界对应的是意见，与可知世界对应的是知识。哲学是最高等级的知识。由此，柏拉图分别为统治者和被统治者设计了两种教育制度，认为哲学教育是培养城邦的统治阶级。亚里士多德更进一步明确将理性与德性、幸福连接起来，并且将德性划分为理智德性和道德德性两个基本方面，认为幸福的生活就是理性的生活和德性的生活。由此，亚里士多德主张哲学教育属于全体公民。柏拉图和亚里士多德创办的学园，是他们哲学教育的实验。他们的哲学活动就是

① ［美］约翰·伯格斯：《美国大学：它将在什么时候形成？它应该建在哪里？它将是怎样的?》，牛可译，《人文学与大学理念》，哈佛燕京学社主编，江苏教育出版社2007年版，第496页。

他们的教育活动。他们的哲学教育活动是为城邦政治服务的，以培养合格的公民为宗旨。

在古希腊罗马，哲学教育起先属于七艺中的一艺——辩证法（逻辑学），后来包括逻辑学、物理学（自然哲学）和伦理学（道德哲学）。这就是古典哲学教育的三个基本科目。但是，哲学教育这一古典形态在中世纪被宗教教育边缘化，当哲学成为神学的奴婢时，哲学教育也就成为神学教育的奴婢。在中世纪欧洲，以神学为核心，包括哲学、法学、医学是大学教育的四个基本科目。更进一步，哲学教育在近现代被科学教育边缘化。当文艺复兴打着“复兴古典文化”旗号时，科学的权威、技术的权威正在取代哲学的权威；当思想启蒙打着“理性”和“自由”的旗号时，这个“理性”和“自由”已经不是哲学的理性和自由，而是科学的理性和自由、技术的理性和自由。这也就是现代理性（经济理性、私人理性）和古代理性（政治理性、公共理性）的区别。

中国传统教育始终没有确立哲学教育的形态，六艺中的二艺——礼、乐不是哲学教育，而是伦理政治教化，以孔子以及儒家为代表的伦理政治教化是中国传统教育的核心。之所以形成这样一个局面，是因为没有公民教育需求，臣民教育（等而下之的是奴才教育）只需要灌输（启发是变相的灌输）现成的伦理政治意识形态，不需要倡导批判精神和反思意识的哲学教育。近代（现代）以来，西学（新学）东渐，逐步将中学（旧学）边缘化。所谓西学（新学）主要是指科学，包括自然科学、社会科学、人文科学。中学（旧学）主要在人文科学领域内继续发生影响。例如，我们除了引进科学教育之外，在人文教育上，以思想政治教育为主要形态，哲学教育隶属思想政治教育，而思想政治教育在某种意义上则是伦理政治意识形态教化的近代（现代）翻版。

但是，当今世界是一个全球化的时代。一方面是社会和文化的多元化；另一方面则是人们努力在多元意识形态背景下进行对话，寻求共识，以便共存，这样势必推动权威政治朝着协商政治转型。在这样一个时代背景下，哲学作为多元文化、普遍意识和公共精神的表现，应当成为公民和世界公民教育的核心成分。哲学教育既是回到哲学和教育的古典形态，也是当今时代精神的产物和表现。

我们认为，所谓公民教育是相对中立于宗教和意识形态（并非价值中立，亦非绝对中立，大约是指各种宗教、意识形态形成交叉、重叠共识，具有最大兼容性能）的公共教育，以宪法教育为核心，包括人权政治教育、责任伦理教育等，而哲学教育则是其中的最高形态。

宪法教育是公民教育的核心。所谓公民就是集统治者与被统治者于一身，既享有宪法和其他法律所赋予的一切权利，又承担宪法和其他法律所规定的相应义务，只有权利没有义务或权利多义务少的人就是特权者、奴隶主贵族、专制君主，只有义务没有权利或义务多权利少的人就是无权者、奴隶、被专制臣民。这两种人都不符合公民要求。因此，宪法教育是公民教育的核心课程。同时，为了培养公民的权利意识和责任意识，在公民教育课程体系中，除了宪法教育之外，应当突出人权政治和责任伦理的教育。

在全球化时代，每一个人都有双重身份，既是某一国家公民，享有国内法赋予的权利，承担国内法规定的义务；也是世界公民。这就是说，在全球化时代，每一个人都有两个祖国：一是他/她隶属的国家；二是人类共同居住的地球。因此，公民教育应当兼有世界公民教育的形式和特点：在宪法教育中，应当包含联合国宪章教育的内容；在人权政治教育中，应当包含世界人权教育的内容；在责任伦理教育中，应当包含全球伦理教育的内容。

在现代，正如在古典时期一样，哲学教育无疑是公民教育的最高形态。作为公民教育的最高形态的哲学教育，就是引导人们怀疑、批判、反思现成的一切知识体系和价值体系，从而形成陈寅恪所说的“独立之精神、自由之思想”①，这是公民（世界公民）的基本人格，也是哲学教育的基本宗旨。

如何达到这一目的？我们认为，哲学教育不仅要回到它的公民教育的本性，而且要回到它的对话教育的形式，只有通过对话教育，哲学教育才能培养独立精神和自由思想的公民。所谓对话教育，是与独白教育相对应的。现代教育的真正弊端是用权威式的独白教育代替了古典教育中的自由式的对话教育。所谓班级授课制，尤其大班制，是这种独白教育的典型。

① 陈寅恪:《金明馆丛稿二编》“清华大学王观堂先生纪念碑铭”。《陈寅恪集·金明馆丛稿二编》，生活·读书·新知三联书店 2009 年版，第 246 页。

灌输式也好，启发式也罢，无非是独白教育的两种不同方式而已，其预设都是将现成的知识体系和价值体系传授给学生，学生只是教育的客体、对象，而不是主体，甚至教师都不是主体，而只是教材（现成知识体系和价值体系）的传播工具而已。正是在这样一种情况下，我们认为，回到古典教育的真正含义是回到对话教育。对话教育充分体现主体与主体之间的关系，是两个以上主体之间的互动。

“对话（dialog）”是指两个人以上 N 个人之间进行的言语行为，其中 log 源自希腊词 logos（逻各斯）。对话的技术和艺术亦即“问答法”是“辩证法”的本义。因此，“对话（dialog）”的基本意思是两个人以上 N 个人之间交互进行、形式上轮流交替、内容上对立统一的言语活动。对话只是讨论，不是辩论。辩论是以求胜为目的的言语博弈；而对话则是以求真为目的的思想交流。在历史上，中国的名家、希腊的智者，都只知道辩论，而不知道对话。对话传统渊源于孔子弟子和再传弟子记录孔子言行的《论语》和苏格拉底学生柏拉图记录苏格拉底言行和表达柏拉图自己思想的“对话”。对话必须满足的基本条件和基本规则大致包括三点：首先，对话主体必须是自由的，他们之间必须是平等的。这种自由首先是言论自由，然后由政治自由来保障；这种平等首先是知识论意义上的平等，然后由社会学意义上的平等来保障。其次，对话过程必须是理性的，这种理性是公共理性和交往理性，对话主体之间必须始终是相互宽容的。最后，对话结果应该是对话主体之间共识的形成或扩大，或异见的减少或消除。

有关对话理论的主要代表有三位：德国宗教哲学家马丁·布伯揭示了对话的存在论向度，主张将独白式的“我—它（他、她）”转换为对话式的“我—你”，“我—它”呈现的是对象世界、经验世界，“我—你”呈现的是关系世界。[①] 苏联时期俄国文艺理论家和哲学家巴赫金不仅揭示了对话的存在论向度，而且揭示了对话的语言学向度。他用“我与他人”表述了与布伯“我—你”相类似的思想，同时揭示了对话的种种话语特

① 参见［德］马丁·布伯：《我与你》，陈维纲译，生活·读书·新知三联书店 2002 年版；［德］马丁·布伯：《人与人》，张见、韦海英译，作家出版社 1992 年版。

征，提出了复调理论、大型和微型对话理论等。[①] 英国科学家和哲学家戴维·伯姆揭示了对话的认识论向度，提出对话双方或各方悬置思维假定，破除思维定势和搁置己见，达成共识的方法和途径。[②]

对话理论在教育中已经得到了初步的应用。我们认为，首先，对话教育应当扬弃独白教育的班级授课制，尤其是大班制形式，采取圆桌会议形式。其次，每次对话可以设立一个主持人、少数对话参与人和多数对话旁听人，所有主持人、参与人和旁听人一旦进入对话，均被视为承认对话的问题、程序和规则，以便对话正常进行。最后，主持人、旁听人，尤其是参与人应当具备对话必要的知识背景和思想基础，以便对话能够取得一定成效。对话教育应当是建立在概论和通史的背景教育和经典教育基础上的通识教育和全人教育。回到古典教育，就是回到公民教育，回到哲学教育，哲学教育是公民教育的最高形态。回到哲学教育，就是回到对话教育，对话教育是哲学教育的最高形式。当然，在现代教育中，对话教育具有两个基本前提——知识的背景和经典的基础，但是，背景教育和经典教育若不能导致对话教育，就不能达到通识教育的目的，也不能达到全人教育的目的，更不能达到哲学教育的目的。

总之，以柏拉图和亚里士多德为代表的古典教育就是通识教育、全人教育，此即所谓“博文教育”、“博雅教育”（liberal arts）、“文雅教育”，与技能教育、学科教育、专业教育相对应。哲学教育就其本性而言，是公民教育的最高形态，就其形式而言，是通过对话教育实现的。在古代希腊雅典人们心目中，作为通识教育、全人教育、公民教育和对话教育的哲学教育是自由人（奴隶主贵族）的教育，而技能教育、学科教育、专业教育是奴隶的教育。现代性将这两者的地位和作用颠倒过来。正是这样，在古典教育中有最高地位和起最大作用的哲学教育日益式微。于今，在市场导向和政府导向的双重作用下，教育的大众化和实利化倾向日益深重。正是在这一时代背景下，许多有识之士呼吁教育“回到古典”，通识教育和全人教育的理念由此复兴，而作为公民教育和对话教育的哲学教育也因此

---

① 参见《巴赫金全集》第1—7卷，钱中文译，河北教育出版社2009年版。

② 参见［英］戴维·伯姆：《论对话》，［英］尼科编，王松涛译，教育科学出版社2004年版。

呼之欲出。黑格尔曾说过："一个有文化的民族竟没有形而上学——就像一座庙，其他各方面都装饰得富丽堂皇，却没有至圣的神那样。"① 现在是将这一尊"神"请到我们民族文化之"庙"里来的时候了！

（原载《马克思主义哲学评论》第 1 辑，首都师范大学马克思主义学院编，陈新夏、杨生平主编，黄志军执行主编，社会科学文献出版社 2016 年版）

① ［德］黑格尔：《逻辑学》，杨一之译，商务印书馆 1966 年版，第 2 页。

稷下学研究

——中国古代的思想自由与百家争鸣（节选）

白　奚

一　稷下学宫的盛衰

（一）滥觞

稷下学宫始创于战国田齐桓公午执政时期，这一点目前学术界的看法基本一致，故时下论及稷下者均从此时讲起。然稷下之制虽确立于战国，其滥觞却可上溯至春秋。笔者认为，稷下学宫的出现不是偶然的，它是齐国三百年养士传统和政策的最终产物，稷下学宫的许多制度和活动均可在春秋五霸之首齐桓公小白那里找到它的原型。

春秋时期，社会的变革导致了知识智能阶层——“士”的产生，他们日益活跃在政治舞台上，发挥着独特的作用。具有敏锐政治眼光的齐桓公率先注意到这一新动向，意识到霸业能否实现，关键在于能否得到新兴的士阶层的支持。于是他在管仲的辅佐下，采取种种措施，开始了具有开创之功的国家养士事业。

养士的第一步是把士吸引到自己的周围。据《说苑·尊贤》记载：“齐桓公设庭燎，为士之欲造见者，期年而士不至。于是东野鄙人有以九九之术见者……乃因礼之。期月，四方之士相携而并至矣。”先秦时期有两个齐桓公，一个是春秋时姜齐的桓公小白，一个是战国时创立稷下学宫的田齐桓公午，在使用材料时若不仔细加以辨别，是很容易混淆的。这条材料里的齐桓公便是春秋五霸之一的齐桓公，因为其中提到了“以九九之术见者”这一线索。《三国志·魏志·刘廙传》裴松之注引了一条《战国策》佚文言道：“有以九九求见齐桓公，桓公不纳。其人曰：‘九九小术，而君纳之，况大于九九者乎？’于是桓公设庭燎之礼而见之。居无几，隰朋自远而至，齐遂以霸。”隰朋是同管仲一起辅佐齐桓公成就霸业的人物，足见“设庭燎”者确是春秋时的齐桓公。“九九之术”，《汉书·梅福传》颜师古注云：“九九，算术，若今九章五曹之辈”，在当时被视为一种雕虫小技。东野鄙人以九九之薄能造见桓公，说之以“太山不辞壤石，江海不逆小流，所以成其大也”的道理，并引用《诗经》中“先民有言，询于刍荛”[①]的话，认为施政应当广泛征求意见，包括向那些割草打柴的人（刍荛），这样才能成就大事。桓公于是“设庭燎之礼而见之”。“庭燎”，见《诗·小雅·庭燎》：“夜如何其？夜未央，庭燎之光。”疏云：“庭燎者，树之于庭，燎之以明，是烛之大者。”《周礼·司烜氏》曰：“凡邦之大事，共坟烛庭燎。”郑注：“坟，大也。”可见，庭燎乃是古代邦国在朝觐、祭祀和商议军国大事时才在大庭中燃起的大烛。又《礼记·郊特牲》云：“庭燎之百，由齐桓公始也”，郑注：“僭天子也。”据《大戴礼》，古代根据爵位的尊卑，所用庭燎之数有很大差别，天子为一百，公爵五十，侯伯子男均为三十。桓公始以公爵僭用天子之礼待士，这样的礼节在当时是何等的隆重！无怪乎“四方之士相携而并至”了。

齐桓公意识到，坐等贤士上门是远远不够的，为了得到更多的贤士，他采取了主动出击的措施，“为游士八十人，奉之以车马、衣裘，多其资币，使周游于四方，以号召天下贤士”。[②]仅为之四处做宣传的游士就有八十人，可见其养士之多。

齐桓公求贤若渴，他除了采取以上方法招徕四方之士外，还善于发现人才，有时为了得到一位贤士，甚至三番五次亲自出面顾请。《新序·杂事》记载了以下几件事情。齐桓公邂逅因穷困而“饭牛于车下”的宁戚，发现他是一个难得的人才，连夜举火“授之以为卿”。路遇麦丘邑人，发现他是个有用之才，就“扶而载之，自御而归，礼之于朝，封之以麦丘，而断政焉”。三国时刘备三顾茅庐的故事，人们传为佳话，殊不知先此八百多年，已有齐桓公五顾贤士小臣稷的事迹。“齐桓公见小臣稷，一日三

① 《诗经·大雅·板》。

② 《国语·齐语》。

至不得见也。从者曰：‘万乘之主，布衣之士，一日三至不得见，亦可以止矣。’桓公曰：‘不然，士之傲爵禄者固轻其主，其主傲霸王者亦轻其士。纵夫子傲爵禄，吾庸敢傲霸王乎?’五往而后得见。天下闻之，皆曰桓公犹下布衣之士，而况国君乎？于是相率而朝，靡有不至。桓公之所以九合诸侯一匡天下者，遇士于是也。”

求贤士必以高爵厚禄相辅之，虽然桓公给这些贤士什么样的爵禄已不得而知，但从他不惜僭天子之礼以待士，不惜花费重金以号召天下贤士，不惜以万乘之尊五顾布衣之士几条材料来看，他给予这些贤士的待遇必定是很高的。这就给后来创立稷下学宫的田齐统治者提供了仿效的榜样。田齐君主“设大夫之号，招致贤人而尊崇之”①，“皆赐列第为上大夫”②，“受上大夫之禄”。③ 他们千方百计地收罗四方之士，给以优厚的政治和物质待遇，实质上这些措施均未超出齐桓公。

齐桓公养士除了招徕和发现人才外，更为有意义的是，他还采取更为积极主动的措施，培养和训练士，以保证有更多人才源源不断地为己所用。鲁僖公九年，齐桓公召集了有名的葵丘之会，与诸侯会盟的第二条是“尊贤育才，以彰有德”。④ 这里的“育才”就是培养人才。桓公是怎样培养人才的呢？据《国语·齐语》载，他采纳了管仲的建议：“处士也，使就闲燕（韦昭注曰：‘犹清静也’）……令夫士，群萃而州处，闲燕则父与父言义，子与子言孝，其事君者言敬，其幼者言悌。少而习焉，其心安焉，不见异物而迁焉。是故其父兄之教不肃而成，其子弟之学不劳而能。夫是，故士之子恒为士。”这就是说，让“士”成为一种职业，让他们集中居住，从小就受到特定的训练和教育，通过这样的方法，使“士之子恒为士”，让他们安于本行，世代相传，这样就可以为国家源源不断地培养出大批的士。齐桓公这一措施具有开创性的意义，是齐国养士与别国养士的重要区别。这一措施为齐国开辟了一条由国家独立培养士的新路，对于齐国文化的繁荣昌盛和齐国国势的长盛不衰，特别是对于稷下学宫的最后出现具有非常重要的意义。稷下学宫的创立，可以说就是这一措

① 徐干：《中论·亡国》。

② 《史记·田完世家》。

③ 《盐铁论·论儒》。

④ 《孟子·告子下》。

施的继续，就是这一政策的最终产物。战国之世，由于官僚政治的发展，士在政治生活中的作用迅速增强，社会对士的需求量大增，因此各国君主都争先恐后地“礼士”，千方百计地收罗人才。田齐的君主由于继承了姜齐桓公的宝贵经验而具有与众不同的战略眼光，他们认识到富国强兵、统一天下的目标不是短期内可以实现的，而单靠社会上私家培养士一条途径又难以满足自己对人才的长期的、大量的需求，因而他们并不着眼于短期的“效益”，而是在收集人才的同时更注意培养人才，为自己的长远目标服务。稷下学宫的一个重要作用就在于，它在一个半世纪内为齐国源源不断地培养和输送了大量的人才，使得齐国在人才来源和储备上较之其他各国处于优先和领先的地位。稷下学宫中有一批学识渊博、德高望重的著名学者——“先生”，他们每人都有众多的门人弟子——“学士”，学士学成后经先生推荐就可以踏上仕途，成为齐国的各级官吏。这些人才在齐国的政治生活中发挥了极大的作用，齐之强盛同稷下学宫培养人才的活动是分不开的。显而易见，稷下学宫培养人才的活动乃是田齐政权为了适应新形势下的政治需要而对齐桓公“育才”政策的因袭和扩大。

齐桓公为了充分发挥士的作用，还参考了古代传说中的有益经验，设立了一个专门的机构，叫作“啧室之议”。《管子·桓公问》载：“管仲曰：‘黄帝立明台之议者，上观于贤也；尧有衢室之问者，下听于人也；舜有告善之旌，而主不蔽也；禹立谏鼓于朝，而备讯也；汤有总街之庭，以观人诽也；武王有灵台之复，而贤者进也。此古圣帝明王所以有而勿失，得而勿亡者也。’桓公曰：‘吾欲效而为之，其名云何？’对曰：‘名曰啧室之议……人有非上之所过，谓之正士，内（纳）于啧室之议。’”管仲并举荐“能以正事争于君前”的东郭牙主管这一机构。《艺文类聚》十一引“观人诽”作“观民非”，“灵台之复”作“灵台之宫”。[①]《三国志·魏明帝纪》云：“轩辕有明台之议，放勋[②]有衢室之问，皆所以广询于下也。”根据以上材料，“啧室之议”的职能有两项：一是议政，即“非上之所过”“观人诽”（观民非）；二是备咨询，即“下听于人”“备讯”“广询于下”。何谓“啧室”？《说文》曰：“啧，大呼也。”《荀子·

① 转引自戴望《管子校正》。

② 《尚书·尧典》曰：“帝尧曰放勋。”

正名》："啧然而不类"，杨注曰："啧，争言也。""啧室之议"，尹知章《管子注》云："谓议论者言语讙啧"，《说文》讙、哗互训，《荀子·儒效》杨注："讙，喧也。"透过这些解释材料，士人们争先恐后、坐起喧哗、毫无顾忌地针砭时政的情景仿佛跃然于纸上。齐桓公设"啧室之议"，广泛征询意见，鼓励人们畅所欲言、议论时政，乃是一个重要的举措，实开稷下学宫议政、咨询活动之先河。《史记·田完世家》说稷下先生"不治而议论"，《新序·杂事》也说"齐稷下先生喜议政事"。这里的"议论"，其含义与现代汉语中"商议""讨论"的意义不同，而是接近于"批评"之义。《说文》曰："论，议也。"《左传》襄公三十一年云："郑人游于乡校，以论执政。"又云："夫人朝夕而游焉，以议执政之善否。"可见"论"与"议"都是指"非议"，故《辞源》给"议"下的定义是"评论是非，多指非议"。"天下有道则庶人不议"①，"圣王不作，诸侯放恣，处士横议"②，"君亟定变法之虑，殆无顾天下之议也"③，"法立则私议不行"④，均可证其义。盖稷下先生享受优厚的待遇，作为交换条件，他们的主要职责之一就是通过各种方式批评时政，以便齐君能够及时纠正处理政务时出现的失误和偏差。这种议论是按照齐君的要求进行的，因而受到制度化的保障，批评错了也不加罪。稷下学宫同时又是一个咨询中心，齐君经常就一些重大的问题提出询问，进行商量，稷下先生们就针对这些问题出谋划策，指陈利弊，以便齐君做出判断，进行决策。稷下学宫这种议政和咨询的活动，不正是齐桓公"啧室之议"的职能吗？

应当指出的是，稷下学宫具有政治和学术双重性质，而齐桓公时代诸子百家还没有出现，"设庭燎"、"育才"、设"啧室之议"等乃是单纯的政治性举动，而与学术思想基本无涉，因而并不能简单地同稷下学宫的活动画等号；同时，稷下学宫的某些职能和活动也是前者所没有的。然而田齐政权创立稷下学宫，虽然在客观上促进了百家争鸣和学术思想的繁荣发展，但其动机归根到底仍是政治需要。透过这一点，我们就可以清楚地看到相隔三个世纪之久的两者之间的历史联系。由于史料的散佚，我们今天

① 《论语·季氏》。

② 《孟子·滕文公下》。

③ 《商君书·更法》。

④ 《慎子·佚文》。

已无从知道自齐桓公时期到稷下学宫创立这三百年间，齐国的国家养士政策是怎样一步步地丰富、发展和制度化并最终创立了稷下学宫，然而发生在齐国的这前后两个历史现象之间所具有的惊人的相似性，却使我们无法否认它们之间的历史联系。稷下学宫这样一个兼具政治和学术二重属性的文化中心之所以唯独出现在齐国而没有出现在别的国家，如前所论虽然有其深刻的必然性，然而齐桓公在春秋时期便已开辟的国家养士的途径以及他所采取的有关政策和措施，毫无疑问地为稷下学宫的最终出现提供了文化传统方面的滋养，提供了成功的经验和宝贵的借鉴，从而成为导致稷下学宫产生的一个重要原因。

（二）创立

稷下学宫创立于何时？根据不同的史料，历来就有不同的说法。《太平环宇记》卷十八《益都》条下引刘向《别录》云："齐有稷门，齐之城西门也，外有学堂，即齐宣王所立学宫也。"[①] 有人据此认为学宫创立于齐宣王时。但《史记·田完世家》明白地说齐宣王时"齐稷下学士复盛"，既谓"复盛"，则学宫必创立于宣王之前，故此说不能成立。又刘向《新序·杂事》云："邹忌既为齐相，稷下先生淳于髡之属七十二人皆轻忌。"有人据此认为学宫的创立当在齐威王时期。其实此条材料只能说明邹忌任齐相时淳于髡等皆已为稷下先生，却不能证明是齐威王创立了稷下学宫。又三国徐干《中论·亡国》云："昔齐桓公立稷下之官，设大夫之号，招致贤人而尊崇之，自孟轲之徒皆游于齐。"有人据此认为稷下学宫为田齐桓公午所创，今人多从此说，笔者也赞同此说。

---

① 这里牵涉到稷下学宫的地理位置。关于稷下学宫的地理位置，历来众说不一，但都认为学宫因齐都临淄城之稷门而得名，"稷下"即稷门之下或之外。然而稷门的具体位置何在，却长期聚讼不下。笔者曾到临淄齐国故城遗址进行过实地考察，知古临淄城由大城与小城组成。小城即宫城，位于大城（郭城）的西南一隅。关于稷门所在位置，一种意见认为是小城的西门，主要以《史记》《别录》《水经注》等古籍的记载为根据。另一种意见认为是小城的南门，主要以考古资料和地理学等方面的常识常理为依据。《管子学刊》1989 年第 2 期刊载的《稷下学宫遗址新探》一文，认为稷下学宫所在的稷门，既不是小城的西门，也不是小城的南门，而是大城偏北的西门，亦可备一说。稷下学宫的确切地理位置是历史地理学和考古学的研究对象，故仅于此做一简单的介绍。

近来有学者对此说有不同看法，复提出学宫创立于齐威王初年的观点。[①] 其论据有二：其一，田齐桓公午时期，齐国国力很弱，经常被动挨打，在这样的情况下不可能动手修建稷下学宫这样庞大的建筑和拿出巨额经费维持稷下学宫的开支。其二，孟子游齐是在齐威王时期，桓公午时尚未来到齐国，因而徐干《中论》所说有误，徐干既将稷下之“宫”误为稷下之“官”，那么他将齐威王误为齐桓公就不足为怪了。笔者认为这些论据都值得商榷。首先，田齐桓公午时期，正值田氏代齐后不久，齐国刚经历过长期的内乱，主要精力用于巩固政权，国力确实比较衰弱，常被攻伐。但这种局面同创建学宫并不矛盾，反而会刺激齐人招贤纳士、洗雪国耻、奋发图强的决心，先秦史上此种事例并不鲜见，而招贤图强恐怕正是桓公田午创建稷下学宫的初衷。史书上明确记载，凭借雄厚的国力大规模兴办稷下学宫的是齐宣王，而在学宫初建之时，规模未必庞大，花费未必很多，对于一个急于图强而又有远大政治眼光的国家，是应该具有在这方面进行较多投入的魄力的。况且齐威王即位之初的几年间，“好为淫乐长夜之饮，沈湎不治，委政卿大夫，百官荒乱，诸侯并侵，国且危亡，在于旦暮”。[②] 后来他振奋精神，奋发图强，才开始扭转齐国衰弱的局面。如果说桓公午时期没有足够的财力兴办学宫，那么威王初年的情况并不比桓公时期好，说此时创建了稷下学宫岂不是自相矛盾？其次，徐干曰“昔齐桓公立稷下之官，设大夫之号”，此“官”字未必就是“宫”字之误。“立稷下之官”应即是“设大夫之号”，“立稷下之官，设大夫之号”实际上就是“设立稷下大夫之官号”，此与齐宣王“赐列第为上大夫”“命曰列大夫”之举相同。退一步说，“官”与“宫”字形极为相似，在传抄中因形近致误的可能较大，而若说徐干将“齐威王”误为“齐桓公”，则颇令人费解。至于孟子游齐，确不在桓公之时，但徐干的《中论》属于子书而非史书，《亡国》篇在此亦非专论稷下学宫的创建，而是在通过历史人物的活动讲述一个道理。观《亡国》篇的宗旨和此段话的前后文，徐干旨在说明，尊贤纳士国家就会昌盛，反之就会亡国的道理。正是因为桓公田午创建了稷下学宫，以孟子为代表的一批贤士才由于齐国统治者的

① 孙开泰《稷下学宫创建于齐威王初年考辨》，载《管子学刊》1994 年第 1 期。

② 《史记·滑稽列传》。

尊贤而先后来到齐国，致使齐国出现了繁荣昌盛的局面。道理讲明了，年代似可不必苛求。这样的例证，在与《中论》同为汉代的其他子书甚至严格的史书中也不鲜见，如应劭《风俗通义·穷通》曰："齐威、宣之时，聚天下贤士于稷下尊崇之，若邹衍、田骈、淳于髡之属甚众，号曰列大夫，皆世所称，咸作书刺世。"邹衍居稷下迟在襄王、王建时期，如何能在威、宣之时显于稷下？再如《史记·儒林列传》曰："于威、宣之际，孟子、荀卿之列，咸尊夫子之业而润色之，以学显于当世。"荀卿是稷下学宫后期的学者，岂能以学显于威、宣之际？因而很难说《中论》这条材料是年代有误或年代错乱，据孟子游齐一事而否定《中论》的说法是不妥当的。笔者认为徐干在指出"齐桓公立稷下之官"后，继之以"自孟轲之徒皆游于齐"，正好告诉我们这个桓公不是春秋时期姜齐之桓公，而是战国时田齐之桓公，人们现在断定稷下学宫创立于田齐桓公午时期，不正是依据的这一点吗？如果徐干这段话没有"孟轲之徒皆游于齐"一句，人们又如何判定他指的是哪一个桓公呢？或谓徐干此说是条孤证，不足为据，其实不然。据《史记·田敬仲完世家》："威王初即位以来，不治，委政卿大夫，九年之间，诸侯并伐，国人不治。"此时的威王决不会去建立稷下学宫。后来他任用邹忌为相，开始弃旧图新，而此时淳于髡等七十二人皆已称为稷下先生，这说明他们先此已居稷下，可见学宫必创于齐威王之前。在没有可靠材料证明早于桓公田午已有稷下学宫之前，我们还是将稷下学宫的创立定位于桓公田午之时较为妥当。

桓公田午在位十八年，他继承了齐国的养士传统，创建了稷下学宫，以国君的身份继续养士。他凭借国家的财政力量，扩大养士的规模，同时充分利用国家的行政权力，提高养士的级别，专为稷下先生"设大夫之号"。"设大夫之号"，一方面说明稷下先生被尊以"大夫"，有较高的政治地位；另一方面又说明，此"大夫"是专为稷下先生所"设"的"号"，没有赋予他们相应的实际政治权力和政务。桓公田午用这样的方法"招致贤人而尊崇之"，此举为稷下学宫之后的发展在性质和作用方面定下了基调，为此后历代的田齐统治者所沿袭。

（三）兴盛

桓公田午时期，稷下学宫还处于草创阶段，规模不会很大。到了威王、宣王时期，随着田齐国势的渐强，学宫也日见兴盛，宣王时达到了鼎盛时期。

战国时，各主要诸侯国为了谋求富国强兵，都先后实行了变法。首先是李悝在魏，公仲连在赵，然后是吴起在楚，商鞅在秦，申不害在韩。在列国变法潮流的影响下，齐威王振作起来，任用邹忌为相，进行了政治经济改革。变法促进了齐国的强盛，“于是齐最强于诸侯，自称为王，以令天下”。[①] 齐国变法改革的主要人物邹忌很重视推荐人才，据《说苑·臣术》，邹忌推荐的田居子、田解子、黔涿子、田种首子、北郭刁勃子等，都被齐威王委以重任，为齐国的强盛发挥了作用。邹忌本人很可能是稷下先生出身，他以弹琴的道理进说威王，得到了威王的重用。司马迁在《史记·孟子荀卿列传》中把邹忌、邹衍、邹奭并称为齐之“三邹子”，邹衍、邹奭都被司马迁列为稷下先生，可见在司马迁眼里，是把邹忌看成是稷下先生出身的。齐威王十分重视人才，他曾与魏惠王一起在郊外打猎，魏惠王夸耀自己有“径寸之珠”十枚，可以“照车前后各十二乘”，齐威王则说：“寡人之所以为宝与王异”，他的“宝”是一批能够治国安邦的得力人才——“将以照千里，岂特十二乘哉!”[②] 齐威王如此重视人才，那么他大力发展稷下学宫是在情理之中的。在齐威王变法图强和争霸称王的政治活动中，稷下人物无论在出谋划策、培养人才还是在制造舆论方面无疑都是出了大力的。虽然至今尚无材料可以表明威王时期学宫发展的具体情况，但此时学宫已比初创时期有了一定的发展，这一点应当是没有问题的。

齐宣王是位有雄才大略的君主，为了实现“莅中国而抚四夷”的“大欲”[③]，他需要动员一切可以帮助他实现这一目标的力量，而在列国政治中越来越显示出举足轻重作用的“士”，自然就成了他争取的主要对象。当时，列国的政治经济军事优势已逐渐集中于少数几个大国，实现一统天下的国际大趋势已渐露端倪，齐宣王首先表现出统一天下的强烈欲望。具有敏锐政治眼光的齐宣王清楚地意识到，要实现这一宏伟远大的政

① 《史记·田完世家》。

② 《史记·田敬仲完世家》。

③ 《孟子·梁惠王上》。

治目标，不仅要靠经济、军事上的实力，还要塑造自己的政治形象，加强意识形态领域的建设，在舆论上和精神上获得支持，同时广泛地容纳诸子百家的学说，博采众长，形成最佳的治国方案。在这方面，乃父乃祖留下的稷下学宫这份基业，正可以为他提供别国所不具备的有利条件，帮助他实现自己的政治目标。为了争取更多的士的支持，为了形成最佳的治国方案，于是齐宣王大力发展稷下学宫。史载："宣王喜文学游说之士，自如邹衍、淳于髡、田骈、接予、慎到、环渊之徒七十六人，皆赐列第为上大夫，不治而议论，是以齐稷下学士复盛，且数百千人。"① "自邹衍与齐之稷下先生，如淳于髡、慎到、环渊、接子、田骈、邹奭之徒，各著书言治乱之事，以干世主，岂可胜道哉!"② "于是齐王嘉之，自如淳于髡以下，皆命曰列大夫，为开第康庄之衢，高门大屋尊崇之。揽天下宾客，言齐能致天下贤士也。"③ "齐宣王褒儒尊学，孟轲、淳于髡之徒，受上大夫之禄，不任职而论国事。盖齐稷下先生千有余人。"④

从以上所引几条材料上看，与桓、威时期相比，宣王时稷下学宫有了很大的发展。这主要表现在两个方面。

第一，学术思想获得很大发展，使学宫成为列国学者荟萃之地和百家争鸣的主要园地。桓公、威王虽重视学宫，但有较多的实用味道，他们多重视从学宫中选拔能够胜任某些具体事务的实用人才。与桓公、威王的重视"才"相比，宣王的突出特点是重视"学"。他"喜文学游说之士"，"褒儒尊学"，让他们"不治而议论""不任职而论国事""各著书言治乱之事"，让他们发挥自己的专长，在思想理论上和培养人才方面为自己的政治实践服务。上面所引的几条材料中提到的都是些著名的学者和当时各个学派的主要代表人物，他们在学宫中自由议论，畅所欲言，争鸣辩驳，授徒传业，著书立说，传播自己的学说，宣扬自己的治国方案，从而使学宫成为名副其实的"学"宫，成为当时列国的学术中心和百家争鸣的主要场所。在这一时期，学术思想获得了很大的发展，学者们争鸣讨论的问题更加广泛，各家各派的学说不仅更加丰富和成熟，而且经过争鸣激荡和

① 《史记·田完世家》。

② 《史记·孟子荀卿列传》。

③ 同上。

④ 《盐铁论·论儒》。

互相吸取，又涌现出一些对后世产生重大影响的新的学说和理论，如黄老之学、阴阳五行学说、精气理论和荀子之学等，百家争鸣遂被迅速地推向了高潮。

第二，齐宣王对学宫采取了特别优惠的政策，促进了学宫的迅速发展。宣王继承了学宫开创以来“招致贤人而尊崇之”的既定政策，在新的形势下，利用威王以来不断富厚的国力，对学宫采取了进一步优惠的政策，以促进学宫的发展。首先在政治上，对淳于髡等著名稷下先生七十六人“皆赐列第为上大夫”“皆命曰列大夫”，给以极高的政治地位和荣誉，满足他们参与政治的欲望。其次，在生活上给予优厚的待遇，“受上大夫之禄”，“为开第康庄之衢，高门大屋尊崇之。”《尔雅》曰：“四达之谓衢，五达之谓康，六达之谓庄。”齐宣王在四通八达的康庄大道旁为稷下先生建造高门大屋，让他们享受上大夫的俸禄，过上优裕、富贵的生活。最后，稷下先生在学宫中保持着自由知识分子的身份，行动上来去自由。宣王对各派学者一律来者不拒，优礼相待，对愿去者亦不横加阻拦，而是以礼相送，馈以金帛，让他们在别国广泛宣传，扩大齐国的政治影响，以招徕更多的贤士。有了以上这些优惠政策，稷下先生们在学宫中，既有政治上的地位和荣誉，又有优裕的生活条件，且有行动上和身份上的充分自由，“这些学者们得到了这种温暖的保护，也真好像在春雨中的蘑菇一样，尽量地簇生了起来”。[①] 由于采取了这些优惠政策，学宫在宣王时期获得了迅速发展，四方学者趋之若鹜，“盖稷下先生千有余人”，“是以齐稷下学士复盛，且数百千人”，发展到它的鼎盛时期。

有的学者根据“复盛”二字断定在此之前学宫曾有过一个衰落时期。他们或以为，桓公、威王之际“百官荒乱，诸侯并侵，国且危亡，在于旦暮”，于是初盛的学宫遭到挫折，走向衰落，后来威王听从了淳于髡的讽谏和邹忌的改革建议，励精图治，于是学宫又由衰转盛。[②] 这种观点缺乏证据，且年代自相矛盾，《史记》明明说齐宣王时稷下复盛，怎么又成了威王的事迹？或以为威王后期，齐国将相不和，相国邹忌与将军田忌闹矛盾，田忌离齐之楚，邹忌也丢了相位，这场风波的主要人物是稷下先生

---

① 郭沫若：《十批判书·稷下黄老学派的批判》。

② 说见孙以楷《稷下学宫考述》，载《文史》第23辑。

出身的邹忌，因此对稷下学宫不能不有或大或小的影响。[①] 这种观点也难以成立，因为稷下学宫不是私家养士，而是国君以国家的身份养士，学宫的盛衰应取决于国君，而不应系于将相。此时正值威王称王不久，国势正强，政权巩固，故这一点小的麻烦不应波及学宫。再说邹忌脱离稷下至此已三十年，威王怎会因他曾是稷下先生而迁怒于学宫呢？或以为学宫由盛转衰，是因为宣王对文学游说之士有一个由不喜到喜或由“轻”到“重”的转变过程，根据是《说苑·尊贤》和《战国策·齐策四》中淳于髡和王斗批评齐宣王不好士的言论。[②] 如《说苑·尊贤》曰：“齐宣王坐，淳于髡侍。宣王曰：‘先生论寡人何好？’淳于髡曰：‘古者所好四，而王所好三焉。’宣王曰：‘古者所好何与寡人所好？’淳于髡曰：‘古者好马，王亦好马；古者好味，王亦好味；古者好色，王亦好色；古者好士，王独不好士。’”其实战国时期的士，在列国虎争、纷纷招致游士的形势下，是很少在国君面前称道其“好士”的，相反地，他们总是以各种理由指出其“不好士”，以便自抬身价，说动国君进一步“好士”，淳于髡和王斗就是这种情况的典型。齐宣王的好士在列国君主中是最负盛名的，孟子就是在齐宣王即位之初慕其“好士”之名而离梁来齐的，因此说齐宣王曾经“不好士”是难以成立的。那么“复盛”二字又如何解释呢？笔者认为，从包括《史记》在内的现有史料来看，齐宣王之前，稷下学宫的发展一直呈上升趋势，并不存在一个衰落时期，也不存在齐宣王振兴稷下学宫的问题，所谓“复盛”，应当理解为更加兴盛，理解为齐宣王时期，稷下学宫的兴盛飞跃到一个新的水平、新的阶段。当然，《史记》是研究古代历史和文化的重要材料来源，但并不是每一个字都可靠，我们研究某一历史事件，应该在全面占有史料的基础上，根据历史事实下结论。基于这样的看法，笔者认为《史记》所谓“复盛”，应理解为“益盛”或“愈盛”才更为符合历史事实。

（四）衰落、中兴与终结

经过威、宣二世的经营，齐国的繁荣和富强在列国中已是首屈一指，

① 说见胡家聪《稷下学宫史钩沉》，载《文史哲》1981 年第 4 期。

② 说见蔡德贵《稷下学宫盛衰原因论》，载《济宁师专学报》1984 年第 2 期。又见刘蔚华、苗润田：《稷下学史》，中国广播电视出版社 1992 年版，第 42—43 页。

齐闵王从乃父乃祖那里继承了一份良好的基业。但威王和宣王礼贤下士、虚心纳谏、勇于改过等良好素质和修养以及他们的开明政治风气却没有被继承下来。齐闵王是一个独断专横、狂妄骄暴、急功近利的君主，热衷于对外扩张。《盐铁论·论儒》记述道：齐闵王“矜功不休，百姓不堪，诸儒谏不从，各分散。慎到、捷子亡去，田骈如薛，而孙卿适楚”。齐闵王对内不任贤良，听不进稷下先生的有益劝谏，对外穷兵黩武，矜功不休，致使国库空虚，百姓不堪。《战国策·燕策二》曰：“闵王末年，齐君臣不亲，百姓离心，燕因使乐毅大起兵伐齐，破之。”齐国几乎灭亡，齐闵王自己也丢了身家性命。好端端一份帝王基业，短短十几年就被断送了，几代人苦心经营起来的稷下学宫也在闵王后期迅速衰落，乃至一度中断。

稷下学宫衰落的标志是一批著名学者相继离去。从《盐铁论》的记述来看，其原因是齐闵王不能采纳他们的劝谏，使他们的自尊心受到伤害，才失望而去。其实，仅由于劝谏不被采纳，稷下先生们是不会轻易离开的，因为他们仍然可以在这里著书立说、传业授徒，从事学术和教育活动。迫使稷下先生们离开的还有另外的原因，其中一个重要的原因是齐闵王已容不得他们，如不离开就会有杀身之祸。这点从田骈的遭遇就可以看得很清楚。据《淮南子·人间训》所记：“唐子短陈骈子（即田骈）于齐威王，威王欲杀之，陈骈子与其属出亡奔薛。孟尝君闻之，使人以车迎。”此处之“威王”乃“闵王”之误，学术界早已公认。① 大概是稷下先生们习惯了威、宣时期开明宽松的政治风气，闵王时仍毫无顾忌地议论时政，而闵王却越来越嫌他们多嘴多舌、碍手碍脚。田骈的逆耳忠言本已使闵王厌烦，加上唐子的诬陷，闵王遂萌发了杀机，迫使田骈离开了稷下。齐闵王对待稷下先生的态度同威王和宣王相比，简直有天壤之别，这是造成稷下学宫衰落的重要原因。

稷下先生们离开学宫的另一个重要原因，是他们在闵王时期非但不被礼遇，人身安全受到威胁，而且生活上也得不到保障。齐闵王穷兵黩武，耗尽了齐国的资财，“百姓不堪”，致使学宫资养匮乏，稷下先生的生活

---

① 据《史记·孟尝君列传》，孟尝君之父靖郭君田婴乃齐威王少子，孟尝君乃威王之孙，田婴死后，孟尝君承袭了封地薛。又据杨宽《战国史》，孟尝君承袭薛地在宣王晚年，闵王即位后，孟尝君专权，闵王七年，发生了“田甲劫王”事件，孟尝君被迫出奔回薛。故田骈奔薛当在闵王七年之后。对照上文所引《淮南子·论儒》的记述，此事亦当在闵王之时。

水平急剧下降。据《淮南子·人间训》，田骈奔薛后对孟尝君说：“臣之处于齐也，粝粢之饭，藜藿之羹，冬日则寒冻，夏日则暑伤。”同他昔日那种“资养千钟”的豪华生活相比，真可谓一落千丈。因而他反而感谢唐子对他的诬陷，使他在孟尝君这里过上了“食刍豢，饭黍粱，服轻暖，乘牢良”的优裕生活。

齐闵王的穷兵黩武和专横昏暴给齐国带来了灭顶之灾。闵王十七年，五国联合伐齐，七十余城只残存二城，燕军攻入齐都临淄，“尽取齐宝，烧其宗庙”①，齐国几乎灭亡。兵荒马乱中，稷下学宫也在劫难逃。田单复齐之前，临淄被燕军占领达五年之久，在这五年中，人员离散，学宫的活动不可能进行，不得不中断。

稷下学宫后期的著名学者荀况在总结这段历史教训时指出：“挈国以呼功利，不务张其义、齐其信，唯利以求。内则不惮诈其民而求小利焉，外则不惮诈其与而求大利焉。内不修正其所以有，然常欲人之有。如是则臣下百姓莫不以诈心待其上矣。上诈其下，下诈其上，则是上下析也。如是则敌国轻之，与国疑之，权谋日行，而国不免危削，綦之而亡，齐闵、薛公（即孟尝君）是也。故用强齐非以修礼义也，非以本政教也，非以一天下也，绵绵常以接引驰外为务。故强南足以破楚，西足以诎秦，北足以败燕，中足以举宋。及以燕赵起而攻之，若振槁然，而身死国亡，为天下大戮，后世言恶，则必稽焉。是无它故焉，唯其不由仁义而由权谋也。”② 荀子将齐闵王身死国亡的原因归结为“不由仁义而由权谋”，虽不脱儒家窠臼，但他指出齐闵王贪得无厌、急功近利、穷兵黩武、全无信义，以致于外强中干、众叛亲离，却是值得认真汲取的经验教训。

襄王五年，田单复国。齐国经过了这次沉重的打击，国力大衰，丧失了往日一等强国的地位，从此一蹶不振。齐襄王虽然是在废墟上重建家国，但仍想重振国势，试图有一番作为。他继承了祖先的既定国策，将复兴稷下学宫提上了重要的日程。《史记·孟子荀卿列传》载：“田骈之属皆已死，齐襄王时，而荀卿最为老师。齐尚修列大夫之缺，而荀卿三为祭酒焉。”这条材料表明，经过了闵王后期的变乱，稷下先生学士离散，各

---

① 《史记·燕世家》。

② 《荀子·王霸》。

谋生路，到齐襄王恢复稷下学宫时，田骈等老一辈稷下先生也已不在人世。齐襄王为了让稷下学宫在他振兴齐国的计划中发挥作用，采取了一些措施，仍尊稷下先生们为“列大夫”，一面招聘了一些名流学者到稷下，一面提升一批稷下后学，补充了列大夫的缺额，大体上恢复了学宫的编制、供给和日常活动。荀子在当时的稷下先生中最为学识渊博，且德高望重，因此三次被推举为学宫中的学术领袖——祭酒，主持学宫的日常事务。经过这一番努力，学宫出现了中兴的气象。

然而经过闵王后期的大变乱，齐国已元气大伤，恢复了的稷下学宫也失去了往日繁荣昌盛的气象，如同田齐政权一样，丧失了吸引力和号召力，很难再有所作为了。可以想见，此时的稷下学宫，无论在规模、人员素质、繁荣程度还是在政治作用、社会影响上，都已是今非昔比了。齐襄王在位十九年，无力扭转日渐颓败的国势，稷下学宫也每况愈下。齐王建即位后的四十余年间，秦国的政治经济军事优势日益突出，秦相吕不韦广招天下学者，其中直接和间接来自稷下者当不在少数。秦国迅速取代齐国，成为战国末年的学术文化中心，秦完成统一大业的趋势已相当明朗。田齐政权只求偏安一隅，已是苟延残喘，对稷下先生的忠言更觉逆耳。据《荀子·强国》，荀子在齐王建时期为了挽回齐国败亡的局势，曾向齐相进言，说齐国当时是“女主乱之宫，诈臣乱之朝”，对君王后把持朝政的混乱局面表示不满。《史记·孟子荀卿列传》亦曰：“齐人或谗荀卿，荀卿乃适楚。”可能是齐王建听信了谗言，使荀卿感到自己的处境很危险，才同当年的田骈一样，被迫离开了学宫。身为学宫祭酒的荀卿尚且如此，其他稷下先生更可想而知。荀卿出走后，学宫失去了学术领袖，不能不受到很大影响，外流的人才一定不在少数。此时的学宫已是日薄西山，勉强维持而已，即使仍然存在，也是名存实亡了。不久，齐继五国之后为秦所灭，稷下学宫也就随之终结，走完了它漫长而又坎坷的道路。

二　稷下学宫的性质与功能

稷下学宫既然是适应田齐政权的政治需要而产生并为之服务的，既然是战国时期知识分子阶层进行精神生产和文化创造的重要场所，因而它就必然地具有政治和学术双重性质。

（一）“不治而议论”之所

稷下学宫这种政治和学术相结合的双重性质，司马迁在《史记·田完世家》中表述得十分清楚——“不治而议论”，《盐铁论·论儒》表述得更为具体——“不任职而论国事”。其他如“齐之稷下先生……各著书言治乱之事，以干世主”[①]，“齐有稷下先生喜议政事”[②]，“咸作书刺世”[③]等，都是对学宫这一性质的不同表述。概而言之，“不治而议论”就是不担任具体的行政官职，而专以议政为务。这是稷下学宫同其他诸侯国的养士之间的重要区别。

具体来讲，“不治”即“不任职”，没有专司的职责。《孟子荀卿列传》云稷下先生“皆命曰列大夫”，所谓“列大夫”，不过是一个称号或头衔，此乃承袭桓公田午专为稷下学宫“设大夫之号”的做法，刘向《别录》云“方齐宣王、齐威王之时，聚贤士大夫于稷下，号曰列大夫”可为之证。《广韵》曰：“列，行次也，位序也。”“列大夫”就是位次在大夫之列，爵位与大夫并列，这标示他们的政治地位和政治待遇，但毕竟又不同于有具体官职的大夫，所以说“不治”。正因为“列大夫”不属于正式的官僚，所以才有稷下先生淳于髡“终身不仕”[④]，田骈“设为不宦”[⑤]，鲁仲连“不肯仕官任职”[⑥]之类的说法，这表明他们仍保持着自由知识分子的身份。不过，既然政治上有一定的爵位，经济上也就享有相应的待遇，不仅居住高门大屋，而且“受上大夫之禄”[⑦]，甚至有田骈那样的“资养千钟，徒百人，不宦则然矣，而富过毕矣”[⑧]的人物。

“议论”即“论国事”“议政事”“言治乱”，对国家政治发表评论意见，特别是批评性意见。前面我们在“稷下学宫之滥觞”部分中讨论

---

① 《史记·孟子荀卿列传》。

② 《新序·杂事》。

③ 《风俗通义·穷通》。

④ 《史记·孟子荀卿列传》。

⑤ 《战国策·齐策四》。

⑥ 《史记·鲁仲连邹阳列传》。

⑦ 《盐铁论·论儒》。

⑧ 《战国策·齐策四》。

“啧室之议”时已指出，“议论”一词与现代汉语中“讨论”“商议”这些词的含义不同，是指“非议”。稷下先生们在学宫中享有比较充分的言论自由，可以自由议政，甚至可以批评政府和国君，而这些又得到了政府和国君的鼓励和保障。因此，稷下先生们大都敢于直言相谏，对于国家的安危治乱具有一种责任感，从不为了迎合君主而发表投机性的言论。古代知识分子的言论自由在稷下学宫中发挥到了它的最大限度，不仅是空前的，甚至可以说是绝后的，以后两千多年的中国古代社会中，再也没有出现过如此宽松的政治空气和如此自由的思想学风。

有了优厚的生活待遇和充分的言论自由这双重保障，稷下学宫的学术思想就通过“不治而议论”的途径蓬勃地发展起来了。稷下先生们在这里一不为生活无着而忧虑奔忙；二不会因地位不高、声名不显而遭人白眼；三没有居官任职的政务烦劳；四不必担心因议论不合而丢掉饭碗。有了如此优越的条件，他们得以安下心来，专心致志地从事著书立说、教学授徒等学术教育活动。他们在学宫中付出了辛勤的劳动，倾注了无数的心血，充分发挥了自己的聪明才智，许多著名思想家便在这里出现了，许多著名的学术著作便在这里问世了，许多对后世产生了深远影响的思想理论便在这里产生了。稷下学宫成了远近闻名的学术文化中心和百家争鸣的主要园地，成了战国中期以来知识分子向往的理想之所。这里荟萃了各个学派的重要代表人物，战国中后期比较重要的思想家差不多都曾涉足稷下，为学宫的发展和学术思想的繁荣做出了贡献。

（二）政治功能

稷下先生虽然“不治”“不任职”，有别于正式的官僚，但稷下学宫毕竟不是纯粹的学术机构，而是有着浓厚的政治色彩。因而这个学术文化中心，总是通过种种方式参与和干预政治，在齐国的政治生活中处处都渗透着它的作用和影响。这里应当指出的是，在中国古代，学术和政治始终是紧密地结合在一起的，这是中国古代学术思想的一大特色，可谓政治中有学术，学术中有政治。因而，不仅稷下学宫本身从总体上来看具有学术和政治二重属性，而且稷下学宫的每一项具体活动也都具有这样的二重性质，很难将它们截然分开。

稷下学宫的政治功能主要表现在以下几个方面。

第一，议政和咨询。这是稷下学宫主要的政治功能之一，也是稷下先生“务于治”的主要渠道。稷下先生议政和咨询的活动主要有如下具体方式：①进说。用自己的学说和主张打动国君，通过国君对自己主张的采纳来实现自己的政治抱负和参与政治的愿望，如邹忌“以鼓琴干威王，因及国政”。[①] ②进谏。看到国君的政治决策有失误而当面指陈，及时纠正国君在处理军国大事时出现的偏差，如淳于髡谏齐王伐魏，避免了一次错误的行动。或当面批评国君不利于国家的行为，如淳于髡谏威王“罢长夜之饮”，王斗批评宣王之喜好声色犬马。③咨询。当国君就某些重大问题询问和商量时，向国君出谋献策，指陈利弊，以便国君进行决策。④演讲。在学宫定期举行的集会上宣传自己的主张，或针对时政发表评论，以期扩大影响，引起国君的注意。⑤辩论。利用各种场合公开自己的主张，与持不同政见者展开争论，以期辩明是非，备国君做出最佳选择。⑥著书立说。把自己的思想和主张书之简册，使之更加系统化、严密化和理论化，便于广泛流传，最终达到“著书言治乱之事，以干世主”的目的。以上这些议政咨询活动，正是田齐政权创办稷下学宫时的主要初衷。由于稷下学宫出色地起到了这一作用，因而时下有的学者称其为田齐政权的“参议院”“智囊团”“思想库”，甚至有人称其为中国古代的“兰德公司”，这些形象的说法都是有一定道理的。这些议政咨询活动，无疑对田齐政权选择治国道路、制定政策、进行决策产生了有益的影响，对齐国的发展起到了积极的作用，并间接地对列国的政治生活产生了一定的影响。

第二，培养人才，推荐官吏。战国以来，激烈的竞争使得士阶层的政治地位迅速上升，社会对人才的需求量有增无减。稷下学宫作为齐国的人才培养基地，在它存在的一百多年中为齐国源源不断地输送了大量的人才，其中不少人才通过各种途径流动到别国，在列国的政治舞台上扮演着重要的角色。学宫中学识渊博德高望重者称为“先生”，他们的门人弟子则称为“学士”。这些“学士”为数众多，如田骈有“徒百人”，宋钘在稷下“聚人徒，立师学”，“率其群徒，明其辩说”[②]，其他稷下先生的门

① 《史记·孟子荀卿列传》。

② 《荀子·正论》。

人弟子之多亦可想见。著名稷下先生淳于髡死，“诸弟子三千人”为其服丧[①]，这个数字难免有些夸张，但《史记·田完世家》说齐宣王时稷下学士多至“数百千人”，当不会有错。这“数百千人”还仅仅是当时正在学宫中受业的学士的人数，学宫存在的一百多年中培养出来的人才当远远超过这个数目。稷下先生们虽然“不治”“不任职”，他们的门人弟子却不受这些限制，“学士”们学成之后，经“先生”推荐就可以踏上仕途，成为齐国甚至任何国家的各级官吏，如“淳于髡一日而见（荐）七士于宣王”，[②] 齐宣王在稷下先生王斗的敦促下，“举士五人任官，齐国大治”。[③] 无可否认，学宫培养出来的大批人才在齐国的政治生活中发挥了重要的作用，齐之强盛同学宫培养人才的活动是分不开的。一般来说，战国时期人才的流动是没有限制的，哪里能够更好地发挥作用，他们就会流动到哪里。可以想见，战国时期列国的政治舞台上，必定都有稷下学宫培养出来的人才在活动，他们对战国时期的历史进程，无疑起到了重要的推动作用。

第三，出使他国。稷下先生不仅学识渊博、政治眼光敏锐，而且大都有游历列国的经历，他们见多识广，且有良好的口才，擅长于外交活动。因而齐王经常用其所长，委派他们出使别国，他们也都能樽俎折权，不辱君命，出色地完成使命。在这方面最突出的是淳于髡。据《史记·滑稽列传》：“威王八年，楚大发兵加齐，威王使淳于髡之赵请救兵。……髡辞而行，至赵，赵王与之精兵十万，革车千乘。楚闻之，夜引兵而去。”又《吕氏春秋·报更》载“淳于髡为齐使于荆”。《淮南子·道应》亦载“齐人淳于髡，以从（纵）说魏王”。可见淳于髡是一个出色的外交家，故司马迁说他“数使诸侯，未尝屈辱”。[④] 邹衍也曾为齐出使别国，“齐使邹衍过赵，平原君见公孙龙及其徒綦毋子之属，论‘白马非马’之辩，以问邹子”。[⑤] 这些都说明稷下先生在齐国的政治、外交活动中发挥了不

---

① 《太平寰宇记》卷十九引《史记》曰：“髡死，诸弟子三千人为缞绖。”今《史记》无此语。

② 《战国策·齐策三》。

③ 《战国策·齐策四》。

④ 《史记·滑稽列传》。

⑤ 《史记》集解引刘向《别录》。

可忽略的作用。不过，应当指出的是，稷下先生的出使他国都是临时性的委派。有的学者对稷下先生“不治而议论”的提法提出了怀疑，认为“说不治是有误的”①，其主要根据就是稷下先生曾参与了外交活动。其实外交这样的具体政事并非稷下先生经常性的活动，司马迁所概括的“不治而议论”，是根据稷下先生经常性的主要活动而做出的结论，我们不应以偏概全，根据某些特殊的情况而混淆学宫的一般性质。

第四，制造政治舆论。战国中期，在兼并战争达到了白热化的同时，结束割据、实现统一的大趋势也已渐露端倪，而统一天下正是田齐几代国君梦寐以求的愿望。齐威王曾表示，他要远则“高祖黄帝”，近则继承齐桓、晋文的霸业，向“朝问诸侯”——统一天下的目标迈进。② 齐宣王说得更明确，他要实现“辟土地，朝秦楚，莅中国而抚四夷”的“大欲”。为了配合田齐统治者实现这一宏大目标，稷下学宫的学者们自然要纷纷行动起来，为之大造舆论。在稷下学宫早期的作品《黄帝四经》中，作者已在大谈“王天下之道”，对君主提出了统一天下的明确要求，并进行了理论上的探讨。在战国后期至秦汉的许多典籍，如《战国策》《吕氏春秋》《鹖冠子》《说苑》《韩诗外传》等中，都出现了“帝者”“王者”“霸者”“亡者”之类的排列，如《战国策·燕策一》：“郭隗先生对曰：帝者与师处，王者与友处，霸者与臣处，亡者与役处。”而在1973年马王堆汉墓出土的稷下学宫早期作品《黄帝四经·称》中，我们却找到了这些说法的来源：“帝者臣，名臣，其实师也；王者臣，名臣，其实友也；霸者臣，名臣也，其实宾也；危者臣，名臣也，其实庸也；亡者臣，名臣也，其实虏也。”这些材料一方面表明士阶层地位的提高，一方面也表明了列国兼并竞争活动的升格。士人们在以王者师友自居的同时，也给君主们戴上了高帽，向他们提出了更高的要求。这条材料也表明，早在稷下学宫创立的早期，田齐君主便萌生了做帝王的野心，稷下的学者们就曾为此造过舆论。战国中期，自魏惠王始，各主要诸侯国在二十年内相继称王，

① 见蔡德贵《论稷下学宫的性质》，载《齐鲁学刊》1983年第1期。

② 齐威王时所铸“陈侯因脊敦”上有这样的铭文：“皇考孝武桓公（即桓公田午），恭哉，大谟克诚。其唯因脊（即‘因齐’，威王名），扬皇考昭统，高祖黄帝，迩嗣桓、文，朝问诸侯，合扬厥德。”转引自民国九年修《临淄县志》。

而威王时齐已是“最强于诸侯”①，宣王时“齐之强，天下不能当”。② 显然，称王已不能显示好大喜功的齐国同其他国家的区别了，于是，齐国开始酝酿帝制运动，要假借“皇天上帝”的名义来称“帝”了。后来，齐闵王“奋二世之余烈”，果然一度称帝。为了适应田齐政权帝制运动的政治需要，稷下先生们在理论上和舆论上进行了积极的配合，他们撰写了一批著作，为未来的统一大帝国拟定了一套典章制度。刘向《别录》云：“《王度记》，似齐宣王时淳于髡等所说也。”③ 据顾颉刚先生的考证，《周官》一书也是战国时齐人所作④，那么，除了为齐国称帝积极造舆论和进行筹划准备的稷下先生们，还能有谁呢？据笔者的研究，《管子》中的《幼官》《四时》《五行》等一组作品也都是齐国帝制运动的产物。⑤ 这些作品，从大到明堂、封禅、巡狩等典礼，小到爵禄、祭祀、婚丧等制度，甚至君主的衣食住行，都为未来的统一帝国做出了详细的规定。这些舆论的作用是不可小看的，它在齐国上上下下造成了一种统一天下已近在眼前的气氛，在列国间也造成了一种统一天下已非齐莫属的声势，对列国的君主构成了不小的心理压力，使齐国处于十分有利的地位。

（三）学术活动

为了使稷下的学者们最大限度地发挥在思想理论上为自己的政权服务的作用，田齐统治者对稷下学宫除了在政治和经济上采取一系列的优惠政策外，为了鼓励学宫的学术活动，他们还有一条重要的保证，那就是允许学术自由，政府不干预学宫的学术活动。有了这一条保证，稷下的学术活动就蓬勃地开展起来了。稷下学宫的学术活动主要表现在以下几个方面。

第一，著书立说。由于田齐统治者实行了开明的文化政策，并不根据自己的好恶来抬高哪一派，而是一视同仁，兼容并蓄，任其自由发展，从而吸引了各家各派的学者来到稷下。这些学派尽管大小不等，尽管主张殊异，甚至互相抵牾，但在学宫中都有自由发展和平等竞争的机会。于是，

① 《史记·田敬仲完世家》。

② 《战国策·齐策一》。

③ 《礼记疏》卷四十三引。

④ 顾颉刚《“周公制礼”的传说和〈周官〉一书的出现》，载《文史》第六辑。

⑤ 参看本书第九章第三节。

他们纷纷著书立说，标新立异，使学宫形成了学派林立、百花齐放的繁荣局面。当时社会上几乎所有的学派在学宫中都有自己的代表人物，都有自己的一席之地。活跃自由的学术气氛，促进了各学派的分化和互相渗透、融合。即使是同属一个学派的学者，各自的思想主张也都有不同的倾向和个性，很难找到两个思想主张完全相同的。即便是师生相承，也各有千秋。于是，一大批在中国古代极有影响的著作在学宫中问世了。诚如《史记·孟荀列传》所说，齐稷下先生“各著书言治乱之事，以干世主，岂可胜道哉”！

第二，讲学授业。稷下学宫的先生们为了宣传自己的学说，扩大自己的影响，延续和发展自己的学派，就要聚徒讲学。从学士方面来说，为了获得文化知识，为了踏上仕宦之途，就要从师受业。先生与学士构成了教与学双方，开展了学宫的教育活动。如前所说，许多著名的稷下先生都有众多的门人弟子。在稷下，教与学双方都有较大的自由度，先生可以自由讲学授业，学士也有较大的选择余地，特别是可以不限于跟一个先生学习，其他先生讲学也可以去自由听讲。这种自由灵活的学习制度，使得学士们有机会接触其他学派的学说，有助于打破门户之见，防止思想僵化和学术流派的近亲繁殖，使学术思想的发展不断获得新的活力，有利于学术思想的交流和人才的培养。据郭沫若的研究，稷下学宫还制定有统一的学生守则，这就是收入《管子》中的《弟子职》篇，[①] 其中对来稷下求学的学士们在品德修养、待人接物、学习纪律、饮食起居和衣着仪表等方面都提出了详细的守则。这些学则保证了学宫的教育活动的正常进行，有助于人才的培养，同时也证明了稷下学宫确是一个具有相当规模的正规的学术教育中心。稷下学宫培养人才、传播文化知识的学术活动同时又是按照田齐政权的要求进行的，主要是为了适应田齐政权的政治需要，因而有的研究者认为稷下学宫是当时的一所官办的最高学府，其说亦不为过。

第三，期会争鸣。史载，荀子在齐襄王时期曾三为稷下祭酒，可见稷下学宫是一个有组织的正规的学术团体，有其常规性的学术活动。刘向

---

① 郭沫若等著《管子集校·弟子职篇第五十九》云：“《弟子职篇》当是齐稷下学宫之学则。”参看《郭沫若全集》历史编第7册第387页，人民出版社1982年版。

《别录》云："齐有稷门，城门也，谈说之士期会于稷下。"[①]"期"乃预定、约定之意，"期会"即按约定的时间定期举行集会。既为集会，就应有德高望重之人召集主持，"祭酒"即是这样的主持人或学术领袖。"期会"进行的活动不外乎演讲和辩论两种。通过演讲，各家各派都获得向大家公开自己学说和观点的机会，有利于互相了解、互相吸取，促进了学术思想的交流和发展。稷下的学者们大都有出色的口才，都有一套辩论的技巧，在辩论中他们各持己见，互不相让，形成了百家争鸣的热闹场面。如稷下先生儿说："持白马非马也，服齐稷下之辩者。"[②]"齐辩士田巴，服狙丘，议稷下，毁五帝，罪三王，服五伯，离坚白，合同异，一日服千人。"[③]田骈、邹衍、邹奭亦因雄辩而得"天口骈""谈天衍""雕龙奭"的雅号，为人们所称道。可以想见，这些辩论在形式上不拘一格，有在先生之间进行的，有在学生之间进行的，也有在先生与学生之间进行的；有不同学派之间的，也有同一学派内部的；有面对面的问答，也有见诸简册的应对；有的注重辩明坚白同异、白马非马等抽象的概念和理论，有的注重解决现实的政治问题。辩论的结果，"胜者不失其所守，不胜者得其所求"。[④]双方在争鸣中辩明了是非，取长补短，各得其所。人们通常所说的百家争鸣，主要就是在稷下学宫中通过这些方式进行的。

稷下学宫中的学者来自四面八方，这既是学宫学术思想繁荣的标志，也是有利于其发展的重要条件。作为战国中后期的学术文化中心，稷下学宫成了东西南北各种文化因素交流汇合之地。在稷下学宫中，有齐国本土的学者如淳于髡、田骈、邹衍、尹文、接子、邹奭、鲁仲连等，他们是齐文化的主要代表。来自异国的学者在学宫中也占了相当的比例，如慎到、荀卿都是赵人，宋钘、儿说为宋人，环渊是楚人，等等。这么多著名学者从四面八方聚集到一起，列国文化大汇合，不同地域和类型的文化得以进行广泛的接触和交流，互相冲突激荡，争鸣辩驳，使学术思想的发展繁荣获得了绝好的时机和条件。在稷下学宫发展到鼎盛时期的同时，先秦学术文化的发展也步入到它的黄金时代。

---

① 《史记·田敬仲完世家》集解引。

② 《韩非子·外储说左上》。

③ 《史记·鲁仲连邹阳列传》正义引《鲁仲连子》。

④ 《史记·平原君列传》集解引刘向《别录》。

三 稷下学术综论

（一）学派、文献与人物

田齐政权大力兴办稷下学宫，吸引了列国的众多学者前来讲学，使学宫迅速成为远近闻名的学术文化中心和各派学者的荟萃之地。《史记·太史公自序》所概括的六家学术，在稷下皆有著名的代表人物。其有据可查者，儒家有荀子、颜斶、鲁仲连；道家势力最大，人物众多，计有田骈、慎到、彭蒙、接子、环渊等人；宋钘则是墨家精神的真正继承者；属名家的有尹文、儿说和田巴；法家在稷下虽无著名代表人物，但《管子》一书的作者却主要是一批法家人物，他们是为田齐变法提供理论指导的主要力量；阴阳家在稷下的代表人物是著名学者邹衍和邹奭。值得注意的是，稷下诸子由于经常在一起争鸣交流而互有影响，因此各家人物在学术思想上的分野不似稷下之前那样的明确，有的往往是兼治两家甚至多家之学。如稷下元老淳于髡就是一位“学无所主”、兼容多家之术的学者，告子也是一位“兼治儒墨之道者”，这样的情况致使人们常常难以确定他们的学派归属。这正是稷下学术的一个突出的特点和优势，代表和引导着先秦学术思想的发展方向。

《史记·孟荀列传》曰，齐稷下先生“各著书言治乱之事，以干世主，岂可胜道哉!”此言稷下著述之盛。仅《汉书·艺文志》著录的稷下诸子之书就有:《慎子》四十二篇，《田子》二十五篇，《蜎子》十三篇，《捷子》二篇，《宋子》十八篇，《尹文子》一篇，《邹子》四十九篇，《邹子终始》五十六篇，《邹奭子》十二篇，《鲁仲连子》十四篇，《孙卿子》三十三篇，《管子》八十六篇，《黄帝四经》四篇等。有的研究者还认为，《晏子春秋》《春秋公羊传》《易传》也是稷下之作。本书将在第六章和第九章中对《黄帝四经》和《管子》二书进行专题讨论。

稷下学宫历时久远，规模浩大，人物众多，著述甚丰。可惜大多数人物的著作今已不存，故而我们对他们的思想知之甚少。研究稷下学术，当然要把主要的力量放在那些我们知之较多、对中国学术思想史的发展影响较大的人物和著作上。但这并不是说那些我们知之不多的人物和著作就不重要。本书在对稷下的主要人物、学派和著作进行重点专题研究之前，有必要对这些我们知之不多的人物及其学术思想，按照他们活动年代的顺序，择其要者进行一番简要的梳理。

淳于髡：淳于髡是稷下元老，早在威王兴齐之初，淳于髡就是稷下先生之首，很可能桓公田午创办学宫时就已是稷下先生了。淳于髡主要活动在齐威王和宣王年间，曾与孟子有过著名的辩论。他本“齐之赘婿”①，出身微贱，但他以卓越的学识、辩才和胆略受到了齐王的尊崇和器重。司马迁说他“博闻强记，学无所主”②，据此，淳于髡很可能是一位学贯百家之术，思想上不拘一格的学者和政治家。作为稷下元老，这种“学无所主”、贯通百家的学风，对于稷下之学多元、融合、创新的学术特色的形成，无疑起到了很好的开创和导向的作用。《汉书·艺文志》没有著录淳于髡的著作，据孔颖达《礼记正义》引刘向《别录》云，《王度记》“似齐宣王时淳于髡等所说也”，淳于髡很可能参与了《王度记》的创作。散见于《白虎通》等书中的《王度记》佚文，可以作为研究淳于髡思想的参考材料。

彭蒙：彭蒙是稷下早期学者，《庄子·天下》曰：“公而不党，易而无私，决然无主，趣物而不两。不顾于虑，不谋于知，于物无择，与之俱往。古之道术有在于是者，彭蒙、田骈、慎到闻其风而说之。”据此知彭蒙之学属道家。《天下》又曰：“彭蒙之师曰：‘古之道人，至于莫之是莫之非而已矣。’”这种不谴是非、任其自然的态度为早期道家所共持。《天下》又曰：“田骈亦然，学于彭蒙，得不教焉。”可知彭蒙乃田骈之师。王先谦《庄子集解》曰：“举蒙之弟与师，而蒙可知。”盖彭蒙之师这种“莫之是莫之非”的态度影响了彭蒙，田骈又从彭蒙那里接受了这种态度，故能提出“齐万物以为首”的著名观点。由此可见，从彭蒙之师，经彭蒙而至田骈，他们的学术思想是一脉相承的。又《尹文子·大道上》引彭蒙之言曰：“雉兔在野，众皆逐之，分未定也。鸡豕满市，莫有志者，分定故也。”此雉兔之喻强调正名定分，在形名法术派和黄老道家中颇为流行。姚振宗《汉书艺文志拾补》据此谓彭蒙书当属名家，然而从以上所引材料来看，彭蒙应为稷下黄老之学的早期倡导者之一，兼有形名

① 《史记·滑稽列传》。

② 《史记·孟子荀卿列传》。

思想，其学术与尹文接近。《汉书·艺文志》未著录彭蒙之书，成玄英说彭蒙“著书数篇”①，未审何据。

告子：《孟子·告子上》和《公孙丑上》篇都记载有告子同孟子关于人性问题的著名辩论。赵岐认为告子名不害，“尝学于孟子”，近人梁启超则认为告子“恐是孟子前辈”。按《墨子·公孟》有墨子与告子的对话，墨子指责告子口言而身不行，并有弟子“请弃之”，据此，告子似为墨子弟子。又告子若为墨子弟子，则下及于孟子之时是完全可能的，故以梁启超之说为近。告子年长于孟子，当为稷下早期学者。关于告子的学派归属，赵岐认为他是“兼治儒墨之道者”，郭沫若则认为他“是黄老学派的一人”。② 我们从《孟子》书中的记载来看，告子主张“仁内义外”，又主张“生之谓性”，其说近儒。③ 又告子主张“性无善无不善”，“性犹湍水也，决诸东方则东流，决诸西方则西流”④，同于墨子“所染”之意。故以赵岐之说为胜。

接子：接子是稷下黄老道家的著名学者。《史记·田完世家》接子作接予，《汉书》《盐铁论》亦作捷子，接、捷古字通，接子即捷子。⑤《史记·孟荀列传》曰：“接子，齐人……学黄老道德之术，因发明序其指意。”关于接子的思想，《庄子·则阳》曰：“季真之莫为，接子之或使，二家之议，孰正于其情？孰偏于其理？”陆德明《释文》曰：“或与莫为对文。莫，无也；或，有也。”成玄英《疏》云：“季真、接子并齐之贤人，俱游稷下。⑥ 莫，无也；使，为也。季真以无为为道，接子谓道有为，使物之功，各执一家。”冯友兰先生对“莫为”和“或使”有这样的

① 《庄子·天下》篇成玄英疏云：“姓彭名蒙，姓田名骈，姓慎名到，并齐之隐士，俱游稷下，各著书数篇。”

② 说见郭沫若《十批判书》中《名辩思潮的批判》一文，载《郭沫若全集》历史编第2集，人民出版社1982年版。

③ 《荀子·正名》曰：“生之所以然者谓之性”，同于告子“生之谓性”的主张。

④ 《孟子·告子上》。

⑤ 王先谦《汉书补注》引钱大昕曰：“接、捷古字通”，可见接子即捷子。

⑥ 成玄英谓季真与接子俱游稷下，恐未必。钱穆先生在《先秦诸子系年·接子考》中指出：“季真事迹多在梁，其一时交游亦以梁为盛。成氏谓之齐人，游稷下，未审所据，岂以接子而连类说之耶？”可见，据成玄英之言难以断定季真也是稷下先生，他说季真游稷下，很可能是由于季真与接子连称而致误。季真与接子的争论很可能并不发生在稷下。

解释："季真主张'莫为'，就是认为万物都是自然而然地生出来的，不是由于什么力量的作为。接子主张'或使'，就是认为总有个什么东西，使万物生出来。"① 《管子·白心》曰："天或维之，地或载之。天莫之维，则天以坠矣；地莫之载，则地以沉矣。夫天不坠，地不沉，夫或维之而载之夫？……夫或者何？若然也。"其说大概是受了接子或使说的影响。战国中期，随着人们思维水平的深入，究竟是否存在一个支配自然和社会的力量或主宰的问题，已为人们所普遍关注，莫为和或使就是两种相反的回答。莫为说否定这个主宰，认为道是自然无为的，或使说则认为一切均由大道所规定和支配。钱穆说：季真的莫为"近于机械的自然论"，而接子的或使，"其殆主命定之论者耶"？② 据《史记》，接子之学显于齐宣王时。据《盐铁论·论儒》，齐闵王矜功不休，百姓不堪，诸儒谏不从，接子遂亡去。《汉书·艺文志》道家类著录《捷子》二篇，已佚。

环渊：关于环渊，学界歧见颇多，主要集中在环渊这个人究竟是谁这个问题上。郭沫若和钱穆认为环渊就是关尹③，冯友兰和张岱年则认为环渊非关尹。④ 本书亦从此说。《史记·孟荀列传》云："环渊，楚人，学黄老道德之术，著上下篇。"⑤《汉书·艺文志》道家类有《蜎子》十三篇，班固自注："名渊，楚人，老子弟子。"此蜎渊即是环渊，因为肙、睘互通，可以彼此替代。《黄帝四经·经法·论》有"蚑行喙息，扇飞蠕动"之语，《新语·道基》作"蚑行喘息，蜎飞蠕动"，《淮南子·原道》作"蚑行喙息，蠉飞蠕动"，故蜎渊即环（環）渊。又《史记·樗里子甘茂列传》记有"楚王问于范蜎"一事，此事又见于《战国策·楚策一》："楚王问于范环"，蜎直接作环，此乃蜎渊即环渊之确证。《蜎子》十三篇久佚，环渊的学术思想我们已不可知其详，论者多用上引《战国策》中范环答楚王问的材料来阐发环渊的思想⑥，这是不正确的，因为这个范蜎或范环并不是环渊。如前所论，环渊就是蜎渊，《史记·孟荀列传》司马

① 转引自张秉楠《稷下钩沉》，上海古籍出版社1991年版，第165页注3。

② 钱穆《接子考》，载《先秦诸子系年》。

③ 参看郭沫若著《青铜时代》《十批判书》和钱穆著《先秦诸子系年》。

④ 参看冯友兰著《中国哲学史史料学初稿》和张岱年著《中国哲学史史料学》。

⑤ 《风俗通义·姓氏》曰："楚有贤者环渊，著书上下篇。"显然系根据的《孟荀列传》。

⑥ 参看周立升《环渊考辨》一文，载《齐鲁学刊》1983年第3期。

贞《索引》引刘向《别录》，“环”作姓也，《汉书·艺文志》颜师古注曰：“蜎，姓也”，环、蜎都是姓，而范环、范蜎之“环”“蜎”却是名，岂能因前者之姓同于后者之名就认定是同一个人？且“范”作为姓又从何而来？有人举例证明范、环相通以圆此说，那么，范蜎、范环岂不成了“环蜎”“环环”？姓与名相同已是难圆其说，更何况“渊”字又哪里去了？退一步说，就算范蜎或范环就是环渊，从他答楚王问的对话里也丝毫看不出有道家的味道，不过是就事论事、权衡利弊而已。总之，环渊的思想已难以考见，我们只好存而不论，不能强为申说。至于“娟嬛”“便蜎”“便嬛”“玄渊”“它嚣”“范睢”“涓子”乃至“太公涓”等，或因辗转通假，已失其真，或显系他人名字之误，或为神仙家的杜撰，以致越扯越远，越来越离奇，皆不足为据。

儿说：儿说是稷下名家的重要人物。《韩非子·外储说左上》载：“儿说，宋人，善辩者也。持白马非马也，服稷下之辩者。”据此，著名的白马非马之辨是儿说首先提出来的。[①] 这一著名命题后为公孙龙所接受和发挥，著《白马论》，成为其名辩学说的重要组成部分。儿说在当时以“巧”著称，不少古籍都记有他的事迹。《淮南子·说山训》曰：“儿说之为宋王解闭结，此皆微眇可以观论者。”同书《人间训》曰：“夫儿说之巧，于闭结无不解，非能闭结而尽解之也，不解不可解也。至夫以弗解解之者，可与及言论矣。”这里已透露出“以弗解解之”的倾向。《吕氏春秋·君守》记儿说之弟子为人皆闭结，最后也是“以不解解之”，这大概是从儿说那里学来的。儿说及其弟子避开闭结不可解的现实，只从概念上空谈闭结可解，开启了从概念到概念，玩弄文字游戏之端，对名家诡辩派理论的最后完成起到了重要的作用。惠施“连环可解”的命题，就是对儿说“闭结可解”的承袭和发挥。儿说的白马非马之辩，必也是这类概念游戏，而置客观事实于不顾。因而《韩非子·外储说左上》紧接着上文所引就说，儿说“乘白马而过关，则顾白马之赋。故籍之虚辞，则能胜一国，考实按形，不能谩于一人”。尽管儿说能把白马说成不是马，谁

---

① 《吕氏春秋·君守》曰：“鲁鄙人遗宋元王闭，元王号令全国，有巧者皆来解闭，莫之能解。儿说之弟子请往解之。”宋元王即宋王偃，其国为齐闵王所并。儿说的弟子当闵王之时，儿说则当宣王之时，早于公孙龙。

也辩不过他，守关人可不听这一套，儿说还是不能蒙混过关，不得不为他的白马缴纳过关税，这是对儿说诡辩理论最有力的戳穿。

田巴：《太平御览》四六四引《鲁连子》曰："齐之辩士田巴，辩于徂邱而议稷下，毁五帝，罪三王，訾五伯，离坚白，合同异，一日服千人。"据此，"离坚白""合同异"的著名论题可能是稷下先生田巴首创。田巴之辩"离坚白""合同异"，是从概念到概念的文字游戏，以他的滔滔辩才，虽可以服人之口，却不能服人之心。年仅十二岁的鲁仲连抓住田巴之辩脱离现实这一致命弱点，指出他的理论"危不能为安，亡不能为存"，从而轻而易举地击败田巴，田巴从此"杜口易业，终身不复谈"。田巴"离坚白"的命题被公孙龙所接受并展开，成为公孙龙学说的重要组成部分。"合同异"的命题则对惠施产生了重要的影响，成为惠施相对主义理论的主要内容。

在稷下的名家学派中，儿说、田巴的学说同务实派尹文的学说分道扬镳，走上了脱离实际的诡辩之途。继其之后的惠施、公孙龙吸收了他们提供的思想资料，沿着他们开辟的方向继续发展下去，最终完成了先秦名辩派的理论体系。可见，稷下名家儿说、田巴是先秦名家学派发展的一个重要阶段，起着承上启下的重要作用。同时也应承认，他们提出的"白马非马""离坚白""和同异"等命题对于先秦逻辑学的发展，对于启发人们的思想，锻炼人们的思维能力，对活跃稷下的百家争鸣，都有着不可忽视的贡献。

颜斶：颜斶的事迹见于《战国策·齐策四》："齐宣王见颜斶……对曰：士贵耳，王者不贵。"《齐策四》还记载了王斗的事迹，与颜斶雷同。《汉书·古今人表》中列有颜歜、王升、王歜三人，此王升显系王斗之误，钱穆疑此三人实为一人[①]，但没有说清颜歜是怎样变成了王斗。按《齐策四》云"齐宣王见颜斶"，吴师道曰："《春秋后语》作王蠋"[②]，斶、蠋、歜皆可相通，可知颜斶、颜歜与王歜、王蠋为一人。那么王歜又是怎样变成王斗的呢？原来，"斗"因形近而误为"升"，《太平御览》八一六引作"先生王斗"，而《初学记》三十四则引作"先生王升"，可

① 见钱穆《田骈考》一文，载《先秦诸子系年》。

② 转引自诸祖耿《战国策集注汇考》，江苏古籍出版社1985年版中册第609页注1。

见王斗已误为王升。朱起凤曰："升字草书与叔字相似，故又之化升为叔"，《文选·竟陵文宣王行状》注引作"先生王叔"是其证。叔字又因声近而误为歜，故《太平御览》四五六引作"先生王歜造门而歌，欲见齐宣王"。于是王斗就辗转变成了颜斶，足见《齐策》的颜斶与王斗实为一人。从颜斶与齐宣王的对话看，他称引尧、舜、禹、汤、文王、周公之"圣"与"德"，说明他是儒家信徒。同时他又说"无实而喜其名者削，无德而望其福者约，无功而受其禄者辱"，追求"形神两全""清静以自虞""归反于朴"，并称引老子之言："虽贵，必以贱为本；虽高，必以下为基。是以侯王称孤、寡、不谷。"[①] 可见他又有浓厚的道家思想。《史记·田单列传》载，"燕之初入齐，闻画邑人王蠋（即颜斶）贤，令军中曰：环画邑三十里无入，以王蠋之故"，并迫其降。他回答说："忠臣不事二君，贞女不更二夫。齐王不听吾谏，故退而耕于野……"他不愿"助桀为虐"，遂自经其颈而死。这条材料表明颜斶是齐闵王时期的稷下先生，因闵王不听劝谏而退耕于家乡，最后以自己的生命实践了儒家的忠君主张。

鲁仲连：鲁仲连是后期稷下先生，据《史记》本传《正义》引《鲁仲连子》，鲁仲连是徐劫[②]的学生，十二岁时就因聪颖过人而被誉为"千里驹"，折服稷下辩士田巴。据《史记》本传，鲁仲连"义不帝秦"，指责秦国"弃礼义而上首功"，在"遗聊城燕将书"中称引三王（禹、汤、文王），可见他是儒家人物，故《汉书·艺文志》列《鲁仲连子》十四篇为儒家。不过鲁仲连的思想比起传统儒家来已是大不相同，他不仅大谈功、名、功名、功业，而且不像孔孟那样讳不言"利"。他"义不帝秦"，就是以利害关系来陈述帝秦之害；在"遗聊城燕将书"中，开头就讲"吾闻之，智者不倍（背）时而弃利"；他与孟尝君论"势数"，以门关为例，主张顺应情势、时势，以求事半功倍之效；[③] 他强调人君应"知

① 此段见于《老子》三十九章，原作"故贵以贱为本，高以下为基。是以侯王自谓孤、寡、不谷"。

② 《汉书·艺文志》儒家类有《徐子》四十二篇，不少学者认为是徐劫所著，其实未必。孟子有弟子徐子名辟，《孟子·滕文公上》和《离娄下》两次提到徐子，焉知此《徐子》不是徐辟所著？

③ 《太平御览》卷一八四引《鲁仲连子》。

时”“知行”“知宜”①，亦是“不倍（背）时”、顺应“势数”之义。可见他受到了黄老道家的重大影响，既讲原则，又讲变通，因此不像孔孟那样不合时宜。这也是稷下儒家的一个特点，是儒家学说在稷下同其他学派长期共存、互相影响的结果，所以马国翰才说其学“未能粹合圣贤之义”。②

邹奭：邹奭是邹衍学说在稷下的唯一传人，有关他的材料保存下来很少。《史记·孟荀列传》说：“邹奭者，齐诸邹子，亦颇采邹衍之术以纪文。”又说：“邹衍之术迂大而闳辩，奭也文具难施……故齐人颂曰：谈天衍，雕龙奭。”同传《集解》引《别录》曰：“邹奭修衍之文，饰若雕镂龙文，故曰雕龙。”《汉志》阴阳家有《邹奭子》十二篇，久佚，其学术内容已不可详知。但从上引“颇采邹衍之术以纪文”“修衍之文，饰若雕镂龙文”等文字来看，他的学术是继承了邹衍，并在此基础上进行加工修饰。他善于雕琢文辞，大概把邹衍的学说发挥得相当详尽精致，只可惜没有传下来。《孟荀列传》论邹衍之术是“迂大而闳辩”，即是同传所说“怪迂之变”“闳大不经”之意，难以施行之谓也；而论邹奭之术是“文具难施”，这同论邹衍之术是“迂大而闳辩”“其后不能行之”是一个意思。“雕龙”之号也是说雕得再好也只能供人观赏，难以施行。一些学者把“文具难施”解释成“文辞已相当完备，难以再行雕琢”，乃是望文生义，未得其解。

（二）学术特点

同稷下之前和稷下之外的学术思想相比，稷下学术有自己突出的特点，这些特点可以概括为多元、融合与创新。

1. 多元

稷下学术首先是多元、自由和平等的。稷下学宫是战国中后期的学术文化中心，是诸子百家的荟萃之地，《史记·论六家要旨》和《汉书·艺文志》所开列的六家或九流十家，都曾活跃于稷下。举办稷下学宫的田齐统治者具有一种难得的长远眼光和开放心态，对各派学者来者不拒，兼

---

① 《艺文类聚》卷九十九引《鲁仲连子》。

② （清）马国翰《玉函山房辑佚书·鲁仲连子》序。

收并蓄，一律平等相待，任其在学宫中平等竞争，自由发展。政府对学宫的学术活动从不干涉，也不根据自己的好恶抬高或贬低哪一派，因而学派不论大小，在学宫中都享有充分的学术自由，有着平等的地位和均等的发展机会。

先秦时期，由于历史、地理等方面的背景的差异，各不同地域的思想文化逐步形成了各自的特色，呈现出不同的文化类型。如南方荆楚之地是道家思想的发祥地和主要流传地带，三晋之地盛行刑名法术之学，邹鲁之地是儒墨的故乡，而燕齐海上之士则以五行数术见长。稷下学宫创立之前，各家各派的学说缺乏直接交流的机会和条件，影响了学术思想的发展。稷下学宫的创立，为列国文化的交流融汇提供了一个理想的场所，于是来自不同国家和地域的各种学说迅速聚集于稷下来寻求发展，由此形成了稷下学术多元化的特点。

稷下学术以原本就比较发达的齐地文化为主体，兼容来自异国的百家之学。在著名的稷下先生中，齐国本地的学者最多，如淳于髡、彭蒙、田骈、尹文、邹衍、邹奭、接子、颜斶、田巴、鲁仲连等。来自异国的著名学者也占有相当的比例，如慎到、荀卿是赵国人，宋钘、儿说是宋国人，环渊是楚国人等。稷下学宫兴盛时曾有先生学士“数百千人”，其中更多的是佚名的学者，他们中来自异国的学者应该是占有更多的比例。如此之多的异国学者来到稷下，带来了不同国家和地域的异质文化，也带来了稷下学宫的兴盛和稷下学术的繁荣。稷下学宫中的先生们都是当时各家各派的重要代表人物，战国中期以后的著名思想家多数都曾在稷下讲学，很多人就是在稷下成名的。百家之学无论人数多寡、影响大小，无论是否受到君主的重视，在稷下学宫中都有着平等的地位，都可以自由地著书立说、传道授业、议论时政，都可以平等地进行交流和辩论。

思想理论的多元、自由与平等是学术繁荣和发展的前提和重要条件。只有一家之言和一花独放就谈不上繁荣，政治高压下的学术是不自由的、缺乏独立性的，其结果只能是使学术成为政治的附庸或扼杀学术的发展，没有学术平等也不会有真正的繁荣和发展。稷下学宫之所以获得极大的成功，稷下学术之所以有如此的辉煌，首先就在于思想理论的多元化，就在于高度的学术自由与平等。历史的经验早已证实了这一点。

2. 融合

百家之学汇聚于稷下，在自由平等的条件下展开了充分的交流和争鸣，将学术思想的发展迅速推向了高潮。在稷下学宫创立之前，各学派之间彼此了解不多，更缺乏当面交流辩论的机会，因而学术思想的发展缺乏动力，发展的速度不快，真正意义的百家争鸣还未到来。稷下学宫汇聚了四面八方的学术文化，这些来自不同地域的不同类型的思想理论广泛接触，必然要发生冲突，百家争鸣就是这种冲突的表现。

百家争鸣首先带来了学术思想的分化。在稷下学宫之前，各派学说也有分化，但都是某一学派内部在传承上发生的自然分化，如“儒分为八”“墨离为三”等。它们或者是各自继承发挥了本学派创始人的思想的不同方面，或者是对创始人思想理论的理解有分歧，由此造成的分化纯是本学派内部的，与其他学派基本上无关。稷下学宫中发生的学派分化，情况与此就有所不同，它主要是不同学派的思想理论在广泛交流中互相影响、互相启发、互相借鉴、互相结合所造成的，形成了许多犹如现代科学所谓的“边缘学科”和“交叉学科”。例如，同属于黄老学派，慎到的学说是典型的援道入法或援法入道，被后人称为“道法之转关”；尹文的学说则明显接受了名家思想而突出名法，主张道、法、名三结合，因而学术史上常把他划归名家；《管子》中的黄老学说则较多地接受了儒家的思想，显得更为温和，同时还具有浓厚的齐学色彩，注重心、气、性的修养。再如，名家学说在稷下也发生了分化，有的受到了墨辩的影响，注重概念分析，热衷于揭示语言中的逻辑矛盾，并由此走火入魔，玩弄概念游戏而流于诡辩，此派被称为名辩派；有的则受到法家的影响，将形名理论同变法实践结合起来，以名论法，此派是名家中的名法派。这样的分化是一种高级的分化，它标志着稷下的学术思想比稷下之前有了长足的发展。没有学术思想的广泛交流和充分争鸣，这样的分化是不会出现的。

百家争鸣更带来了学术思想的融合。所谓融合，不是合而为一，而是以本学派思想理论为本位吸收别家，形成你中有我、我中有你、逐步趋同的局面。因而从这一角度来说，学术思想的分化同时也可以看成是融合。在稷下学宫之前，各学派之间要么不搭界，如道之与法、儒之与道，要么处于互为水火的状态，如儒之与墨、儒之与法。经过稷下的广泛交流，百家之学一方面在进行着激烈的争鸣；另一方面又在冲突中互相吸取，许多看法逐步成为共识，学术思想呈现出新的面貌。如儒法两家在稷下已不再是势如水火，而是在寻求联手互补；道法两家也不再是互不搭界，而是开创了道法结合的新局面。某些学说的价值被人们普遍认可，如儒家的德政文治教化的主张被人们普遍接受，道、法、名、阴阳诸家均吸收了儒家的主张；道家的深刻哲理和独特方法更为诸家学说争相采纳，使他们受益匪浅；实行法治、富国强兵已是诸家学说的共识和主要论证目标。一些精彩绝妙的比喻也流行一时，为人们所共用，如前引《尹文子·大道上》引彭蒙之言曰："雉、兔在野，众人逐之，分未定也。鸡、豕满市，莫有志者，分定故也。"说的是"定分"的道理，在《慎子》《商君书》《吕氏春秋》等书中，我们也可以看到同样的比喻。[①] 在稷下学术中，各家各派的学说都普遍地存在互相渗透的情况，纯粹的某家之言已不复存在，以致我们在给某位思想家或某部著作进行学派划分时常常感到非常困难。事实上，在稷下学宫中，任何一位思想家都不过是以某家学说为本位而已，我们都可以在他的学说中找到来自别家的思想因素。最典型的是黄老道家，在稷下黄老之学的主要著作《管子》的部分篇章和《黄帝四经》中，都是在道法结合的同时兼容百家之学，"因阴阳之大顺，采儒墨之善，撮名法之要"[②]，稷下黄老之学的代表人物慎到、田骈、尹文等人的学说也莫不如此。稷下元老淳于髡"学无所主"[③]，正表明他博通百家之术，表明他的思想的兼容性。著名的稷下先生宋钘是墨家的支裔，但也受到了道家的赞许。[④] 与孟子进行过著名争论的告子是一位"兼治儒墨之道者"。[⑤]

---

① 《后汉书·袁绍刘表列传》李贤注引《慎子》曰："兔走于街，百人追之，贪人具存，人莫之非者，以兔为未定分也。积兔满市，过而不顾，非不欲兔也，分定之后，虽鄙不争。"《吕氏春秋·慎势》引慎子云："今一兔走，百人逐之，非一兔足为百人分也，由未定。由未定，尧且屈力，而况众人乎？积兔满市，行者不顾，非不欲兔也，分已定矣。分已定，人虽鄙不争，故治天下及国在乎定分而已矣。"《商君书·定分》亦曰："一兔走，百人逐之，非以兔也。夫卖者满市而盗不敢取，由名分已定也。"

② 《史记·论六家要旨》。

③ 《史记·孟子荀卿列传》。

④ 《庄子·逍遥游》称道宋荣子（即宋钘）："举世而誉之而不加劝，举世而非之而不加沮，定乎内外之分，辩乎荣辱之境。"表明宋钘思想与道家相通。

⑤ 《孟子·告子上》赵岐注。

稷下后期阴阳家大师邹衍最初也是学儒者之术，其学之要归，乃不出仁义节俭。①

稷下学术的这一既分化又融合的特色，代表了战国百家争鸣时期学术思想发展的普遍规律和一般趋势。

3. 创新

稷下学术与稷下之前和稷下之外的学术思想有很大的不同。在稷下之前，如儒、墨、道诸家之学术，基本上都是一个封闭的体系，彼此之间互相排斥、界限分明。在稷下之外，大致与稷下同时的庄子、商鞅、公孙龙等人的情况也是如此，他们的学术思想从基本派别来讲都比较单纯，排他性较强，基本上与别家不杂。其原因就在于缺乏交流。而稷下各派的学术主张虽也彼此不同甚至对立，又都自成体系，但这些体系都是开放的，排他性不强，相互之间的界限已不再是泾渭分明，而是变得逐渐模糊化。长期的共存和充分的交流，使各家学说的短处暴露无遗，其长处也逐渐被大家所认可。诸子百家互相影响、互相启发、互相濡染，大家的眼界开阔了，心态也开放了，逐渐能够以比较客观和冷静的态度来对待自家之短和别家之长。于是，取人之长以补己之短就成为稷下学术的一种时尚或潮流。

我们可以以法家思想在稷下的变化发展为例来说明这种取长补短的情况。人们常将先秦时期的法家学说分为三晋法家和齐法家两大系，实际上，齐法家也就是后起的以《管子》为代表的稷下法家，在稷下学宫创建之前，法家只是在三晋之地活跃和流传。我们在稷下学术中看不到那种阴森森的三晋法家，不是因为三晋法家没有来到稷下，而是因为法家思想在稷下发生了变化。三晋法家是法家中的极端派，认为法是万能的，对其他学派的主张持简单的排斥态度。而在稷下百家互相濡染的环境中，法家思想却发生了变化，看到了自身的不足，认识到别家之长正是自家之短，遂对其他学派的长处均有吸取。稷下法家首先接受了儒家尊德礼、尚仁义、重教化的主张，使法家思想以比较温和的面目出现，改变了原来刻薄寡恩的形象。道家长于哲理，其思辨程度之高、城

① 《史记·孟子荀卿列传》述邹衍之学曰："然其要归，必止乎仁义节俭，君臣上下六亲之施。"《盐铁论·论儒》也说："邹子之作变化之术，亦归于仁义。"

府之深为百家所莫及，稷下法家接受了道家的道论和处世艺术，用道家哲理来论说法家政治，变道家人生哲学为法家的人君南面之术，由原来的浅陋简单、疏于哲理变得高深难测起来。名家思想以逻辑严密、善察名实著称，这正是法家之短，稷下法家吸取了名家的形名理论，用于督责法治、严控名实，使短项变成了长项，后来人们将“形名”与“刑名”混用，恐怕不单是文字上的通假，思想理论上的名法结合以至于密不可分当是其主要的原因。

百家之学在稷下由于互相采撷、互相渗透而互相贯通，从而出现了融合的趋势，使得学派之间的界限变得模糊起来。由于这种融合的情况在稷下是普遍存在的，致使我们在对稷下的学术划分派别时常常难于确定他们的归属。目前稷下学研究中关于学派归属问题的纷乱状况实际上就是稷下学术这一特色的客观反映。由于这种融合的趋势，稷下学者们的思想体系中，都同时兼有两种或多种不同学派的思想学说，因此严格来说，他们都不是纯粹的这一派或那一派，都程度不同地受到了其他学派的影响。

百家之学在稷下的迅速发展突出地表现在学术思想的创新上。由于诸子百家的学说理论在稷下优越的条件下得以充分地接触和广泛的交流，从而使得一些新的组合、新的尝试和新的创造成为可能，这些新的尝试和组合所碰撞出来的思想火花经过一定的氤氲培育，就产生出一些新的思想理论和学术流派，为学术思想的发展开辟了新的领域和新的方向。比如，黄老之学就是稷下学术的一个重要创造，也是稷下学术的一个重大贡献。黄老之学的学术特征是道法结合、以道论法、兼采百家，因而可以说是集中了百家之长，其中多有新的组合和新的尝试。这一新的学说体系具有其他学派难以相比的优势，它符合历史潮流，代表着先秦学术思想的发展趋势。我们知道，变法图强、实行以法治国是战国历史舞台上的主旋律，因而法家学说最受列国统治者青睐；儒家思想在当时虽被认为是“迂远而阔于事情”[①]，但却符合封建统治者长治久安的长远利益；道家学说以其深邃的哲理、缜密的思辨、惊世的妙语、超然的人生态度征服了诸子百家，时人无不以高谈玄妙的道论来装点自己的学说。黄老之学是扬长避短

① 《史记·孟子荀卿列传》。

的典范，它至少是集此三家的优势于一身，既适应时君世主的眼前需要，又符合他们的长远利益，且不失玄妙深沉超脱之雅。黄老之学于是终能压倒百家，独领风骚，成为战国后期真正的显学，《史记》中记述的六国之末的思想家多为“学黄老之术”者。再比如，儒家在先秦可谓时运不济，主要是因为他们的主张不能解列国君主的当务之急。稷下后期的儒家大师荀子受稷下学术的深刻影响，可谓善识时务，他不像孟子那样执着，而是采取变通的态度，以儒家为本位接纳别家思想特别是黄老思想。这一新的尝试为儒家学说开辟了一片新天地，荀学之阳儒阴法奠定了以后两千年封建统治模式的根基。此外，精气理论乃是进入齐国的老子之学同齐地久已流行的行气养生思想相结合的新成果，阴阳五行思想是异地进入齐国的阴阳说和五行说同燕齐之地流行的方术三结合的产物。如此等等，不烦多举。

稷下学术可以说是充满了新的创造，正是这些充满创造性的新学说新理论，把先秦的学术思想迅速地推向了鼎盛，使百家争鸣迅速地达到了高潮。

（三）发展趋势

纵观先秦学术思想的发展史，到了战国中期以后，诸子百家之间越来越表现出某种趋同性，大有打通学派壁垒之势。可以说，由多元走向融合，由分化走向统一，是战国中期之后学术思想发展的总的走向，稷下学术就集中而突出地表现和促进了这一趋势。

我们的兴趣并不仅仅在于指出稷下学术的这一发展趋势，更重要的是要进一步探寻它的原因。我们认为，稷下学术的发展之所以出现这一趋势，主要是由以下三方面的原因决定的。

第一，政治上统一趋势的要求。战国中期之前，社会的政治变革还没有达到高潮，列国经济军事力量的对比总体上尚处于平衡状态，兼并战争只是在相对盲目的状态中进行。在这样的政治形势下，诸子百家只能是适应“天下大乱，圣贤不明”，“时君世主，好恶多方”的客观形势，各自开出不同的救世之方，纷然杂陈以取合于世主，从而出现“道术将为天下裂”的局面。诸子百家之学“譬如耳目鼻口，皆有所明，不能相通，犹百家众技也，皆有所长，时有所用”[1]，他们“各为其所欲焉以自为方”[2]，都认为自己的主张是最正确的而排斥别家，是以“百家往而不返，必不合矣”。[3] 此时的各家学说，尚不具备融合的条件，没有出现合流统一的迹象。进入战国中期以后，各主要的诸侯国都相继完成了变法改革，列国的经济军事优势已集中于少数几个大国，合纵还是连横[4]成为列国军事和外交活动的焦点。政治上实现大一统的趋势越来越明朗，实现统一只是一个时间的问题了。在这样的政治形势下，学术思想上“各引一端”，互相抵牾的局面已不能适应新出现的统一趋势的要求了，于是，如何“舍短取长，以通万方之略”[5]，总结提炼学术思想的成果，为统治者乃至未来的统一大帝国提供一个切实可行的治国方案，就成为思想家们所关注的中心课题。这就要求思想家们以更广大的学术胸襟，打破学派间的门户壁垒，汲取别家学说的养料，补充和完善自己的学说理论。于是，适应政治上结束分裂、实现统一的大趋势的要求，学术思想就出现了融合统一的趋势。

第二，学术思想自身发展的内在逻辑的要求。先秦时期的学术思想，从其发展的内在规律的角度来看，大致可以分为三个阶段。第一个阶段是春秋末期到春秋战国之际。这个时期是古代的学术思想由合到分的时期，“学在王官”的统一局面被打破，是诸子百家的初创阶段，主要是儒、道、墨三大学派的创立，由此奠定了以后学术思想发展的基本格局。第二个阶段是战国初期到战国中期。这个时期是儒、道、墨三大学派分化发展的时期，“儒分为八”“墨离为三”，道家也发生了分化，有的发挥了老子学说中清静无为的方面，有的则发展了其中注重权术的方面。三大学派分化的结果，形成了隶属于这三大学派的不同流派、分支，他们“蜂出并作，各引一端，崇其所善”[6]，并由此派生出名家、法家、农家等学派。[7]

---

① 《庄子·天下》。

② 同上。

③ 同上。

④ 《韩非子·五蠹》对合纵连横做了简捷明确的解释：“纵者，合众弱以攻一强也；而横者，事一强以攻众弱也。”

⑤ 《汉书·艺文志》。

⑥ 同上。

⑦ 说见郭沫若《十批判书》，载人民出版社 1982 年版《郭沫若全集》历史编第 2 集。

这时的诸子学说才初步成其为“百家”，把春秋战国之际儒、道、墨三大学派的分歧争论引向了纵深化、扩大化和激烈化。以上两个阶段是先秦时期道术为天下裂，王官之学散为百家之学的必然结果，完成了古代学术思想由合到分的历史进程。然而，正如社会历史的发展要经过“合久必分，分久必合”的具体途径一样，学术思想的发展也要通过这种分与合的矛盾运动才能实现。当古代的学术思想经过了充分的分化，走完了由合到分的阶段之后，其发展的内在逻辑就要求结束“分”的状态，在更高的基础上开始新的“合”，即通过学术思想发展的否定之否定来达到更高的阶段。于是，由这种内在的逻辑所决定，先秦学术思想的发展进入了它的第三个阶段——战国中期到战国末期。这一时期的诸子百家之学，在经过了充分的争鸣之后，各派学说的优点已表现得很充分，逐渐成为大家的共识，缺点也已充分暴露，为大家所规避。比如，墨家是两大显学之一，在当时影响很大，墨家的许多主张如兼爱、尚同、尚贤、节用、非攻、功利等都被其他学派在不同程度上予以吸取和认同，唯独非乐和节葬的主张却不见有人赞同，而这两项主张正是墨家学说中最极端、最不近人情之处。同时，诸子百家的学说，本质上都是对同一社会现实的反映，都是为了解决相同的社会问题，达到相同的目的，因而它们之间除了存在着相互对立之外，也必然存在着统一的方面。《易》曰：“天下同归而殊涂，一致而百虑。”[①] 班固亦云：诸子百家“其言虽殊，譬犹水火，相灭亦相生也。仁之与义，敬之与和，相反亦皆相成也”。[②] 百家之学就是在这种“相灭相生”“相反相成”的对立统一关系中并存和发展的。通过充分的交流与争鸣辩驳，彼此间都看清了各自的长处和短处，遂开始自觉地取人之长，补己之短，不断地丰富、完善和发展自己的学说理论。这样，战国中期以后的学术思想就开始逐渐趋向一致，开始出现了各家各派之间的融合与统一。

第三，稷下学宫为学术思想的融合统一提供了必要的条件。政治上的统一要求和学术思想发展的内在逻辑要求是战国学术思想走向融合统一的内在原因，然而这毕竟只是一种可能性，可能性要转化为现实还必

---

① 《汉书·艺文志》引。

② 《汉书·艺文志》。

须具备一定的外部条件。稷下学宫的建立和发展，恰为这种转化提供了必不可少的条件。关于这一点，我们已在前面有过较多的论述，兹不赘言。这里要说的是，这种融合与统一不仅发生于稷下学宫，同时也发生在稷下学宫之外，这同稷下学术的影响和带动作用有极大的关系。可以肯定地说，若是没有稷下学宫，这个过程将会进行得十分缓慢，而且必然要影响到融合的广度和深度。稷下学宫的存在和作用，无疑大大加快了这一融合的进程。战国时期学术思想的融合是在稷下学宫中开始的，并主要地是在稷下学宫中进行的，稷下学术的这一发展方向代表了战国中后期学术思想发展的一般趋势。同时我们要指出的是，稷下各学派对别家的吸收融合是有一定的原则和立场的，即都是以我为体，以他为用。因此，无论他们怎样容纳别家的学说，却总是保持着本学派的基本面貌，他们的理论体系和治国方略仍有根本的区别，我们不能因为他们都容纳了别家之长而看不到他们之间的区别和对立。稷下诸子百家融合吸收别家学说的对象和程度也是有所不同的，有的只吸收了某一家的学说，有的却吸收了不止一家；有的吸收了某家的很多思想，有的却只吸收了个别的观点；有的虽吸收了某家的某一主张，但对其他的主张却大加挞伐。这些纷繁复杂的情况都需要进行具体细致的研究，不能失之公式化和简单化。

（四）历史地位

稷下学术在中国古代的学术思想发展史上有着极为重要的地位，这主要表现在如下两个方面。

第一，稷下学术促进了先秦学术思想的繁荣。首先，稷下学术丰富了古代学术思想的内容。在稷下，各家学术互相争鸣激荡，大大开阔了人们的视野和思路，引发了人们积极地思考新问题，探索解决现实问题的新方法，从而涌现出许多新的学派，提出了许多新概念、新命题。其中最重要的莫过于以道论法这条新路的开辟和儒法结合政治模式的提出。前者的结果是黄老道家这一新学派的兴起和壮大，并最终压倒百家，成为战国中后期的主流学派；后者则摸索出一条适合古代中国社会具体情况的治国道路，并为之后历代王朝所遵循。稷下时期，人们探讨的问题更加广泛，如古今之辨、王霸之争、人性善恶等，这些问题的讨论在稷下得到了充分的展开，各家各派都对这些问题提出了自己的见解。至于新提出的概念和命题更是不胜枚举，仅从名辩派提出的“合同异”“离坚白”“白马非马”等命题便可见其一斑。其次，稷下学术深化了古代学术思想的层次。这里仅举天人关系论为例。天人关系是与中国哲学共始终的重大论题，早在商周时期便引起人们的特别关注，在稷下之前，老子、孔子和墨子的学说奠定了中国古代天人关系论的基调。天人关系的讨论在稷下获得了极大的深化，取得了重要的认识成果。稷下黄老道家在继承传统道家天道自然无为观念的基础上，着重阐发了人在自然面前应如何作为的问题，提出了“因天时”“尽天极”“用天当”“静作得时”“当断不断，反受其乱”等极有价值的思想。这种积极辩证的态度影响了荀子，使他的天人关系论达到了先秦时代的最高水平。

第二，稷下学术是古代学术思想史上的重要环节，它对中国古代的历史、哲学与文化产生了重大的影响。先秦百家之学在稷下时期得到了充分的争鸣和长足的发展，许多重要的学说理论都是在稷下出现和成熟的，以至于离开了稷下学术，我们就无法弄清古代学术思想变化发展的来龙去脉。比如，主导了汉初政治数十年之久的黄老之学是何时从老学中分化出来的，是什么原因促成了这一分化，这一重要学派在先秦时期流传和发展的情况如何，其在先秦学术史上的地位及其与其他学派的关系如何等，这些问题只有对稷下学术进行深入的研究才能得到解答。再比如，儒与法这两种大体上互相排斥的思想学说或治国方案是如何走向联手互补的，这种联手互补的具体发展线索如何，由此形成的阳儒阴法或杂王霸之道而用之的政治理论模式的成熟形态是什么等，这些问题只有稷下学术才能说明。又比如，作为中国古典哲学的重要组成部分的气论，其成熟形态是元气论，而从原始的气论到成熟的元气论之间的过渡形态是什么，这一问题只有通过产生并发展于稷下的精气论才能得到解答。又比如，被称为中国人的思维框架的阴阳五行学说，原本是阴阳自阴阳、五行自五行的分离状态，是什么契机促成了这两大文化体系的合流，这一合流的具体历程如何，是哪一部著作完成了阴阳五行合流这一重要的理论创造，其标志是什么，这些问题也只有在稷下学中才能找到答案。如此等等。以上这些问题是如此的重要，以至于不弄清这些问题，就不甚了解中国的历史、哲学和文化，稷下学术的历史地位以及开展稷下学研究的重要性由此可见一斑。

（节选自白奚：《稷下学研究——中国古代的思想自由与百家争鸣》，
生活·读书·新知三联书店 1998 年版）

稷下学宫与百家争鸣

白 奚

一 稷下学宫何以成为百家争鸣的主要园地

稷下学宫是百家争鸣的主要园地，百家争鸣主要就发生在齐国的稷下。

先秦时期是中国思想文化史上无可争议的黄金时代，这一时期学术思想的发展大体上可以分为两个阶段。第一个阶段是春秋后期到战国前期，这是一个最重要的原创时期，其标志就是先后出现了老子、孔子和墨子这三位伟大的思想家以及他们创立的学派——道家、儒家和墨家，他们的学说是中国古代最重要的思想成就，奠定了中华思想文化发展的基础和基调。第二个阶段是战国中期到战国末期，这是一个大发展、大繁荣的时期，以百家争鸣为主要标志。

这两个阶段是前后衔接的，但经过更为具体细致的考察便可发现，古代思想文化在那个时期的发展并不是匀速的，而是越到后来发展越快。

在第一个阶段，学派的数目还不多，三个主要学派尚处于独立发展的时期，相互之间的了解和交流很少，学术思想的发展并不很快，因而，严格意义上的百家争鸣尚未开始。直到第二个阶段，百家争鸣才真正展开，并迅速达到鼎盛、高潮。

造成第一个阶段学术思想发展较慢的主要原因，是缺少交流的条件。具体来讲，首先就是山川的阻隔和交通的不便；更主要的，是缺少一个稳定的交流场所。众所周知，学术思想的繁荣和发展离不开各种思想之间的交流和互相影响、互相促进，战国中期以前学术思想的发展之所以不够快，一个主要的原因就是缺少一个能够让学者们经常会聚在一起、便于互相交流切磋争辩的固定场所。稷下学宫的创立和长期存在，为学术思想的发展搭建了一个平台，极大地方便了学者们相互之间的了解和交流，这就为古代学术思想的繁荣发展提供了难得的机遇。稷下学宫汇聚了来自列国的学者，容纳了当时几乎所有学派的主要代表人物，迅速成为了列国的学术文化中心。由于稷下学宫的建立，中国古代的学术思想进入了飞跃发展的快速通道，迅速达到了高潮，发展到了黄金时代。因而可以说，进入稷下时期，严格意义的百家争鸣才真正开始。稷下学宫为百家争鸣提供了关键的条件，稷下学宫就是百家争鸣的主要场所，百家争鸣主要就是在稷下学宫中进行的。

二 稷下百家争鸣的盛况

1. 汇聚列国学术

来自列国的学者迅速汇聚于稷下，“致千里之奇士，总百家之伟说”(司马光《稷下赋》)，稷下学宫成为列国的学术文化中心，学术具有多元化的特点。

2. 学派林立

真正成为百家除儒、道、墨三大学派之外，另外几个具有原创性的重要学派如法家、名家、阴阳家、农家、纵横家、小说家等相继出现，并迅速达到发展的高峰。各主要学派在传承发展过程中出现了分化，形成不同的流派。如“儒分为八，墨离为三”（《韩非子·显学》)，道家也分化为老庄派道家和黄老派道家。

3. 盛况空前

齐宣王时期，稷下学宫发展到鼎盛。史书中对此多有记载：“宣王喜文学游说之士，自如邹衍、淳于髡、田骈、接予、慎到、环渊之徒七十六人，皆赐列第为上大夫，不治而议论，是以齐稷下学士复盛，且数百千人。”（《史记·田敬仲完世家》）“自邹衍与齐之稷下先生，如淳于髡、慎到、环渊、接子、田骈、邹奭之徒，各著书言治乱之事，以干世主，岂可胜道哉!”（《史记·孟子荀卿列传》）“齐宣王褒儒尊学，孟轲、淳于髡之徒，受上大夫之禄，不任职而论国事。盖齐稷下先生千有余人。”（《盐铁论·论儒》）

4. 大师云集

著名的“稷下先生”除上面引文提到的之外，还有儒家的鲁仲连、告子、荀子，道家的彭蒙、接子、季真，墨家的宋钘，名家的尹文、田巴、儿说、公孙龙等。

5. 著述丰富

很多巨著出于稷下，见诸史书著录的有《管子》86 篇，《慎子》12 篇，《田子》25 篇，《捷子》2 篇，《环渊》上下篇，《邹子》49 篇，《邹子终始》56 篇，《邹奭子》12 篇，《宋子》18 篇，《尹文子》2 篇，《孟子》7 篇，《孙卿子》33 篇，《韩非子》55 篇，《鲁仲连子》14 篇，《晏子春秋》8 篇等，1973 年长沙马王堆出土的帛书《黄帝四经》，也是出于稷下。

6. 争鸣辩驳

稷下学者的辩论在形式上不拘一格，有在学派之间的，有在学派内部的，有在先生之间进行的，有在学生之间进行的，也有在先生与学生之间进行的，学生们可以各处听课，回来后听取老师的评论。学宫中定期举行常规性的学术聚会，称为“期会”，主要内容是演讲和辩论。“期会”由德高望重的学术领袖主持，称为“祭酒”，“齐襄王时，而荀卿最为老师。齐尚修列大夫之缺，而荀卿三为祭酒焉”（《史记・孟子荀卿列传》）。

稷下学者大都有出色的口才，都有一套辩论的技巧，在辩论中他们各持己见，互不相让，形成了百家争鸣的热闹场面。如稷下先生儿说“持白马非马也，服齐稷下之辩者”（《韩非子・外储说左上》）。“齐辩士田巴，服狙丘，议稷下，毁五帝，罪三王，服五伯，离坚白，合同异，一日服千人。”（《史记・鲁仲连邹阳列传》正义引《鲁仲连子》）田骈、邹衍、邹奭亦因雄辩而得“天口骈”“谈天衍”“雕龙奭”的雅号。人们通常所说的百家争鸣，主要就是在稷下学宫中通过这些方式进行的。

三　稷下百家争鸣的学术成就

1. 舍短取长

文化传承百家学说在争鸣中增进了交流和了解，各家各派的优点通过争鸣得以充分的显现，逐渐为大家所首肯和吸取，缺点也通过争鸣充分显露，为大家所诟病和规避，通过取长补短，大家共同提高。由于在争鸣中互相吸取，很多思想家的学说中都同时包含了两种或两种以上不同学派的思想因素，使得各学派之间的界限变得模糊起来，以至于后世在对他们进行学派归属时经常发生困难，出现了不同的判断。这实际上正是反映了当时学术思想的发展和繁荣。

2. 综合创新

在稷下百家争鸣的学术环境中，各家学说一方面进行着激烈的争鸣，不断碰撞出思想的火花；另一方面又在争鸣中互相启发、互相借鉴、互相吸取、互相渗透、互相贯通，使得一些新的理论尝试和理论创造成为可能，从而产生了一些新的理论、新的流派。例如，黄老之学、荀子之学、精气理论、阴阳五行学说等，都是学术思想综合创新的结果。综合创新为学术思想的发展开辟了新的领域，探索出新的方向。

3. 引领战国学术发展的大方向

通过充分的争鸣，取长补短，各学派在很多问题的看法上逐步形成了共识，学术思想的发展逐渐呈现出交融、趋同、综合的趋势，如“礼法结合、儒法互补”的治国模式理论的提出。儒家在先秦并不走运，其中一个重要的原因就是过于强调“礼”的道德教化作用而轻视法治的效用，不能快速收到富国强兵的实效以解列国君主的当务之急。在稷下学宫时期，人们开始调和儒、法的积极成果，以儒家“为国以礼”和“为政以德”的基本理念为本位，将儒家的礼治主张同法家的法治主张有机地结合了起来，提出了礼主刑辅、阳儒阴法、王霸并用的政治模式理论，使礼与法这两种基本的治国手段由过去的排斥对立变为联手互补，这种儒法互补的政治理论模式在荀子那里得到了最终完成。此外，黄老之学以道家理论为本位，整合了各主要学派的核心理论，代表了战国学术发展的潮流。以荀子之学和黄老之学为代表的这种学术思想上的融合趋同，代表了战国学术发展的潮流，引领了战国学术发展的大方向。

四　稷下百家争鸣的历史影响

(1) 黄老之学与文景之治黄老之学是先秦百家争鸣的重要思想成果，遗憾的是在列国纷争的历史条件下，没有得到实践的机会。到了西汉初期，黄老之学被选定为官方的意识形态，成就了著名的文景之治。

（2）外儒内法与历代王朝的官方意识形态礼法结合的政治模式理论是稷下学术最重要的创新。这一重要的理论创新为传统的儒家学说注入了新的活力，大大地弥补了传统儒家的不足，增强了儒家学说适应社会需要的能力，为即将出现的统一大帝国探索出了一个长治久安的治国方案。经荀子改造后的儒家学说最适合大一统的封建统治的需要，因而成为汉代以后历代王朝长期采用的指导思想。谭嗣同曾指出“二千年来之学，荀学也”（谭嗣同《仁学》），正是对荀子政治理论的实用价值和历史地位的准确概括。

黄老之学和荀子之学是稷下学宫最重要的理论创造，相继主导了从汉代到明清两千多年的整部中国古代历史。

（3）稷下百家争鸣的真精神：学术独立和思想自由百家之学之所以能够在稷下学宫得到良好的发展，取得辉煌的成就，是同这里较为充分的思想自由和学术独立分不开的。齐国政府对学术活动从不干预，学者们在这里享有充分的思想和言论自由，保持着学术和人格的独立。不幸的是，随着秦皇汉武的一统天下，百家争鸣就被漫长的思想定于一尊取代了，中国古代的知识分子从此便失去了思想自由和学术独立。独尊一家的后果是严重的，它不仅禁锢了人们的思想，扼杀了文化繁荣，而且也是被独尊者的悲哀，使其丧失了自由的意志和独立的价值，沦为政治权力的寄生物和专制的工具。思想自由和学术独立是百家争鸣的真精神，具有超越时代的普遍价值，是文化繁荣和社会健康发展的保证。我们今天应该认真吸取稷下百家争鸣的历史经验，切实贯彻双百方针，解放思想，倡导思想自由和学术独立，如此才能繁荣社会主义文化事业，实现中华民族的伟大复兴。

（原载《人文天下》2015 年 9 月刊）

“清华哲学学派”与“学”的自觉

陈　鹏

前言：“清华哲学学派”

现代学术的成形至少需要三个不可或缺的因素：①“学”的自觉。此是对“现代学术”的精神、方法的充分自觉和反省，尤其是对知识学的方法自觉。②现代学人群体和学术作品。此是指已有相当数量认同现代学术方法并致力于现代学术的学人群体，并已产生出一定数量的代表性作品。③支撑现代学术的教育、法律制度体系。没有教育、制度等的社会性基础，现代学术很难成为广泛而深厚的现实存在。按照以上标准，在20世纪30年代前后，中国的现代学术体系已初见端绪，广义的“清华学派”（清华文科）可谓当时最具代表性的现代学术群体。

本文所说的“清华哲学学派”是指20世纪20—40年代以清华哲学系同仁为主体力量的一个哲学流派，其主要成员有冯友兰（长期担任文学院院长兼系主任）、金岳霖（哲学系的创立者，曾任系主任）、张申府、张岱年等。因他们都有新实在论倾向，又被称为“清华实在论学派”。不过，以“实在论学派”名之，易使人以为实在论是此派哲学的核心主旨，不免有些偏狭，再考虑到与广义的清华学派相区别，所以不妨略嫌笼统地称之为“清华哲学学派”。

这一学派得以成立的理由有三：①共同学术趋向。如重视科学方法、强调分析精神、接受实在论、超越中西相待，注重哲学本身的问题，致力于自家哲学的建立，等等。②学术的群体自觉。冯友兰多次论及清华哲学的治学传统，曾明言清华哲学同仁均致力于新哲学新文化的创造。张申府曾说清华哲学系有志形成东方的剑桥学派。[①] 这一群体的学术成就在当时已有目共睹，孙道升在《现代中国哲学界之解剖》[②] 中较清晰地描述了这一哲学群体："就中张申府先生之罗素，邓以蛰先生之美学，沈有鼎先生之逻辑，皆称一时独步，而首领当推金岳霖先生。"

本文不拟讨论"清华哲学学派"对现代中国哲学的贡献，而是简述其哲学建立中所蕴含的"学"的自觉，以见其对于中国现代学术之建立的意义。

一　"哲学"作为"知识形态"的方法确认

中国现代学术的建立基本上是由西方人发展起来的"知识—学科—教育"模式的引入。对于中国文化来说，这是一个不容回避的学习、探索过程。这种学术精神最终应该成为我们民族文化主体的一部分。

作为现代学术形态的哲学的一个重要标志就是哲学之为"学"的"知识化"的方法自觉。在此，冯友兰提供了中国现代哲学史上关于哲学之为"学"的经典阐述：

"凡所谓直觉、顿悟、神秘经验等，虽有甚高的价值，但不必以之混入哲学方法之内。无论科学哲学，皆系写出或说出之道理，皆必以严刻的理智态度表出之。……各种学说之目的，皆不在叙述经验，而在成立道理，故其方法，必为逻辑的，科学的。……科学方法，即是哲学方法，与吾人普通思想之方法，亦仅有程度上的差异，无种类上的差异。"[③]

冯也许并不是中国哲学之为学的自觉的第一人，但他简明、扼要、初具系统的阐述却极具启蒙意义。冯这种学的自觉已经远不只是停留在一些反省性的言论上，而是有系统的哲学建构为之佐证。冯所建立的新理学体系在理论前提的设定、概念的界定和分析、命题的严格演绎和论证、概念命题之条理清晰、问题之多层多面的整理和澄清、理论系统的形成、哲学方法的自我反省等建构知识形态所必须的诸要素上的努力已成为现代中国

① 齐家莹编：《清华人文学科年谱》，清华大学出版社 1999 年版，第 152 页。

② 《国闻周报》12 卷 45 期，1935 年 11 月。

③ 冯友兰：《中国哲学史·自序》，上海商务印书馆 1934 年版。

哲学中的典范。

金岳霖的作品更是一种精细分析和形式严格的知识典范。无论是其《论道》还是《知识论》，还是其他哲学作品，都是“异常的”严谨邃密，在当时确是独步天下。孙道升说他的头脑简直就是西洋的，张申府说中国如有哲学界，那么金先生就是中国哲学界第一人。

注重健实的实在感，注重逻辑分析，注重科学方法是清华哲学学派的显著特色。如果说清华哲学学派诸人的学源都与逻辑有关是一种巧合的话，那么他们都竭力强调逻辑分析对于哲学研究的意义就不能不说是一种自觉的方法倾向了。张申府在精神上紧随罗素，反复申明他的思想有两个关键词：一是唯物；一是解析。张申府的大客观论别有新意，只是没能发展充实下去。其弟张岱年一出手就在问题分析上表现不凡，其所作《论外界的实在》[①] 一文，张申府以“析事论理、精辟绝伦”誉之。现在看来，这确是一篇入哲学门径的不可多得的范文。

清华哲学学派对哲学作为“知识形态”的理解和运用主要侧重于哲学系统的“形式化”特征。它包括两个方面的含义：一是形式的方面，即哲学作为一种理论化的言说系统，它对概念、命题、理论的建立过程有着一定的明晰性和逻辑性的要求；一是实质的方面，即哲学几乎不提供任何积极的知识，哲学只是对最少内容的自明提前的演绎分析。当然，金、冯、张诸人在此的看法和实际运用存在着一定的差异。

二 清除独断：“科学”的哲学

视科学为求真的唯一合法的知识形态是现代学术的重要标志。冯明确地把直觉、顿悟、神秘经验排除在“学”的范围之外，体现出对于学之知识形态的严守。对于清华哲学学派，这种知识化的严格立场在哲学层面上切要地体现为对于伪知识的“形上独断”的清理。

金岳霖曾区分旧玄学与新玄学，认为“新玄学的题材，是各种科学中所使用而不能证明、不能否认的概念。先用‘欧肯的刀’割去用不着

① 《大公报·世界思潮》1933 年 5 月 25 日。

的，然后分析存下的思想，分析之后再从事条理”。[①] 金指出旧玄学的态度是造出“太极”“上帝”“宇宙魂”等类的概念，去做一个贯通万事万物的媒人。金虽认为元学不是知识论，不妨可以怡我底情，但他的元学并不就是诗，而仍“不愿意说违背历史和科学的话”，仍注意逻辑，仍选择了假定性（独断性）程度很低的“唯实”立场。

冯友兰一方面为确保哲学的科学性、合理性、客观性；一方面又要提防哲学对于实际世界的独断倾向，便把哲学推至“逻辑底分析”“形式底释义”。冯说：“真正底形上学，必须是一片空灵……其不空灵者，即是坏底形上学。坏底形上学即所谓坏底科学。”哲学试图僭越科学的职能，必是坏的哲学，也是坏的科学；但哲学如果不坚持科学的客观方法，哲学毋宁就是诗了，又何谈为“学”呢？在《新理学》绪论中，冯友兰用新逻辑尝试解释形式底释义，他明确指出新逻辑把“凡人皆有死”改变成“对于所有底甲，如果甲是人，甲是有死底”的逻辑意义即在于“不肯定主词的存在”，而旧逻辑就“未明白表示此点”。可见，冯对新逻辑意图解消“实体形上学”的独断的用意是相当清楚的。

张申府将其所服膺的唯物论的特征概括为：“实践地重视科学，尤重视科学法，重视健实的实在感，尽可能地施用欧坎刀或节省律。”[②] 这些思想可以说均是对旧玄学而发的。张岱年主张哲学之圆满的系统必满足以下条件：①不设立超越的概念范畴。②不设定虚幻的区别。③不以一偏的概念范畴统赅总全。[③] 其反独断的意味是相当充分的。

清华哲学学派的科学化路向，很大程度上是受现代西方实证哲学和分析哲学的影响。这是一股哲学科学化、分析化的潮流，它旨在清除哲学活动中“非知识”（情感、态度、价值的表达）和“伪知识”（旧形而上学）的倾向，强调哲学虽不产生知识，却是对知识的一种分析或阐明。清华哲学学派也由此呈现出一定程度的分析化倾向：哲学虽不能客串科学的求真功能，却可以在真的基础上展开活动，或是求通（金岳霖、张申府），或是对于实际的形式底释义（冯友兰），或是显真明德（张岱年）。

---

① 金岳霖：《唯物哲学与科学》，原载《晨报副刊》第57期，1926年6月。

② 张申府：《唯物论的重要》，原载《新华日报》1942年8月27日。

③ 《张岱年文集》第三卷，清华大学出版社1992年版，第7页。

总之，谨慎地避免独断，严格地遵循科学的方法程序，使得清华哲学学派成为中国现代哲学中理性主义路向的代表。这一路向对于在中国文化中引入和培育科学理性、认知理性有莫大的奠基性的意义。这不是主张科学万能论的唯科学主义，而是尊重知识活动内在逻辑的现代学术精神。

三 理之体与学术独立

学术独立已被认为是广义清华学派的一个代表性的精神线索。此学术独立常在两种意义上使用，一是指摆脱对西学的依附，寻求民族文化学术的独立发展；一是指学术的价值即在于学术本身，后者才是学术独立的根本义或本体义。学术独立的实现不仅是一个伦理实践和制度环境的问题，也是一个理性认知和精神认同的问题。对学术独立的认知不足，往往成为阻碍学术独立之实现的一个深层因素。在我们的思想传统中，真、知识的价值常常委身于善、外在效用。

所谓知识（学术）本身的价值，是指知识的价值即在于其是知识也，知识是否有其他的价值丝毫无损于其为知识的价值。知识的价值为何？在于求真明理也。从这个意义上，客观主义、实在论、理本论（尽管理本论本身也有独断性，其独断性也需要某种消解）的哲学对于确立知识的地位或价值具有理性奠基的意义。“理本体”正是确立知识、理想和理性的本体依据。冯友兰有“理之尊严”之说，理之尊严就是学之尊严。金岳霖也说过，为学的标准即在于其言之成理，持之有故。学术的内在生命即是理，求理明理即是学，任何外在的标准都与学之成立无干，都会使学术沦为工具。传统价值模式中的政治实用主义、人生实用主义、文化实用主义之类都是非内在的知识标准，均有损于纯粹知识或知识本身之成立或独立。

四 学术的主体意识和哲学创新

“理之体”不仅关乎学术之成立，也关乎学术之发展。对理之体的认同（理之客观性之自觉）与批评（理之无限性、相对性之自觉）是理性主体的基本结构。理是学术的唯一标准和方向，学术主体的真正确立就在于"唯理是求"，纯粹的学者应该是"理外无物""理外无心"。清华哲学学派关注纯粹哲学之旨趣，超越单一的史学研究而试图创立"自家"学说的治学路向即是体现其学术主体性的明证。冯友兰曾说："在战前，北大哲学系的传统和重点是历史研究……相反，清华哲学系的传统和重点是用逻辑分析法研究哲学问题，其哲学倾向是实在论，用西方哲学的名词说是柏拉图派，用中国哲学的名词说是程朱。"①

哲学的发展总免不了以某种脉络来衡量，当然离不开历史的传统的脉络，但是理自身的脉络才是最根本的脉络，而理自身的脉络是真正开放的，无所谓民族性（可以参照冯友兰的论述）。学的追寻的本质是面向"真"和"理"的。面向理之体，致力到学术和知识自身，"学"才能获得根本的解放。清华哲学学派在此方面有重大的现代性的奠基意义。

金岳霖特别是一个"问题型"的哲学家，他的哲学研究，给人一种"自家从头做起"的感觉，他只有一两篇研究哲学史问题的专文。金岳霖并不是不重视哲学史，他是把休谟、罗素、摩尔、怀特海等哲学资源消化在"哲学问题"的研究当中。由于他消化、融汇得好，也由于他紧扣纯理本身而深入下去，就不易看出他兼收并蓄的痕迹。扣紧关涉纯理之纯问题而不断地深入下去，是学术研究创造性进展的根本源泉，西方学术发展景观的根本原因即在于此。此理性主体结构的获得、坚守和充实甚至是学术发展的必要充分条件。

当时清华哲学群体的创新自觉和创新成果堪称奇观。金岳霖有《论道》和《知识论》；冯友兰以贞元六书成新理学；张申府欲自成"大客观论"和"解析的唯物论"；张岱年于四十年代有《知实论》《事理论》《天人简论》等，欲成一以新唯物论为基础的哲学系统。由此可以想见清华哲学的哲学建立在现代中国哲学中的地位，这里还不包括金岳霖在逻辑学、冯友兰在中国哲学史研究上的开创性的贡献。

总之，清华哲学学派已有相当完整、系统的学的自觉，并依此方法自觉为中国哲学研究和中国哲学史研究作出了典范性的贡献。

（原载《哲学动态》2002年第4期）

① 冯友兰：《中国哲学简史》，北京大学出版社1994年版，第370页。

立学与立教：重建儒家信仰的社会化途径

陈　鹏

从实践层面上说，当前重振儒家的努力基本停留在“学”的范围，大家关注的似乎只是重建儒学，而不是现实化、社会化的儒家文化。我们已经习惯了用“儒学”来涵盖所有“儒家”文化行为，而淡忘了知与行、问学与德性、思想与实践之间存在着某种“绝对”区别。由于缺乏社会性的展开，现代儒家文化活动基本上封闭于学院、静处于文字、孤悬于理想。一套旨在参与社会的意义系统深陷于无休止的、还有些自得的对象化研究和理论筹划之中。

再从学的层面上说，大家的注意力几乎完全集中在现代儒家精神的厘定，以及对此精神对于个体精神实现和社会现代化进程的积极意义的论证。极少有人基于儒家社会化的本旨以及社会学的视野来研究儒家精神在当前形势下如何在人群中落实、在现实中展开。

如果儒家精神只在学院中，只在思考中，又何谈儒学在现代社会中的意义？儒家精神必须落实在社会中，然后，在实践上才有儒学与社会的关系问题。

一　学·信·教

传统之学虽有深厚的脉络，但是一直没有学科化、分析化、系统化的方法反省和形式整理。传统之学的宗旨在于对“道”的追寻，也许正因此，传统之学就如同“道”一般的含混和包容；其学可以是一个思维的过程，也可以是一个直觉体验或心性修养的过程；其学的结果可以是一种知识或道理，也可以是一种精神境界。

在此，我们须区分两种学：客观之知与价值之知。前者是对象化的研究，在于获得关于对象的客观知识；后者是价值的建立，在于为价值选择提供充分合理化的论辨。客观之知与价值之知相当程度地对应于马克斯·韦伯所说的工具理性（科学理性）和价值理性。逻辑地说，科学理性是一种严格的对象化的知性过程，它以客观知识为目标，只试图表明对象是什么，这一过程逻辑地要求认知主体的中立化、透明化。价值理性实际上是一个非理性过程与理性论辨过程的结合，价值建立起源于一个初始的价值直观，价值理性的大部分内容是在为价值直观提供理性化的充分阐明，而使之更加牢固和自觉。如果说科学理性之理性着重于求知，并通过逻辑和实验去确证；那么，价值理性之理性着重于论证和阐明，其合理性和说服力依赖于个体主体自身的确认和主体间性。价值理性之所以是理性，在很大程度上还是由于科学理性。

所以，也有两种儒学，一是对象化研究的儒学，它的目标只在于“儒学是什么”；一是价值论辨的儒学，它的目标在于“我们为什么需要儒学”。前者之学是完全价值中立的，它对于儒学没有任何好恶意义上的态度，后者之学在于揭示儒学的意义，但必须以前者为基础。一般意义上的儒学大都指后者，下文的儒学也作此义。

儒学不止于确立一般意义上的价值或信念，而是要确立终极信仰。这种信仰可参比于神学家蒂利希所谓“终极关怀”。“意义”之所以是“终极”的，是因为这个意义是一切存在的理由，它是绝对的、永恒的。因此，儒学必须内含一个形上学，以证立一个绝对本体，此本体即是终极关怀的根源。有此终极关怀，生命才有了终极化的安顿。此“信”一旦真正获得，我们的心灵就不再追问，不再有疑惑，精神的皈依也就是精神自我的绝对化、独断化的完成。要指出的是，学与此信之间的关系是复杂的，可能会有学无信，也可能会有信无学，而且学还有个程度问题。

此终极信仰在大多数人看来实际上已成了“教”，因为这种信仰就是所谓宗教信仰，这是从信仰的层面看宗教，本文更愿意强调宗教的社会化层面。本文主张，纯粹个人的精神信仰不能成教，只有群体化的信徒出现之后才能成教，而且有的宗教不仅要求精神的皈依，同时要求行动的展开和某种社会文化功能的实现。因此，宗教可以界定为：群体化、组织化的信仰及其活动。在这个意义上，“起信”与“立教”同样是有着相当的距离。

二 现代儒教的定位

传统儒家是否为宗教的争论由来已久。“儒学宗教论者”和“儒学非宗教论者”的分歧不仅在于宗教的界定上，也在于儒学或儒家的界定上。牟钟鉴提出中国传统文化中有一个正宗大教即宗法性宗教，但他认为宗法性宗教并不是儒学，他并不同意儒学是宗教。而大部分儒学宗教论者则认为这个宗法性宗教就是儒教。任继愈认为，儒家在汉宋以后，逐渐完成了宗教化的改造，它以天地君亲师为崇拜对象，以孔子为教主，以六经为经典，以祭天祀孔为礼仪。[①] 按照任先生的说法，儒学是借助宗法性宗教（主要是形态方面）而逐渐成为宗教的。与之不同的是，何光沪认为，中国古代以在天坛祭祀的昊天上帝为至上神的宗教体系就是儒教，儒教尊奉的天是“佑下民”“讨有罪”的人格神。李申认为，孔子虔诚地相信天命鬼神，儒者们也都把昊天上帝作为自己信仰的至上神。儒者治学，是在遂行上帝所赋予的治教天下的责任。[②] 何、李等认为，古代中国是一个政教合一的社会结构，国家组织就是儒教的宗教组织。

这里涉及儒学、儒教、传统宗法性宗教的关系问题，笔者于此不作展开，只提出一个基本立场，即儒学与传统宗法性宗教的关系应该是相互渗透的关系，任何一方也不能完全涵盖另一方。传统儒家的复杂之处在于一方面它是神秘化、宗法化的；一方面又指向人文化、理性化的天道、天理本体。由此，传统儒教呈现出宗法性宗教（天祖崇拜、人格之天）和仁德之教（天德崇拜、义理之天）的纠缠、混合，两者相即相离，并没有融而为一，当然也不是互不相干。之所以提出传统儒教的混合性，是想说明传统社会祭祀天祖的一系列神秘化的制度礼仪，与世俗化、宗法化的政治一行政制度力量一同支援了儒学。可以说，传统儒教虽没有独立于世俗之外的制度化过程，却有着最庞大、最切实的世俗化组织力量的支持。

---

① 《儒教问题争论集》，任继愈主编，宗教文化出版社 2000 年版，第 472 页。

② 同上书，第 474 页。

笔者基本认同儒家是宗教，但不是从儒家有天地神灵崇拜及其规仪的角度来说的，而是从其有理性化的、超越的终极关怀及与之相应的世俗化的制度、组织系统来说的。儒家即使没有天帝神学、政治神学及相关礼仪，也可以成教，我们承认传统儒教与天帝神学、政治神学有相当的牵涉，但它们不是传统儒教的本质。另有相当的人认为儒家虽有宗教性，但不同意它是宗教。持如此看法的人对于宗教的界定基本上固守着这样两个宗教标准：①肯定超自然的终极实体。②独立于世俗的制度化、组织化系统。如果不固守这两个标准，在一个相对宽松的更具现代意味的界定下，儒家自可以包括在宗教之内。

根据宗教学者杨庆堃制度型（institutional）宗教和弥散型（diffused）宗教的分类法，儒教正可称为一种弥散型的宗教。[①] 因为儒教虽没有自己独立的制度、组织体系，却是把它的义理、礼仪及活动完全融入在世俗社会制度之中。传统儒教不是没有制度化的过程，而是有着充分的政治化、社会化的展开。

以上所谈的主要是现代儒教在宗教形态上的定位，至于现代儒教的终极关怀、精神义理层面的定位不是本文所要讨论的内容，但有一点与儒家立教的依据有关，不妨略加申述。

儒学是一种典型的社群主义的学说，它不仅否认个人可以孤立地存在，而且强调个人应该积极地建立理想的人际关系和社会秩序。儒学并不主张消极顺从，而是健动地追求自己的社会理想。传统儒学由于时代的限制，认同圣王政制和宗法秩序，但是这并不影响我们在继承儒学社会化人文关切的前提下改造儒学。传统儒学，尤其是先秦儒学并不仅以信仰为终极，并不以内在的精神实现和境界获得为终极，而同时强调内在精神的实践性展开，并以理想的人际关系、社会秩序为目标。换一种说法，儒教的目标虽可说是成圣，但是成圣不是个人的事，也不是纯粹精神的事业，个人成圣的过程必须呈现为转化社会的过程，一个圣人只有在社会转换的实现中才能实现人性的转换。诚心、正意、格物、致知，正在于齐家、治国、平天下，更准确地说，齐治平正是诚正格致的过程。传统儒教的社会

---

① 孙尚扬：《宗教的界定与儒教问题》，载《诠释与重建——汤一介先生75周年华诞暨从教50周年纪念文集》，北京大学出版社2002年版，第243页。

化特征促使我们不得不面对重建儒学以及儒学如何在现代社会中展开的实践性课题。

理性化和世俗化已成为现代宗教发展的趋势，现代宗教不必有一个超越的、人格化的神，也不必依赖官方的制度化力量。如果说传统儒教由于神学化、政治化、社会化过程的纠结而难以定位，那么，现代儒教则可能界定为理性化、人文化的终极意义的确认及其社会化、制度化的展开。现代儒教的发展应该自觉成为一个人文化的、开放的民间文化活动，以参与建设一个理想的社会人生为目标。理想化、理性化、民间化以及制度化、组织化的实践展开是新儒教获得生命力的关键。

三 突破学院体制及其角色定位

近现代以来，道学政相统一的儒家大文化系统逐步瓦解。传统儒家作为一种悠久的文化积淀有着深厚的文化惯性，它在现实社会中仍然发挥着不可忽视的作用。可是这种文化作用已从显在社会意识规范和社会制度支持转变成残存的、潜意识的文化呈现了。[①]

传统儒家系统崩溃之后，新的主流社会意识和社会制度开始建立，旧儒家的社会基础逐渐消失。当社会支撑日渐坍塌，当实践的展开日渐扭曲、虚幻以至不可能之后，内向、自省之学的寄托似乎成为承继儒家、开发儒家的最自然的主要途径。此时，一批知识精英，或是基于民族本位、文化保国的立场，或是基于对社会人生的恒常意义和现实意义的立场来坚持和宣扬儒家文化的价值，以回应西方文化的挑战。于此，各种历史文化因素催生出一股蔚为壮观的新儒学思潮。

现代新儒学的发展在相当程度上得益于现代学术方法和现代教育制度的建立。“五四”以后，现代文化教育制度为几乎无家可归的儒学提供了群体化的、规范化的存身之地。在现代学院和研究机构中，各种各样的“学”得以维持它的存在和延续，现代学院实际上某种程度地扮演着学术博物馆的作用。梁漱溟、熊十力对于儒学的皈依可能与学院没有多大关

① 现代化（制度层面和文化层面）过程的不彻底实际上一直给予宗法性、官僚性的儒文化留有相当的社会空间。

系，但他们的学术文化活动与学院仍有相当密切的关联。至于冯友兰、牟宗三、唐君毅则基本上是成于学院、长于学院的讲坛哲学家。徐复观早年行走于社会，后期文化活动也基本上限于学院。80年代以后，伴随着传统文化讨论热、国学热，内地儒学研究呈现出迅猛发展的势头。如此儒学研究的规模，当然得益于遍布全国的综合大学的哲学系和社会科学研究机构。

可是，学院化既成就了儒学，也限制了儒学。与学的繁盛形成强烈反差的是：儒学的社会化的实践性的展开却是异常的薄弱，反倒显出学者儒学形影相吊、孤芳自怜的窘境。当前的儒学热基本上仅仅局限于学术圈子，与现实社会和普通大众没有多大关联。而且，在现代学院学科化、职业化的背景之下，可以肯定的是，大部分的儒学研究只是一种职业行为，只是把儒学作为研究对象，儒学不再是活生生的可以自家去体证的精神，更不必说皈依儒学了。儒家研究工作者的制度设置，等于给研究者一个明确的职业化的研究定位，它几乎先天地限制了儒家精神的落实。对于儒学研究工作者来说，他不仅受到分科格局、对象化研究等种种思想限制，而且理论或思想的完成就是他最终的目标。更为严重的是，这种规模化的学院体制，往往会使人们获得一个儒学繁盛的假象，关于儒学的文山会海会使很多人迷醉和自得。

学院化儒学一方面自限了儒学实践性开展的内在要求；一方面也使儒学理论和思想本身得不到健康的、更合理的发展。

一套旨在参与社会的意义系统如果长期只停留在精英思想的阶段，这套意义系统的社会化价值必然会逐渐萎缩，甚至会完全内敛，转向学术化、心理化的精神自得。儒学如期望有相当广泛的社会影响，要成为真正参与社会广义建设的精神资源，就必须不断地进入现实社会人生中。人们只注意到“学”对于成“教”的意义，而往往忽视无“教”也难以成“学”。这个“教”就是通过一系列的社会活动，使儒家的信念被更多的人接受、认同，使更多的人能真实参与到儒家社会化的过程中来。单从学的层面看，儒学也只有在社会实践的实际参与过程中，才能真正检验其参与能力和参与的合理性，才真正了解其学所可能达到的实际效用。儒学能否在实践中展开，能否成功地参与现代社会文化建设，能否回应现代社会，很大程度上是一个实践的问题。只有在理论和实践的不断循环中，儒学才能真实地了解现代社会，切实地回应现代社会。儒家社会开展的薄弱必然导致其学的孤立、空洞和虚弱。借郑家栋的说法，从实践层面看，后新儒学的基本特征应该是：从典籍走向现实，从精英走向大众，从书斋走向社会。①

四　教化重建：一个社会化、制度化的过程

纯粹个人的精神皈依往往具备浓厚的理性色彩和独特的生命机缘，如果仅仅依赖于个人之间的相互影响和某种信念在生活交往中的自然传播，相对理想化、边缘化的价值形态很难转化成更为普泛的群体意识。如果宗教仅仅是个人的精神皈依，那么宗教的许多社会化功能都很难以实现。一种意义系统要想尽可能地社会化、大众化，尽可能地发挥它对社会的影响力，它就必须通过制度化、组织化的方式，进行各种各样的社会活动，以实现它的影响。而这一社会化过程可以简称为文化运作或精神运作的制度化过程。在这个意义上，儒教重建实质上是儒教制度化重建的问题。制度化不等于官方化，一个开放的社会，有着各种各样的制度化运作，它可能是官方的，也可能是民间的；可以是法律上的，也可以是民间自愿协议式的。

当传统儒家道学政的系统解构以后，得天独厚的政治、社会基础已不复存在，儒学基本成为边缘化、民间化的文化力量。可是，儒教不像佛、道原本就是边缘化的文化存在，自始至终有一套自己的社会开展的方式和传统，并有着相当的制度化、组织化的基础。所以，现代儒教的建立过程将基本上是一个自家从头做起的工作。

儒学的意义系统要想成为一种更具影响力的文化意识形态，就必须有一个社会化、制度化的过程。在某种意义上，儒家起信立教的过程就是一个精神传播的过程，于此，我们可以借用大众传播理论来简单描述一下儒学的社会化过程。传播被基本界定为个人或团体主要通过符号向其他个人或团体传递信息、观念、态度或情感。大众传播理论一般把传统模式概括为以下构成要素：传播者、传播内容、传播媒介（身言、成例、仪式、

---

① 郑家栋：《儒家传统的诠释与转化》，载《哲学动态》1996 年第 6 期。

大众传媒)、接受者、传播环境。[①] 那么，从儒学传播的角度我们可以作出以下的对应：

（1）传播者：儒者和相关团体，如儒家书院、儒官、儒商、儒师、儒将等。

（2）传播内容：儒学的精神和义理。

（3）传播媒介：体现儒家精神的身教、言教、社会活动、仪式等。

（4）接受者：社会成员。

（5）传播环境：现实社会环境，接受者周围的人群和社会结构，尤其是体现儒家精神的个人、群体、场景和活动。

最早的传播理论比较忽视传播环境的影响，而现代传播理论越来越重视社会环境对传播效果的影响。在传播过程中，接受者对信息的理解、选择等，受到社会环境的强烈的制约和引导。比如，社会环境相当程度地决定了个人的利益预期。一般来说，人们最初的价值选择都是来源于模仿，来源于他们最熟悉的意义方向，来源于社会主流或社区主流价值方向。只有相当少的人因为各种机缘获得了较为充分的反省和批评的能力，才有可能以自我、理性为依据重新审定价值。大多数人的要求和利益是由社会来决定的。或者说，大部分人的生活意义和生活习俗是由社会来塑造的。

一定程度的群体化、社会化认同本身必然会显示出这一意义系统的强制性和模范性。由于这一价值的群体化，使得任一成员只要接受这一价值，也就意味着有一个群体可以成为他的知音。而且，荣誉及其精神受用在相当程度上依赖于社会化的认同。一个社会化的价值系统常常不是因为它指向真理而产生力量，而是因为其群体优势而形成强大的社会感召力。也许最后的信仰和精神是纯粹的、独立的，信仰最终会获得自我存在的根据。但我们之所以走上信仰之路，最初往往是与这种精神信仰相牵涉的社会化的强制性的力量和习惯性的力量所致。指望用纯粹的精神去直接唤起纯粹的精神是天真的。

现代儒家精神的传播必须有一个制度化、组织化的过程。应该积极建立具有鲜明儒家特征的组织，比如书院、各种社团等，并通过它们开展各

---

① ［英］丹尼期·麦奎尔、［瑞典］斯文·温德尔：《大众传播模式论》，祝建华、武伟译，上海译文出版社 1987 年版，第 48—49 页。

种传播活动和社会、文化服务活动。儒学社会化的一个重要环节就是通过儒者、书院、儒家社团等实体及其活动形成一个儒家化的人文环境，这个环境不是脱离于现实社会之外的，而就是现实社会环境的一部分。儒学的社会化过程，很大程度上就是儒家人文环境的建造过程，这个环境建造得越深厚，同时越具有自我批评、自我转换的能力，这个环境就越具有生命力和感召力。

在这一过程中，有两个实体非常重要：儒者和书院。简说如下。

儒者。有儒家信仰并将其作实践性展开的人才是儒者。儒学研究人员不一定就是儒者。儒者不仅具备儒家精神，而且要在社会中力行这种精神，传播这种精神。不仅需要学者化的儒者，也需要，而且是更需要兼有其他社会职业和社会角色的儒者，如儒官、儒师、儒商、儒将等。这些社会化儒者的大量出现是儒教充分社会化的重要标志。目前，最需要的是传播儒学和致力于立教的儒者，这批儒者将是现代儒教的先行者。我们期待其中出现马克斯·韦伯所谓卡里奇玛式（Charisma）的领袖人物。这些人大都不会从学者中产生，更有可能在社会中产生，很可能从既具有一定学院背景又具有相当社会成就的人中产生。

书院。传统儒家书院在儒学的发展中曾起过非常重要的作用，宋明诸儒及其学派的形成，与书院的创立与讲习关系甚大。① 朱熹在《白鹿洞书院揭示·跋》中所说："窃观古者圣贤所以教人为学之意，莫非使之讲明义理，以修其身，然后推己及人，非徒欲其务记览，为词章，以钓声名，取利禄而已也。"尤能体现书院的真精神。可见，民间书院的建立对讲研儒学，开发、传播儒学的真精神方面有莫大的意义。后来，如东林书院、张之洞创办的广雅书院、康有为创办的万木草堂书院等在文化史中都有相当重要的地位。民间书院不仅可以兴自由论学之风，不仅是一个学术实体，它还是一个社会文化实体，它可以成为一种文化传播和文化推动的基地，可以成为一种文化的象征，汇聚时贤，传播文化，贡献社会。

与现代学院相比，传统书院在今天有其不可替代的地位，尤其在当前民间文化急需振兴的时期。现代教育体制的学校和科研机构，擅长于对象化的知性研究，而且分科化、功利化的气味很浓，很难形成一种以某种价

---

① 马振铎、徐远和、郑家栋：《儒家文明》，中国社会科学出版社 1999 年版，第 349 页。

值为主导的纯粹的精神氛围，更不必说由此铸成一种精神的脉络。当然，不能否认现代学院对于科学精神的存蓄是极其必要的。但是，在多元、开放的现代社会中，在官方和学院之外的民间，自由汇聚一些文化和精神的力量是必要的。官方的文化力量在于其稳定性，学院的文化力量在于其规范性，而民间的文化力量在于其自发性和纯粹性，三者可成鼎足之势。

就目前而言，重建儒家书院，使其成为讲研、交流、传播、培育后进、凝聚信念、社会服务的文化基地和文化象征，是开发儒家真精神，重建儒家道统（传续之统，而非一统之统），逐步开展儒学社会化的重要步骤。

（原载《儒学的现代性探索》，北京图书馆出版社 2002 年版）

演讲

漫谈书写、书、读书

陈嘉映

感谢屈南的邀请，让我有机会到图书馆来讲讲书和读书。讲别的我都不太行，对书和读书我还比较熟悉。今天是漫谈，的确，这个题目可说的很多，拉拉杂杂，我也不知道怎么能够做成一个一本正经的报告。我要讲的，大致分三块，书写、书、读书。每个话题只讲一点儿，我挑一些大家也许觉得有点新鲜的东西来讲。我不想讲太长，希望能够多留一点时间跟大家交流，现在叫互动。

从口头传统到书写传统

我把我们从大概两千多年前一直到现代的整个人类时代，叫作文字时代。大家都知道，最古的文字大概公元前三千多年时就在苏美尔人那里出现了，不过，一开始，文字掌握在很少很少人手里，用来记载王室的言行，或者用于记录卜筮的结果，或者也用在商业目的上，特别是征税这类事情上。大概在两千多年前到不到三千年的时候，文字开始从一小部分人手里流传出来，被较多的人掌握。这种情况在几大文明里差不多都在那个时间段出现了。在中国，大家都比较了解，中国兴起一个阶层，这个阶层叫作“士”，现在叫读书人、知识人、知识分子。最简单说来，“士”能读能写，这是“士”的本事。那么这个时候，我就说，文字时代开始了。在那之前，神话、历史、思想等，都是靠口传的。比如说孔子整理《诗经》以前，《诗经》的诗也流传了几百年。又比如希腊的两首史诗——《伊利亚特》和《奥德赛》，在成文之前也流传了大概几百年。《旧约》的故事也是这样。当时有一些行吟诗人，我们讲最早的语言文化的保存者、加工者、流传者，就是诗人。为什么是诗人呢？大家都有这个经验：我们小学、中学的时候，老师让背课文，诗我们能背下来，而且几十年以后还会记得幼年时候背的诗。散文就很难背下来——骈文好一点儿——就算背下来，很快也忘掉了。在口头流传的时代，我们要把重要的事情都做成诗，这样才能一代一代地往下面传。在没有文字的地方，人们对语言的记忆能力特别好，传说、故事、祖辈说的话，都得靠脑子来记。有了文字，有了书，很多资料都存在书里，把脑子省下来了。从口头到书本，我们的记忆方式、思考方式，都发生了很大变化。我们这个时代又在发生一个大变化，储存知识不再靠书，都存在电脑里，存在云储存里了。

从口传变成书写和阅读，这是一个根本的转变。其中一个根本转变是这样的：在口传时代，每个民族都有一个重要的传说，从盘古开天辟地开始，一直到民族的诞生，最早的英雄。传说的内容肯定是经常在变的，但是每一代人本身并不知道这些变化，因为是口传，他只能听到最终的版本，在这个意义上，他无法对自己的传统产生很多反思，因为无从比较。但是转到文字传统之后就不一样了，比如说，我们想了解孔子的思想，有《论语》这样记载孔子言行的原始文本，有汉朝人注孔子的文字，有宋朝人对孔子的诠释，新儒家又有新儒家的理解。这些文本，这些理解，不可能完全一样，每一代人都在重新理解。究竟应当怎么理解？我们这些后来的读者，面前摆着不同时期的文本，都摆在那里，我们就可以自己进行比较，这时候就产生了反思和批判。进入文字时代，实际上也就进入了反思时代。我们不像口传传统中的人，我们已经养成了习惯，批判地阅读，批判地思考。

另外还有一个很大的变化。口传带有很多感性的东西，可以想象一个行吟诗人不仅把话语传下来，话语还伴随着音乐，还有他说话的方式，他的语气、手势、个人魅力。变成文字以后，包围在文字周围的感性部分就没有了。海德格尔说，语言是口中的花朵，语言本来生长在我们的生活场景里面，文本化以后，文字脱离了说话的人，变成了文本，很多东西损失掉了。不过，文字有文字的优势。孔子说“言而无文，行之不远”，他说的“文”不是指文字，但是把这话用在文字上也很恰当，那就是，话语是传不远的。现在有了录音设备当然不一样了，但从前，一段话，传远了之后就走样了。我们都有这样的经验，你对一个人说的话，他传给他，再传给他，传了几道，往往变得面目皆非。有了文字，话语就可以原样传播很远。这个“远”也有时间上的远，到现在我们还可以读《左传》，读《庄子》，他们的话两千多年了还在。在以前，隔个两三代就不知道以前的人是怎么说话的。文字还有一个好处。话语虽然很丰富，很有感性，但是精确度不行。比如说，远古的时候各个民族都特别注重观测天象，从实用方面说，游牧民族、农民，怎么确定一个月，怎么确定一年，此外，确定方位，这些都要靠看日月星辰。另外，原始民族都是有信仰的，在他们的想象中，神灵都是居住在天上的。但是在文字时代之前，他们很难准确地记录他们的观测，有了文字我们才可能精确地记录天象。这使得我们发展出后世叫作“科学”的东西。我们知道科学都是建立在资料基础上的，如果对资料没有精确的记载，不可能发展出科学。所谓理性，本来是靠反思和科学精神培育的，两千多年来，我们对世界，对人生逐渐开始了理性的看待。这是文字时代的基本特点。

关于“书”：中国和欧洲的不同

说了文字，再来说说“书”。最先是书写，拿笔写在丝绸上、树皮上、纸草上，或者拿刀刻在竹板上，等等。不管是哪一种，都很费劲很昂贵，保存起来也很难的。以前说学富五车，有人算过，古时候五车的书大概相当于我们现在一本二十万字的书。书少，很多人要读书，只能投奔有书有学问的人去学习。那时候，读书人记诵能力都很强，读一本书差不多要把它背下来，自己手里没几本书，靠记忆。书的数量有限，主要的书所有读书人都读过，所以，古代的读书人有他们的共同文本。

阅读和书写都要有时间精力，所以，阅读、书写是少数精英的事。谁是文字精英？在中国跟在西方很不一样。中国很早就有了科举制，汉朝选拔官员的一个主要途径是选举制，但除了一开始，所谓选举其实也是要考试的。中国主要是靠科举选择官员，而科举是靠文字的，会读书会写文章就好。所以中国的官员都是文化人，能读能写。西方不一样，例如在中世纪，大大小小的领主都不识字。整个社会上，认字的没几个。文字传统主要靠寺院和僧侣保存下来。在东罗马，在拜占庭帝国，情况好一点儿，他们使用希腊语，文字传统的保存要比西欧好得多。后来，阿拉伯人攻占君士坦丁堡，那里的基督教徒带着典籍、带着学问逃到西欧，这倒促成了西欧的文化复兴。

造纸术、印刷术发明出来以后，书多起来了，宋朝的文教水平很高，跟造纸、刻板、印刷这些技术的发展有关。从那个时候起，读书人多起来了，写书的人也越来越多。到清朝，是个识文断字的人就留下一两部诗集或别的什么，书多得再也读不过来了。今天，每年印行几万本书，当然更不可能有人读那么多。我们除了读书，还得学外语，学数学，学生物，没那么多时间读古书，像在《红楼梦》里，那些十几岁的女孩子作诗、行酒令、玩笑，都用那么多典故，对典籍烂熟于胸，我们现在只能望洋兴叹了。

就读书而论，近代以来西方的变化比中国大得多。中古时期，中国总体上是个文教社会，战乱的年头在中国历史上大概占 1/3 的比例，这样的时期文教衰败，但 2/3 是稳定的社会，文教比较昌盛，一直保持到清末。在欧洲，西罗马灭亡以后，文教传统基本上断掉了，识字的人很少，能够读希腊文的更是凤毛麟角。在这样的背景下，西方近代文化的兴起就显得格外蓬勃。大学的出现、小文艺复兴、文艺复兴、航海和扩张、科学革命，西方文化的改变翻天覆地。活字印刷是这一改变的一个重要部分。但活字印刷在中国和在欧洲所起到的作用是不一样的。我们知道，中国的字很多，常用字就有几千上万，即使有了活字排版技术，排版仍然很不方便，所以活字印刷对中国书籍起到的作用不是特别大，有了这项技术，多半还是用刻板。在西方，就那么二三十个字母，改用活字，排版就容易太多了，因此，活字印刷在西方所起的作用是革命性的。据估计，活字印刷之前，整个欧洲的藏书不过几十万册，活字印刷出现半个世纪之后，到 15 世纪末，书籍增长到两千万册。活字印刷对整个西方的文化的提升有着特别巨大的作用。

文字时代和图像时代

讲了几句书写与书籍，再来讲几句读书。总的来说，我们这一代人比你们更爱读书。现在年轻人更多网上阅读，或者读读微信什么的，所谓碎片化阅读。倒不是说我们多么读书上进，主要是因为，我们那时候，读书差不多是汲取知识的唯一途径。我们那时候没有电视，电影翻来覆去就《地道战》《地雷战》那几部，当然，更没有微博微信。另一个差别是，我们那时有共同文本，天南地北的年轻人，聚到一起，都读过同一批书，说起读过的书，立刻就可以交流了。书是我们这一代人极好的交流平台。今天很难凑到几个人，都读过同样的书，大家的共同谈资不再是书，大家都看过的，多半是同一部电影什么的。各种新传播媒介让知识传播不再依赖于书籍这一个途径。不仅是读书，人与人之间交流思想的途径也发生着日新月异的变化，从前，地远天长，交流要靠书信，于是有鸿雁传书，有家书抵万金，现在，你在美国，他在广州，发个手机短信、发个微信就好了。眼前有景道不得，发张照片就好了，人际间的联系不再靠文字作为纽带。我不是说我们的年轻时代比你们的好，其实，说起来也挺可悲的，比如，我们有共同文本，一个重要原因是那时候能够找来读的书数量有限。每个时代都有它自己的好，自己的坏。我们争取把自己的好东西传下去，不管时代有多艰难，只要你挺过来了，就可以把一些美好的东西传下去。你们的时代已经大大不同了，但还是可能把这些美好的东西融化在你们自己的生活之中。

你们生活在一个新的时代。差不多60年前，先知先觉的人就谈论新时代——图像时代的到来。你们早就习惯了到处都是图像。我们不是，我们小时候，中国刚开始有电视，大多数人没见过。街头也没有五颜六色的广告，帅哥靓女。要看图像，就看连环画。想学油画，当然不可能到国外去看美术馆，运气好的也只能看看画册，而且多半是一些印刷很劣质的画册。今天生产图像变得非常容易。从文字时代转变到图像时代，其中有技术的支持。文字生产和图像生产哪个更容易？这要看技术的发展。刚才说，有了造纸术、印刷术，文字变得便宜了，现在，生产图像变得便宜了，反倒是好的文字越来越少。图像和文字当然很不一样，我们想知道林黛玉长什么样子，写上好几页也写不清楚，拿张照片来一看就知道了，但照片无法取代“一双似泣非泣含露目”这样的文字意象。文字转变为图像，会在好多方面带来巨大的改变，我们了解世界的方式，我们的思考方式，都会剧烈改变。同样还有社会生活方面的改变，比如说吧，读书人以往的优势差不多没有了。

我一直认为，到我们这一代，文字时代开始落幕。我们是最后完全靠阅读长大的一代，差不多是两千多年的文字时代的最后一代人。我们两代人虽然只差了四十年吧，但是你们所处的是全新的时代。我当然不是说，以后就没人阅读了，据艾柯说，书就像轮子，一旦发明出来就永不会过时，哪怕有了宇宙飞船这种用不着轮子的交通工具。文字时代过去了，这是说，阅读和写作不再是获取知识、传播知识的主要途径。阅读不会消失，永远会有相当一批人仍然热心于阅读。

为什么要读书

最后，我想谈谈我们为什么要读书。对我们这些已经是知识人或者半个知识人来说，读书本来就是分内的事，就该读书。但我们谈的不是读专业书，是一般的读书。我不想从高尚什么的来说读书。爱不爱读书，读书有多重要，写作有多重要，这些是跟社会情况相连的。不是因为宋朝人、明朝人比我们高尚多少，所以他们比我们爱读书，比我们读得多。他们没有电影、没有电视、没有微信，除了读书干什么呀。另外，他们那时候要靠读书来做官，他当然好好读书了，我们读了书没什么用，不学无术官做得更大，那当然大家书就读得少了。读书是不是能让我们变得更高尚，这个我不知道，非要知道，我觉得得去做实证研究，你们做社会学的同学真可以把这做成一个研究项目。我个人是比较爱读书，同时也比较高尚，但我不知道读书让我高尚呢，还是高尚让我读书。也许我这个人就碰巧既爱读书又高尚。（听众笑）我的确见过书比我读得少且人也不如我高尚，但反过来情况更多，书读得比我少但人比我高尚好多。读书是不是就让人善良，我也不知道，这个也需要去做实证研究。我们知道，有些坏人读书读得很多，我能列出几个大家都知道的名字。反过来，有的人没怎么读书人却很善良。那么，我们为什么读书呢？

可说的很多，比如，读书能让人变得谦虚，你自以为聪明，你读读费曼，就知道自己跟傻子差不多；你自以为博学，你读读雅克·巴尔赞，就知道啥叫渊博了。可说的太多，但报告的时间差不多用完了，我再挑一两点说说吧。就我自己来说，读书是一件美好的事，与众不同的美好。它不像口传传统，两千多年古今中外，你想知道谁想了些什么，谁说了什么，你上图书馆拿出书来一读，孔子也离你不远，亚里士多德也离你不远，伽利略也离你不远，你一读书，大家都在一起。你直接就跟人类产生过的最伟大的心灵和智性面对面，就在一张书桌上。书凝结了两千多年的人类智慧。书把你带到两千年前，带到欧洲，带到美洲，带到宇宙大爆炸，带到双螺旋结构。世界无穷之大，我们得乘着书的翅膀遨游。这同时也是一种超脱，生活里到处是些琐琐碎碎的事情，你把这些破事忙完了之后，读你最喜欢读的书，一卷在手，宠辱皆忘。

我说的读书，跟网上搜索不是一回事，甚至也不是网上阅读——我自己主要读纸书，可能对网上阅读有偏见，但我的确觉得，网上阅读容易变成信息搜索。我是说，网上阅读好像你只是在读重要的东西，而不是完整的东西。本来，我们通过阅读培育自己，而不只是搜寻知识。所以，虽然阅读主导的时代或者说文字主导的时代已经过去了，虽然我们已经不再是传统意义上的读书人，但既然我们有幸成为大学生、研究生，我觉得多多少少还是沾着一点读书人的边儿，还是应该有一点阅读的习惯。我们都知道，在世界上，中国人的阅读量排名很低，希望你们这一代人把排名提高一点儿。

书太多了，要读书，就读好书。公认的经典是好书的一个标准。再就是你比较信任的老师和兄长推荐的书。当然，每个人的条件、积累和兴趣都不一样，谁推荐都只是参考，只有你自己真正知道什么书对你有意思，有益处。有一些书，读起来比较费劲——我是教哲学的，大部分哲学书都是有点难的——太费劲就别读了，去读那些你费了一番心力能够读懂的。但反过来说，只要够得着，费劲的书也是要去读的。可以组一个读书小组，三五个人，一起攻读一本书，这也是以文会友。在你年轻的时候应该读一些难的书，在精神最好的时候，比较有勇气的时候去读难啃的书。当然，读书主要是一种享受，只不过，读懂了原来读不大懂的书，也是一种享受，格外享受。

（2016 年 5 月 5 日首都师范大学图书馆讲座，北清讲座团队成员刘宁整理）

访谈

哲学和数学都是“语法研究”

——关于《哲学　科学　常识》的采访

陈嘉映

《大学周刊》：你的新书《哲学　科学　常识》已出版。你强调常识世界的目的是什么？你所说的“常识”与胡塞尔的“生活世界”有什么关系？

陈嘉映：我想稍微纠正一下，这本书不是要强调常识，书中专谈常识的也不过几节。一般说来，“强调某种东西”这类提法是对一项哲学探索的错误描述。领导同志的报告强调这个或那个，这不是哲学要做的事情。除非你是说，一项哲学探索关注事情的某个方面，以便澄清某些结构性的联系，例如常识、哲学、科学三者之间的结构性联系。

我所说的“常识”与胡塞尔的“生活世界”若直接比较，意思相近。物理学家马赫和胡塞尔把“生活世界”定义为前科学的世界，我把常识与理论对照。差别在于，胡塞尔把哲学视作科学，仍然认为哲学应该提供理论、提供实质性真理，我不同意这些。胡塞尔回溯到生活世界，是要为现象学、哲学奠定普遍性和统一性的基础，而我不认为能够有胡塞尔意义上的普遍统一的哲学。

科学发展到“纯客观认识”的统治地位，这种统治造成了很多问题。为了解决这些问题，我们会把眼光转到所谓“前科学”的认识，看看科学的客观性和普遍性是怎么达到的。看清楚了是怎么达到的，就有可能更清楚地看到实证科学为什么有这么强大的能力，同时又能看到它会有什么限度，它在获得客观性和普遍性的时候付出了哪些代价。

我通过这种回溯性的考察认识到，只有实证科学才能提供客观普遍性的理论，这不是哲学所能成就的，但更本质的是，这不是哲学所要做的。

在这一根本点上，我和胡塞尔可说是相反的。

由于这个基本差别，我们的具体探讨就会有很多不同。这里不去细说了。

《大学周刊》：中国哲学（文化）“不离日用常行内，直到先天未画前”的这种特点，对应对“制造的世界”的强势能起到什么建设性的作用？

陈嘉映：在某种意义上，的确可以说中国思想与日常更贴近。这也可以反过来说，我在书里也谈到了，这是因为中国传统中建构哲学理论、实证理论的冲动比较弱。中国古代也有理论建构，比如说阴阳五行理论，但是正统儒家学者倾向于抗拒理论。近100多年来，西方哲学自己也在质疑理论认知方式，但这当然不是出于对中国思想的认同。现代西方哲学对理论的解构也并不基于“不离日用常行”的态度。在思想领域，重常识的态度或任何一种态度，都无关紧要，紧要的只是有分量的思想。中国人现在还没什么有分量的思想，说不上对世界思想有什么建设性的作用。只不过中国在经济上崛起，这个注重经济实力的现代世界开始注意中国，即使在思想领域有时也带我们一起玩。这并不表明我们有了什么有分量的思想。

《大学周刊》：作为哲学家，你研究科学，并对数学有很深的理解，请你谈谈数学和哲学的关系。

陈嘉映：有一点我在书里谈得比较清楚。我们的自然概念始终是包含主体性的，它们是有意义的。从事科学的人都希望使用纯客观的语言，真正纯客观的语言就是数学语言。有了这种纯粹的、只由逻辑关系界定的语言，就可以进行长程推理。数学之所以对实证科学具有根本的作用，在于数学是达到纯客观性或不如说去主体性的最终手段。只有去除主体性、去除描述手段的感性意义，我们才能进行长程推理。科学通过数学方式进行长程推理，构建有效的理论去探索那些远在天边无法经验到的事物。

过去，哲学也一直想建构理论，哲学理论是思辨理论，并不能提供新的、可靠的知识。采用数学方法的实证科学理论却能够提供这种可靠的知识。

哲学原则上不使用数学方法，原因是，用数学方法来描述事物，本来就是为了脱去意义来把握事物，而哲学首先并始终关心的恰是事物的意义。意义是与感性连在一起的，意义、感性有远近，离开意义的中心越远，意义就越淡越疏。阿凡提给朋友的朋友喝的汤的汤，朋友的朋友比朋友疏远，汤的汤比汤寡淡。由于关注的是意义，哲学不使用数学方法，从而在哲学工作中没有也不可能有长程推理。

《大学周刊》：哲学和数学必定有一些相同之处？

陈嘉映：这个追问极好，把我们引向一个新界面。但细说起来有点儿复杂，要涉及对哲学本性的理解。

最简单的相同之处是，哲学和数学都不是事质研究，而是对形式的研究。按照我和一些哲学家的理解，哲学不是对世界的描述，而是研究描述世界所使用的语言。哲学是研究概念语法的，研究怎么使用概念的，不妨说，哲学是二阶的工作。实证科学的理想语言是数学语言，数学家研究这种语言。数学不是一门实证科学，但数学和实证科学是一伙的，因为它是实证科学的语法研究。

这就蕴含了哲学和数学的另一个相同之处：哲学和数学都具有最高的确定性。哲学的确定性和数学的确定性那么不同，甚至可以说其确定性的性质相反，所以，说哲学和数学都具有最高的确定性，显得很突兀。数学的确定性比较明显（虽然也有不确定的一面，M. 克莱因的《确定性的丧失》专门谈这方面），那我就哲学的确定性多讲两句。

哲学的领域很宽，外围是观念批判，其核心则是概念考察。所要考察的是我们实际使用的概念，如知道、正当、快乐。我们本来就会使用这些概念，所以，在一个基本意义上，我们在考察之前就理解这些概念。哲学明述我们已经默会的东西并彰显这些东西之间的相互联系。这些东西，这些联系，稳定地包含在我们对概念的使用之中。哲学考察做得是否对头，原则上我们每个人都能明判。

当然，实际上数学和哲学都不是一下就可以弄得明白的。阻碍理解的缘由很不一样。在数学中，阻碍我们的是对技术性定义和推理规则的把握，在哲学中，阻碍我们的是虚假观念或培根所说的种种偶像。

哲学家自己都很体会哲学工作的这种确定性质。并不是说，他们的结论都是确定的真理，而是说，他们体会到自己是在一个存在着高度确定性的领域工作，尽管在哲学中和在数学中一样，把握住这些确定的东西并不容易。和文化批评工作比较一下，这一点十分明显。在文化批评领域，不仅言人人殊，而且，任何论断原则上都是悬在半空中的。哲学家是偏爱思想可靠性的人，在这一方面，我猜测哲学家和数学家是气质十分相似的人。长期从事哲学思考的人，会羡慕文化批评家那些大胆的、时有启发的议论，但面对文化批评领域思想飘飞的状态，哲学家会觉得不踏实、不落实，不敢轻易发言。我们对照德国哲学家和法国思想家可以感觉到这种气质上的差异。

我说到，哲学的确定性与数学的确定性，两者性质不同。数学的确定性来自定义和推理规则的严格界定，适合于外部检验。数学有助于从外部来训练和检验逻辑是否缜密，从事学术工作的人都应当受到数学训练。但这对哲学学生的意义格外大，因为哲学思考的有效性格外缺少外部标准，往往分不清哪些只是主观上觉得 very sure，哪些是深藏在我们概念深处的牢靠指引。内在的严格性必须从外部的严格性训练开始。例如在社会生活中，说到最后，心诚而已矣，但我们得从学习洒扫应对开始。

关于“哲学和数学的相同之处”，还有很多可谈的。例如，由于哲学和数学都是“语法研究”，它们都具有普遍性。但它们又是很不一样的普遍性。我们今天就不谈这些了。总之，哲学在有些方面和数学相邻最近，在有些方面和数学离得最远。大家都感觉到这些，但要把这些远远近近说清楚并不容易，我今天只提出一些初步的想法。

《大学周刊》：当代哲学应该做哪些研究和思考？

陈嘉映：我在书中谈到了。粗略说，我们现在应该认识到，哲学并不是要建构理论，哲学反思我们的经验、反思我们的常识，以便在一定的范围内使我们对世界的理解更加融会贯通。哲学不能提供无所不包的理论。具体该思考哪些问题，每一个思考者有他自己的回答。

《大学周刊》：能否更具体地解释一下“融会贯通”？

陈嘉映：哲学本来只关心也只能关心能够贯通的道理。比如，一位化学家和一位建筑学家，两个人各有各的专业，懂得他专业里的种种道理。

他们两个对话的时候，交流的不是这些道理，而是化学领域和建筑领域之间能够贯通的道理。不同领域之间能够交流的道理就是"哲学道理"。

《大学周刊》：现在的专业建制对哲学研究有什么影响？

陈嘉映：我一贯的看法是，哲学不是一个专业。一名化学系的学生学到一大堆化学知识；研究晚唐史的有一大堆晚唐史的知识。哲学家有什么可以称作哲学知识的东西？除非是说，精读了一些哲学经典。

设立哲学系本来是不得已之举，大学里各门专业都划分成系、所、院，哲学怎么办？设个哲学系。这也无所谓好坏，只是会造成哲学也是一个专业的错觉。

我一向主张取消哲学本科，在本科阶段，哲学课完全放在公共课的范围内。柏拉图早在《理想国》中就讲得很清楚，哲学是应该三十岁以后学的，柏拉图这样说自然是出于对哲学性质的了解。

《大学周刊》：你的意思是取消哲学本科的课？

陈嘉映：我的意思不是取消哲学课，而是在本科阶段把哲学课开到全校去。如果有学生特别愿意多学哲学，不妨多学一点，但是我不赞成他在本科阶段专门读哲学。

好思考的学生，对概念追根问底，自然而然地会来到哲学问题上。他们到研究生时期，可以专门攻读哲学。但没有任何专业基础，一上来就弄哲学，容易把哲学做空。哲学是对经验的反思，是对知识的反思。十八九岁的大学生，没什么生活经验，没有什么知识，他反思什么？他对伟大哲学家基于深厚经验和广博知识而来的思想无所体会，学哲学变成了从概念到概念的空洞运转。可悲的是，实际上我们大多数人所理解的哲学就是这种东西。

《大学周刊》：那你是基于哲学自身的特征而主张取消哲学本科的？

陈嘉映：单从哲学自身的性质来说也够了。不过，对外部的情况的考虑也应该支持我的主张。现在哲学系极少招到第一志愿的本科生，三十来个新生，报考哲学的不过一两个，最多三四个。大多数学生是他没考上他要考的专业，所谓"调剂"到哲学系来。哲学系的本科生的入学成绩往往是全校考生里最低的，或者是接近最低的。就单个考生来说，成绩低不一定学习能力低。但笼统说来，成绩高的学生学习能力往往也高些。而哲学这个行当，信不信由你，是蛮难的。

这些学生既不愿意学哲学，他的能力又可能不适合学哲学，花力气去教他们哲学，不仅浪费了学校和教师的力量，更要紧的是糟蹋了这些学生。本来，他们学一点实用知识、实用技能，花了学费、用了苦功，还算值得。现在你教他读阿奎那、读康德，他就算一个一个学期考过了，将来，无论在工作中还是在生活中，再也不会去找出阿奎那和康德来读读。不像学过外语或计算机，不像读了些诗，不像学了游泳或开车，这些对他将来的生活、将来的学习会有用，或有意义。对于绝大多数的哲学系学生来说，他在大学里学的东西对他将来的生活没什么意义。

对普通劳动者来说，哲学本是无用之学，爱好者得了闲空，自可以读读、聊聊，但把这无用之学强加给年轻人，枉费四年最宝贵的青春，我个人觉得很残酷。

哲学系本科生中也偶尔会培养出优秀的哲学人才，但我相信这样的学生即使在本科阶段学别的专业，今后再集中精力研习哲学，照样会做出成绩。不管怎样，我们总不该用一个班的学生来为三两个真有兴趣研读哲学的学生陪读吧？

《大学周刊》：国外有没有哲学系的本科生？

陈嘉映：我没有做过调查研究。我在美国宾夕法尼亚州立大学读哲学博士。在那里，本科开始并不细致分科，最后写论文的时候，选定一个专业，本科生毕业时选哲学的也有，但极少。可以说，只有到研究生层次上，哲学才成为一个专业。

《大学周刊》：你的新书是十几年的思考结果，这对一般的人文社科教授来说很难做到，因为他们要考虑学校的考察指标。

陈嘉映：以发表论文数量这类指标为基础的评价机制，我从来反对。不少学者提到，关键在于大学的学术独立。每一所大学自己决定要怎么评价教师，而不是由教育部的标准来统一评定。教育部管着全国几千所大学，它完全不了解任何一名教师的具体工作，除了用数量化的办法来评定没有第二个办法。

这里我们面对量化弊端的一个突出实例——文科尤其是纯文科因此受到的伤害是非常之大的。每年不知道生产了多少论文、著作，业内外的人都知道，绝大多数，简单说，就是垃圾。用垃圾来充当生产力的评价标准，你能想象这对思想文化会产生何种毁灭性的作用。

文科的从业者是一个个的活人。一方面，我们出于利益的考虑，会跟着体制走，谋取体制给予的利益。另一方面，我们中有些人，不管这个机制多么恶劣，仍然在努力教学，努力把自己的研究工作做好。但体制强于人，尽管仍然有些还过得去的研究者，但是从成果的总体品质来看，用失望来形容肯定是太轻了，应该用"绝望"来形容。

《大学周刊》：今年是恢复高考三十年，作为1977年进入北大的学生，请你谈谈当时的情形。

陈嘉映：1977年恢复高考时，全民失学已有十年，实际上，在"文革"爆发之前，大多数文科教师早已多年不做正常研究了。恢复高考时，没办法对专业知识要求很高，考试内容很简单。但另一方面，那时已经有十多年没举办高考了，积累了十几年的考生。大多数考生虽然没多少专门知识方面的训练，但至少是爱读书学习的，是十几个年度里的"精英"。所以，虽然考试内容很简单，考上来的学生并不差，有很多有潜力的青年。77级、78级是两届特别的学生。后来的情况可以证明我们之中有能力的人比例较高。但若细讲，我们这两届考生，少年失学，这对后来的学术发展有负面作用。当前面没人时，不少人很快崭露头角，但现在普遍后劲不足。

《大学周刊》：现在还能用当时的方法吗？

陈嘉映：不可能。77级、78级的学生比较优秀，不是因为考试设计得好，是因为他们是十几年里比较拔尖的人才。现在高考制度弊害甚深，这些弊害一直延伸到小学教育。现在的问题是替代方案何在？近年来很多学者在探讨探索，这类探索具有头等的重要性。

《大学周刊》：找不到替代方案的原因是什么？

陈嘉映：别人也许已经有比较可行的替代方案，只是我没有读到。但有弊端那么明显的制度一年一年延续，说明这样的坏制度有深层结构性的原因。阻碍改革的因素中有巨大的利益诉求。我们的高等教育类型单一也是一个因素。我们有科举制传统，科举制的一个毛病是选拔途径单一。此外可能和我们的文化也有点儿关系，例如，在国外，教师的评语等会起较大的作用，外国教师写评语相对客观、规矩，中国人写评语就多讲人情，可信度不高。在中国升学若看重教师的评语之类，弊端可能更重。

《大学周刊》：你接下来关注、思考的是什么问题？

陈嘉映：我一般是东做点儿，西做点儿，等到打算出本书的时候就集中做。如果说这本书比较关心实证科学的性质，下面想多研究一点文科理论的性质，想更深入系统地研究事实与价值、事实和解释、还原论、道德学说的性质这类主题。

（原载《科学时报》2007 年 4 月 23 日，《大学周刊》记者温新红，实习记者李娜采访）

学术体制最好推倒重来

陈嘉映

作为当代最负盛名的哲学家之一，除了日常的学术研究和教学工作，在周围朋友的推动和邀请下，陈嘉映这两年也一直在尝试着拉近哲学与一般公众间的距离，因此也有意无意增加了与哲学圈外人士及一般人群的交流和沟通。

陈嘉映从来没有刻意扮演一个面向公众的知识分子的角色，但他也从来没有回避作为一个知识分子所应秉持的学术良心与社会责任。新的一年已经到来，在当前的中国社会形势下，陈嘉映的“中国梦”呈现出的是一幅怎样的图景？

《华夏时报》：你个人的学术思考在这一两年是否会发生一些变化？

陈嘉映：这个我不知道，这个得由别人判断，我自己一直追索自己的问题，“一条道走到黑”，但别人也许会判断说我的想法变了什么的，内容、重心、方式发生了变化什么的。

《华夏时报》：如何评价当前中国哲学的整体学术水平？

陈嘉映：当然是非常低的。中国的文史研究这三十年可以说在重新起步，一直在摇摇晃晃地学走路，而这些年中国的学术环境重新恶化，学术体制和大学体制非常恶劣，鼓励浮躁，鼓励急功近利，这个体制现在恶劣到了极点，跟外部社会的浮躁和功利形成恶性的呼应。

《华夏时报》：那最糟的是什么？

陈嘉映：我无非老生常谈——缺少自由和独立的学术空间当然是第一

位的因素。我这里谈的缺少自由不特指政治控制，而是更宽泛意义上的行政规划和控制，由教育部、文化部、中宣部这些机构来规划、评判、鼓励，把思想和学术纳入生产模式。他们甚至还想规划生产学术大师呢。这种行政控制一切的机制当然生产不出什么大师，只能生产腐败。我相信，如今学术腐败更甚于经济等领域的腐败，只不过所谓学界无足轻重，对其造成的直接危害公众不那么在意就是了。

《华夏时报》：其他国家的学术研究或者说体制是个什么样的状况？

陈嘉映：不仅在中国行政膨胀、体制僵化，西方也有同样的倾向，只是不像我们这里这么糟。这里有两个层面的问题，一个是中国的问题；一个是时代的问题。文史研究本来不同于自然科学，却模仿自然科学，结果，文史研究成了学院里自说自话的活动；另一方面，社会生活中，浅俗娱乐等把严肃思考挤压出去，这些是我们这个时代的问题。除了这些一般的困境，中国还要再加上自己特有的困境，因此中国的情况格外糟。

《华夏时报》：中国的学术现状在未来几年内是否会有一些改善？

陈嘉映：不大看得出苗头，目前没看到任何积极的变化。如果你要让我随意想怎么才能改善，我想，首先是改变行政主导一切的做法，上面提到的那些部门全部取消掉，情况一定会改善不少。中国现行的学术体制最好整个推倒重来。

说了这些，我们还是可以持少许谨慎的乐观态度。也许，体制糟到了极点，不得不有点儿改变。而且，即使有这么个体制，总还有一些学者——凤毛麟角吧——在坚守自己的学术操守，在认认真真做事情。这样慢慢积累，积累得丰厚一点儿，假以时日，会从内部形成一个传统。

《华夏时报》：这种所谓“谨慎的乐观”，在近一两年内能实现多少？

陈嘉映：不会有大变化。学术不像股市，一下子牛市来了，学术积累永远是个慢功夫，学术败坏起来可以很快，却不可能一下子好起来。

《华夏时报》：由学术、文化领域再放大到中国的一般社会及政治、经济生活领域，你会有什么样的预期？

陈嘉映：谈论这些的人很多，该谈的都谈到了，只剩下做了。我没什么新鲜的可说。过去十年，国家取消了农业税，你可以说，这是对几千年沿袭下来的一项制度的重大改革，但相对来说难度并不是那么大，也不直接触动哪个特定的利益集团。现在我们面临的改革目标则需要更强的政治意志，更高的政治智慧，甚至需要冒相当的风险。

《华夏时报》：最后想问一下，2013 年的中国会发生什么？

陈嘉映：这我哪儿知道。我估计，会有很多新政推出，但没有什么重要的新政会得到贯彻，到年底之前我们就会看得比较清楚：新政推行不下去，领导层是缩回来，还是有足够的政治意志，肯冒一定的风险，坚持推动中国的现代化转型。这个巨大的转型不会是一路平安的。

《华夏时报》：能否简单介绍一下今年的个人工作计划或重点？

陈嘉映：基本上还是此前工作的延续。我答应重作冯妇，给《新世纪》再写一年专栏，专栏内容主要还是跟哲学有关，但不是语言哲学、科学哲学这类，关心的人不多，而是跟社会、人生、政治等话题关系近一点的。

我们现在的哲学相当学院化，同时，还是有一批有教养的读者有对论理的热情与兴趣，我尝试跟这样的读者交流，不是所谓普及。一直以来，我都愿意跟哲学圈外的朋友交流和碰撞，像去年在你们《华夏时报》上发表的跟作家狗子的系列对话就是这样。

人物素描

陈嘉映，从来没有刻意扮演一个面向公众的知识分子的角色，就是这个被认为是“中国最可能接近哲学家称呼的人”，正用自己的声音去解读自我及中国社会在新的一年可能呈现的图景。

（原载《华夏时报》2013 年 1 月 5 日，《华夏时报》记者沈山采访整理）

写书这事儿我走了很大的弯路

陈嘉映

5 月底在上海，记者见到了陈嘉映教授。这位知名的哲学家一直对出版作品保持谨慎的态度，著译不算多，但都至为精良。年逾耳顺的他着迷于现象学、语言哲学和科学哲学诸多艰深问题，但在最近出版的《何为良好生活：行之于途而应于心》一书中，他将目光投向与我们日常生活最切近的伦理学问题。

善恶、知行、快乐与幸福……这些伦理学问题是哲学家与普通人的共同关切和困惑，思考这些问题有助于我们更好地生活吗，能够指导我们更好地生活吗？陈嘉映教授在书中却保持警惕："上升到普遍"不是思想的归宿，更不是生活的归宿。思想者不可迷恋凌驾一切特殊性之上的普遍性，更不用说把自己的特殊存在直接提升为普适原理。

这样一种思想与实践间的张力饶有趣味。而在陈嘉映教授自己的生活中，三十年著述生涯自然给他留下不可磨灭的精神印迹——在带给人们"真诚的思考"的同时，如何改变了他自己？

以下为《澎湃新闻》采访节选：

《澎湃新闻》：一般认为，像如何过良好生活，以及人生的意义之类的问题，似乎不是什么问题，比如海德格尔认为，前现代人不会受这个问题的困扰，而在分析哲学里，也可能觉得人生问题根本不是一个问题。我们知道，您是横跨现象学和分析哲学的思想家，然后您写了这样一本书，也讨论良好生活和人生意义，这挺好玩的。

陈嘉映：分析哲学的确谈这个谈得比较少，不过，分析哲学是英美哲学主流，这些年的伦理学、政治哲学的主流议题多半是从分析哲学传统发动的，比如说大家都熟悉的罗尔斯，还有伯纳德·威廉斯（Bernard Williams）——我认为他是20世纪下半叶最重要的哲学家。当然，不一定是都直接谈“人生的意义”。另外一方面，现象学传统直接谈这些问题也不很多。谁在谈呢？前两年读了一本特里·伊格尔顿（Terry Eagleton）写的《人生的意义》。

《澎湃新闻》：您谈到良好生活要有所作为，感觉其中存在一个矛盾，比如亚里士多德认为沉思本身是实践，但它又是一种危险，您书中也征引维特根斯坦，说“即使一切可能的科学问题都已得到解答，人生问题也完全没有触及”，是说要排斥思辨。良好生活是活出来的，不是沉思出来的？

陈嘉映：可能柏拉图和亚里士多德都面临这个问题。作为希腊人，他们比较自然的想法是，良好生活是要有所作为，它跟城邦相联系。对希腊人来说，人生跟城邦关系密切，以至于亚里士多德说：“人是城邦的动物”，这句话也翻译成，“人是政治的动物”，这是希腊人的一个基本观念，也是他们的生活方式。但另一方面，对柏拉图和亚里士多德这些哲学家来说，对永恒真理的追求至少也同样重要，这种追求是通过“哲学”、通过沉思实现的。于是就有了这么一个矛盾：到底介入城邦生活是最可欲的生活，还是通过沉思达到真理是最可欲的生活？

我觉得柏拉图的解决之道是这样：我们可以通过沉思达到关于政治的真理，政治的真理可以将城邦引向正确的方向，这是“哲人王”的思想。在这个意义上，两者还是能够统一起来的。亚里士多德不大能够接受柏拉图的这个想法，他本人区分了理论学科和实践学科，在他那儿，在这个框架里，你不大觉得通过沉思达到的真理能够那样顺理成章地指导我们的城邦生活或实践生活。实践生活另有智慧，就是他说的phronesis，理论获得的智慧则是sophia。这样一来，理论生活和实践生活哪个更重要，对亚里士多德来说更难调和。其中一个调和办法是这样：人都不能脱离城邦生活，包括哲人在内，那么，phronesis就是达到sophia的一个基本条件。不过，很难依靠文本确证这是亚里士多德所要建立的联系，在这件事上，他的说法有摇摆。

把这些都翻开不说，现代人所面临的情况跟他们不同：亚里士多德做出了一个很重要的区分，即理论智慧和实践智慧的区分；现代呢？我们可以跟他相应的就是，简单来说，自然科学的真理和实践真理的区分，这在亚里士多德那时候还不是很明确，但现在看起来却十分明显。我们逐步看到，自然科学所达到的真理，跟我们能否具有实践智慧，是否过上一种良好生活没有内在联系。

《澎湃新闻》：那么您批评“经济学帝国主义”也是出于这样一种想法？我们知道，经济学从哲学和伦理学脱胎而来，但现在很多时候却更像一门自然科学了。人们慢慢接受经济学跳出本学科，来解释其他社会科学所研究的问题，包括人生问题，并且往往发现还很有意思。

陈嘉映：任何一个学科发展壮大之后，都有一种天然的倾向，希望能给出一个更广泛的解释，于是从本领域向别的领域发展。此外还有一个现实的原因，当一个学科变成一个热门学科之后，会吸引很多卓有才智的人，这些卓有才智的人不会局限于传统学科领域，会有更扩大的眼光。所以近百年来，关于整个社会和人生的重要理论，实际上有很多就是被称为“经济学家”的人提出的，像熊彼特、哈耶克等，这些大家都熟悉。还有例如阿玛蒂亚·森，他的研究本来处在经济学的边缘领域，已经跟社会学政治学领域交集。这些人卓有才智，他们把整个社会纳入到自己的眼界中来，这本身是种自然的倾向。反过来，包括哲学在内的一些传统学科，如果吸引不到第一流的才智，即使还在谈这些大问题，也可能谈得毫无意思，所以大家情愿去读经济学家关于人生、关于社会生活的解释，而不愿读哲学家的书。

但是当经济学家在谈论整个社会生活的时候，他可能会采取一种经济学的技术主义态度，也就是他用比较狭隘的概念工具来解释整个社会生活，把整个社会生活收缩到狭窄的视野里来。但是完全可以像熊彼特那样，他并不是“帝国主义”，虽然他的本职身份是个经济学家，但在谈论社会生活的时候，他并不是以经济学家的身份来谈，而是作为一个有思想的人。在这个意义上，完全可以把他叫作“哲学家”，虽然这个名号也没有太大意义。就像弗洛伊德在谈很多事情的时候，他自称是从事心理学科学，但我们知道，作为心理学科学，很多内容站不住脚，而这并不意味着弗洛伊德谈论得不好。

经济学本来是研究人类生活的一个维度，即经济维度，至于研究的方式呢，为了达到科学的目的，会逐渐使用抽象的态度和方法来推进这门学科。经济这个维度本来是交融在人类生活中的，现在变成了一个独立的领域，一个界限分明的学科领域。比如说讨论离婚的时候，可以单从经济角度讨论财产该怎样分割，但谁都知道，夫妻各自为家庭做出了多少经济上的贡献，这是算不清楚的。

《澎湃新闻》：在这种情况下，学者如何讨论道德伦理？

陈嘉映：经济生活，或者说提高人民的经济水平，变成国家越来越突出的目标。在观念和价值多元化的世界，由国家来提供我们个人的生活准则变得越来越不可行。国家的统一力量，本来很大程度上是用来培养和保卫一种生活方式的，现在逐渐转化到提高人民生活水平这样一个公认的目标上面，所以我们以前说的伦理啊道德啊这些东西，就慢慢从国家的指导范围中剥离出来了。读书人如果把自己设想成民族国家的理论家，尝试为广大人众提供道德伦理标准，也随着这种新情势，变得不那么靠谱了。当然，在生活中道德伦理并没有消失。如果它真的从生活中消失了，那任何探讨或重建也没用，就变成了无本之木。在这点上，读书人不能把自己的角色想得太重要。一个 modest（谦虚）的想法，读书人的首要任务是看看伦理道德现在在实际生活中是什么样子的，在大家的反思中是什么样子的，对伦理道德的初级反思出了哪些差错。我甚至觉得，除此之外，读书人所能做的并不是太多，也不该要求他们做太多，因为社会真正的更健康的发展，是全社会的事，读书人所能做的很有限。

《澎湃新闻》：坊间流传您那个著名的“三步走”哲学时间表：第一步做语言哲学和本体论；第二步是知识论或曰科学哲学；最后抵达伦理哲学和政治哲学。现在您写了一本伦理哲学著作，那么下一本书将会谈政治哲学？

陈嘉映：没有下一本书了。这是最后一本了。

《澎湃新闻》：为什么？

陈嘉映：岁数大了，要退休了。著书虽然没有年龄限制，但对我个人生活来说，我觉得良好生活就是少有所学，壮有所为，老有所安。我到了老有所安的时候了。

《澎湃新闻》：这个“三步走”您还记得是什么时候说的吗？

陈嘉映：大概是周濂、陈岸瑛几个学生采访我的时候说的。大概在1995年的时候。当年回国之前跟人聊天，我说，觉得自己可以回国了，现在可以给人上课了（笑），感觉有值得对年轻人一说的想法。回来没多久，周濂他们来采访了，这是第一次接受采访，但在我印象中，是最成功的一次采访。他们问到我的工作计划，当时我并没有一个清楚的计划，只是觉得自己大致会这样展开自己的工作。到现在已经二十年了，在这个过程中，我越来越感到，对写书不满多过满意。我不能说完全不满，书出了能卖出去，有人在读，我也挺高兴的。但从我自己来说，不满多过满意。写书这事本身就不见得好，可能对我个人来说更不是表达我想法的最佳途径，一本一本地出书，我是觉得走了很大弯路的。

我现在的想法是，出书呢，我可能还出两类的书。第一类呢，是我以前从来就不愿意出版的东西，比如谈谈历史啊思想史啊什么的。谈这些事情，我自觉有点心得，但我不是专家，只是个爱好者，聊天的时候我什么都敢说，但是要写文章出书，就觉得有点夸张了。现在我的想法有点儿改变，因为不少人听我谈这些觉得好玩，有意思，所以觉得也不妨印出来，出本书，有人爱读，你又不是在胡说八道在误导他。

写书的一个问题是，写书难免求全，面面俱到。我已经不是很求全了，但是我觉得如果能再少求全一点，可能会做得好一点。就我真正读得更多的、思考得更多的话题，再稍微深入一点，写三五篇文章。如果这三五篇文章可以结个集子，那就出这种书。我谈过一些话题，原以为这些话题展开挺有意思的，也许有年轻人把它们接过去，做更深入的探讨。但好像没什么年轻人有兴趣接过去做。那我要是还没老到什么都干不了，我就自己在其中挑两个题目做做。

《澎湃新闻》：政治学中哪些吸引您？

陈嘉映：反正不是政治哲学理论。我烦政治理论，翻来倒去的，我觉得一点意思也没有。我觉得做政治学最好的办法就是，研究一段政治史，看看它有哪些让人困惑的问题，比如说去看看国共之争，为什么是共产党胜出呢？这里有好多原因，突出的是军事方面，但当然还有很多其他因素，包括政治维度。当时，共产党的政治有优势吗？若有，这种优势从哪里来的？把国共之争的政治因素梳理清楚，从中能够得出什么教益？再比如，你要研究民主政治，那就去看看这几十年来民主转型国家打开了什么局面，带来了什么苦恼，然后再反思这些东西。反思到什么层面都行，但千万别从原理出发。

（原载《澎湃新闻》2015 年 6 月 8 日，《澎湃新闻》记者谢秉强采访）

从儒学到儒教

陈　明

编者按

此访谈于2010年6月11日在北京进行，由陈宜中、姚中秋（秋风）提问，经陈宜中编辑、校对后，由陈明先生修订、确认。本刊与台湾《思想》季刊同时刊发。

一　从儒家到“儒教”

陈宜中：大陆现在很流行谈“儒教”，而不仅仅是“儒学”或“儒家”。您跟台湾儒学界有很多交流，所以您一定注意到了：“儒教”一词在台湾的出现频率远不及大陆。您如何理解这个反差？

陈明：从大陆来说，以儒教的概念代替儒学的概念，主要是为了强调儒家文化与社会生活和精神生活的有机联系。儒学的“学”是知识论的，或者干脆就是哲学的，而这显然无法体现儒家文化在历史上的真实形态与地位。在台湾不用“儒教”这个词，是因为儒家文化本身就是以活态的形式存在着。在公共领域，它具有公民宗教的地位和影响；在私人领域，它渗透在民间信仰和伦常日用而不自知。所以不管你们叫不叫它“儒教”，它就是以“儒教”的形式存在着。

如果在大陆它也这样，我们——至少我也就根本不会去折腾它了。

陈宜中：这些年来，“儒教”在大陆语境下的意义已经有所转变。“儒教”之所指，似乎已经从一种“教化”变成了一种“宗教”。这是在学康有为吗？我发现您也使用“儒教”一词，而且视之为一种“宗教”。

陈明： 牟先生他们那一代儒家，主要是想通过西方学术来证明传统儒学的知识正当性，进而证明它价值上的正当性。但我始终觉得这个路子有问题。我认为，在实践中证明它价值上的有效性才是有意义的；唯有如此，它知识上的正当性也才会得到承认。孔子的东西之所以在四库全书里面成为“经”，并不是因为它在知识学类型上跟韩非子或墨子有什么不同，而是基于它在伦常日用之中、在现实的政治运作之中的地位和影响力。现在，它所依托的社会组织架构随着社会变迁而逐渐衰落消亡，那么，为它寻找建构新的社会基础与平台，也是顺理成章自然而然的事。

“宗教”之外，还有什么更好的别的什么形式或进路吗？康有为的用心恐怕也是在这里。康有为的孔教运动如果不是过于高调的国教定位，而是实实在在地求取一个跟佛道耶回同样的法律身份，将孔庙、宗祠、书院等儒教资源整合一体，我们今天也不至于如此狼狈。如果现在存在机会，我们应该好好把握，不能再次被历史甩开。

陈宜中： 跟佛道耶回同样的法律身份？是指登记为宗教团体吗？如果是的话，我很想问您：儒者真的适合或擅长去搞宗教活动吗？在台湾，登记为宗教的儒教，是教徒人数最少的宗教之一，其影响力远远比不上道教、佛教。在大陆，登记为宗教的儒教，真会更有影响力吗？

陈明： 是的，登记为一般的宗教团体。这样至少可以拿到营业执照去宗教市场与人平等竞争。

我现在思考的一个兴趣点，就是如何建构儒教关于生死问题的论述。我有个学生就做这个题目，跟北京大学卢云峰也交换过看法。佛道教兴起之前，国人的生死观应该跟儒教有很深的关系；只是董仲舒以后，儒教愈来愈政治化、精英化，导致了这方面说服力的萎缩——这也是道教在民间兴起的原因之一。

至于儒教的竞争力如何，那是另一个问题。台湾的一贯道，实际上就是以儒教为主体。我做过一些考察，应该说深受鼓舞。

陈宜中： 在台湾的教科书上，有不少儒家文化的教材。马英九去祭孔也是您知道甚至赞许的事。可是在台湾，儒家文化的教育不是一种宗教教育。宗教有太多种了，政府若是仅仅提倡一种宗教，便有政教合一之虞，那就违背了宪政民主的基本规范。反之，正因为儒家文化不被当成一种宗教，其社会文化影响是跨越宗教的。

陈明：前面说到的儒教在台湾的地位问题，就是跟马英九参加祭孔、儒家经典进入中小学必修课教材联系在一起的。有其“实”最重要，至于“名”完全不重要。现在大陆的情况是：儒家文化什么都不是！前阵子在台大开会，我说台湾学者认为儒教之说阻碍了儒家文化发挥影响，是“饱汉不知饿汉饥”。如果大陆儒家学者也这样反对儒教，则是脱离现实的虚矫。

二 对国教说的批评

陈宜中：大陆有些儒教论者主张立儒教为“国教”，甚至主张一种严密的政教合一体制。这类国教说，乃至原教旨主义式的政教合一想象，到底有多儒家呢？您好像不曾批评过国教说。

陈明：我的确没有很尖锐地批判国教说，因为有你们批判已经够了嘛！我再去批判干吗呢？

但是我最近也说了些政治不太正确的话：首先，作为一种宗教，儒教的宗教性本身是相对比较弱的，这是指在对神灵的信仰方式和程度上、在对个人生死和灵魂的论述上。所以，即使我主张儒教说，也反对那种把儒教说得有鼻子有眼甚至眉毛胡子也一清二楚的样子。那样既不能很好地表述儒教，也不利于在今天重建儒教。

第二，不能不尊重历史，不能为了替自己的主张作论证就主观地叙述历史，比如讲“儒教在汉代就已经是国教”。汉承秦制，基本是霸王道杂之的格局，并且是阳儒阴法。儒教是从萨满教脱胎而来的，是在社会的基础上生长积淀起来的；当然有禹汤文武和夫子的点化，但它本质上是属于社会的。几乎所有的早期社会和国家，都是被包裹在宗教的外衣内——绝地天通是一个标志。在“政由宁氏祭则寡人”的政教分离之后，儒教及其礼乐制度就开始从政治运作中淡出，到秦的焚书坑儒发展到顶点。然后董仲舒对策汉武帝而独尊儒术，这并不是柳暗花明又一村，而是萧瑟秋风换人间；儒已经仅仅只是作为社会治理的一种术出场，而不再是道了。并且之所以如此，仍是因为儒教有着深厚的社会根基，否则凭什么听你的？

他又不是回心向道的儒教信徒。

姚中秋：讲这个，为什么会政治不正确？

陈明：政治不正确，是因为按照儒门内部的原则，我这样说不利于儒教形象的塑造。但是，我认为这个所谓的“上行路线”（按：此指国教说），理论上不成立，操作上无可能，效果上没好处。我认为，第一，发展儒教的路径应该是从社会基层由下往上长，只有下面长好了，有了根基，上面才会重视你。

第二，必须要考虑到时代的变迁。今天儒门淡薄，除了自由主义的冲击、基督教的冲击、意识形态的冲击外，也跟儒家本身还没有对社会变迁或者所谓现代性带来的冲击作出有效响应有关。我理解的现代性不只是左或右的意识形态话语，更是指工业革命以来形成的生产方式、生活方式、思维方式等。由此出发，对儒教有所调整改变，应该是可能和必要的。

陈宜中：您觉得您跟蒋庆有何不同？

陈明：实际上我跟蒋庆最不同的有几点：第一，他是从儒家的角度看世界、看中国的问题；我则是从人的角度，首先是从中国人，然后是从世界的人出发，从中国人、全人类的福祉和发展来看儒学的。蒋庆的出发点是本质化的文化；我的出发点是人的生存发展。

第二，他关心的问题是所谓“中国性”的丧失和恢复，他认为近代以来中国已经彻底西化了，也就是夷狄化了，政治上是马克思主义，经济上是资本主义。我关心的问题是中华民族的复兴，就是近代以来寻求富强的问题。对我来说，“中国性”是一个历史性、建构性的概念，不能简单地从文化角度把它本质化；我关心的是人如何很好地生存发展，就是生生不息、天地位、万物化。我承接的是洋务派中体西用的传统；他承接的是倭仁的顽固派的传统。

第三，蒋庆对现代性的态度，整体上是否定的。他对整个现代性是先做了一个价值的理解，然后否定。而我对现代性则是做一个历史事实的理解，然后把它作为我们生存的境遇去评判分析。

第四，基于这些方法论或是基本预设的不同，我们对于儒家将来的发展或者前景的看法也不同。我不赞同“国教”这种上行路线，我主张的是"公民宗教"的路径。除开目标定位之不同以及相应的发展方案之不同，在对"作为一个宗教的儒教"的态度上，蒋庆强调儒教的完备性，所以要尊为国教；我则强调改革的重要性，我主张要加强儒教对灵魂生死的论述，以夯实基础，经由社会上的影响力去争取获得公民宗教地位影响。

陈宜中： 蒋庆的政治方案（一种所谓的"儒教宪政"），您部分接受吗？

陈明： 不接受，我认为蒋庆的方案没有可操作性。他说"国体院"由那些有儒家血统关系的人充任，但他们能保证什么？至于天道合法性，可以通过对宪政的阐述来体现。"通儒院"怎么产生？由谁认定？我想我这个"伪儒"是肯定选不上的吧！

陈宜中： 康晓光的方案，您也不接受？

陈明： 在问题意识上，我跟康晓光有相当的重合，就是对中国有一种"利益主体"的理解视角。在对文化的理解上，康晓光也有工具主义的色彩，这方面我跟他接近。但他是康有为加亨廷顿；他之接受儒学，跟亨廷顿的文明冲突论很有关系。亨廷顿不仅构成他的语境，也构成他的思想逻辑。我觉得亨廷顿是故意那样拿文化、文明说事，而晓光却有点上当，真的相信文明不仅冲突，而且具有超越利益、政治与法律的作用。因此，他把杜维明所谓的儒教中国给实体化，并据此建立自己的论述。我认为这太不现实或者说太理想主义了。

按照他的"文化帝国"逻辑，各个国家的华人儒教徒是一个共同体，那么，中国境内的基督徒是不是要划到西方去？穆斯林是不是要划到阿拉伯去？这不是搞乱了自己吗？我们必须清楚：在国际社会，绝大多数纠纷后面的关键因素除开利益还是利益。

姚中秋： 康晓光的文章不能发表，不是因为他的文章本身有什么问题，而是他完全以一个策士的身份，试图把统治的秘密全部公之于天下。他原来提什么合作制国家、精英的联合统治啊，意思就是精英把持垄断权力。

陈明： 我跟蒋庆、康晓光他们一个基本的共识，就是从"宗教"的角度去理解、阐释和建构儒家文化，因为这意味着关注儒学与生活、生命的内在关系，而不是仅仅把它当成一个知识的系统，满足于其内部逻辑关系的厘清，在与西方哲学流派或个人的比较中评估其成就。这是大陆儒学与港台儒学最基本的不同点。是否赞成儒教发展的国教定位，只是这个论域中次一级的问题。

三 儒教的“下行路线”

陈宜中： 您不赞同立儒教为国教的“上行路线”，而是主张：一是通过儒教的宗教身份，整合民间社会的儒教资源，而这对您来说，还意味要加强儒教的宗教性论述；二是从“公民宗教”去界定、建构儒教的特殊地位和影响力。以下，能否请您谈谈这一“下行路线”的两个面向，及其背后的问题意识？

陈明： 如果国教所诉求的实际只是儒教的跨族群性与公共领域中的基础性，那么，它首先应该具有与之相应的内在质素（即可能性），并且是自下而上地追求实现这一目标。

今天的“国”是“五族共和”、多元一体的现代国家，而不只是汉族的国家。将一个特定族群的宗教通过政治或政府的力量定为国教，康有为在那个时代做不到，现在这些人在这个时代更加做不到。与这个国家相对应的群体，不是作为 ethnic group 的汉族，而是作为 nationality 的中华民族。各族群或各民族之平等，是维持中华民族的法律和道义的基础，是最大的政治智慧。

从历史看，儒教在中国历史上显然具有这样的跨族群的政治地位，例如天安门的“左宗右社”格局，圣旨以“奉天承运”开头，明清以来普遍的“天地君亲师”牌位等。汉族皇帝这样做，少数民族皇帝也是这样做的。《大义觉迷录》就是雍正皇帝对这个问题的论述——顺便说一句，他发布正音诏令在南部地区推广官话，虽然说的是“以成遵道之风”“同文之治”，实际他想强化的是一个政治共同体在文化上的同质性。可见，从“公民宗教”的角度阐释儒教，显然是可能和必要的。今天复兴或重建儒教，目标显然应该包括“公民宗教”地位的争取吧！这样，我们就应该根据这一目标定位，来看它具备怎样一些特征或条件。

陈宜中：“公民宗教”所指为何？

陈明：“公民宗教”实际是指在公共领域内发挥某种作用的神圣性话语或论述。这种作用主要体现在认同维持、共识凝聚等方面。它的功能的发挥、地位的获得，必然以“作为一个宗教的儒教”的存在为基础，否则就不可思议。因此，首先应该是对“作为一个宗教的儒教”的重建。这里的重点，我想一是在社会中寻找和建立自己的社会基础；二是建立和完善关于个体生命或生死、灵魂的论述。前者要求与现代社会相匹配；后者则是把自己理论实践的薄弱环节补强。这就需要改革，就应该把儒教削得比较“薄”一点。

具体来讲，一个是对华夷之辨的调整的问题；另一个是对个体性的重视的问题。儒教是把天作为万物之始的，也包含有作为万物之所归的意涵，可是没有得到阐发，可能是因为孔子说过“未知生焉知死”吧！这方面不能满足人们的需要，也是它在科举制这种与政治连接的桥梁断裂后很快衰落的原因。而一贯道等儒教形态在台湾、东南亚地区的繁荣，则跟它对生命问题的承诺有很大关系。我在考察之后，觉得有可能根据历史文献和民间信仰以及一贯道的启示，去做一点建构的尝试。有了这些基础，才谈得上重回“公民宗教”地位的问题。

陈宜中：您说“儒教”应该完善个体生命、生死灵魂的论述，可是您也承认这不是儒家的强项呀！这一方面好像是削“薄”了儒家；另一方面又好像做“厚”了儒家的宗教性。在这一薄一厚之间，您所谓“作为一个宗教的儒教”似乎变成了一种台湾所谓的“民间宗教”。但在多元的民间宗教之中，要以佛教和道教最具影响力。儒教难道要去跟佛、道竞争？倘若“儒教”很难成为华人民间宗教的主力，又怎能通过民间宗教的路径，去取得公民宗教的地位？

陈明：厚薄是从儒教与其他宗教的关系或关系兼容性方面说的；完善则是从内部说的。你说得对，“作为一个宗教的儒教”很大程度上接近所谓的“民间宗教”。但是，民间宗教本身并不意味着其影响范围的狭小，或理论、组织的粗糙松散。再说一遍，儒教是从萨满教发展演变而来的，跟族群生活紧密勾连，直接衍生出一套礼乐制度。但成也政治败也政治，董仲舒后因忽视深耕基层，导致儒教随着政治变迁而失去了自己的存在基础。现在放低身段，重新开始，求得自己的一席之地是完全有可能的。

至于公民宗教地位的获得，并不完全依赖于这个“作为一个宗教的儒教”如何壮大。作为民间宗教的儒教在台湾影响力很弱——这种弱，是相对概念，因为中国人的宗教本身以离散式为结构特点；但儒教在公共领域里的地位，又有谁可比呢？就是说，儒教不仅仅是一个民间宗教，而更象是一个民间宗教的集合、群。甚至可以预言，在大陆的宗教管理法制化以后，最大的儒教团体可能连名字都没有一个儒字。像三一教、一贯道还有东南亚的德教，都没有儒字，但都属于广义的儒教。这些都是儒教获得公民宗教地位和影响的有力支撑。至于它们是否需要升级、整合，那是另一个问题，将来的问题。

陈宜中：您前面还提到“对华夷之辨的调整”的问题。

陈明：康有为、梁启超也曾思考如何在清朝建立的版图上把多元族群整合起来，整合成为所谓中华民族的问题。就像美利坚民族不等于盎格鲁—撒克逊人、尼格罗人或者印第安人，中华民族也不等于汉人、满人、藏人或其他族群。中华民族不是五十六个族群的简单相加，而是各族群带着各自文化背景、基于宪法原则的认同凝聚的有机整合。顾颉刚说“中华民族是一个”，这是对的。这是一个应该追求的目标。

作为与美利坚民族相对应的思想意识或观念，所谓美国生活方式、美国精神的重心并不是某一族群的内部历史和传统，而是其跨族群的现实存在的反映。其内容受到政治、法律的制约，但无论如何，文化仍然是它的一个组成部分，并且其本身的存在形式也只能是某种文化性质的东西。同理，“作为公民宗教的儒教”是对作为一个政治共同体的中国之一员，对其政治法律身份及其相关论述的自觉意识与表达。这里说的相关论述，是指一种共识、“共同善”之类的东西。它们跟族群意义上的文化具有内在关系，是与之不离却又不尽相同的新的东西——与每个人都是历史纵向与空间横向的二维综合体相对应，是需要我们去培养促成和建构的东西。在这里，文化方面的工作与政治、法律层面的工作一样重要。而作为五十六个族群或民族中最大的一支，汉族对此应该承担更多责任，不仅要有自觉中华民族化的意识，即走出汉族中心主义，还要在中华民族意识的构建中带头做出贡献。我个人感觉，雍正皇帝在试图解决自己统治正当性时所做的工作，某种程度上也含有扩大儒教适应范围甚至使之成为公民宗教的意义。我说的是前面提到的《大义觉迷录》。当然，这里面的问题也很多，需要逐一梳理。

可以说，参照基督教从犹太教的脱胎而出、后来新教的改革以及基督教在美国发挥公民宗教作用等这样一个脉络，我这里讲的东西也许更容易理解：首先，把基督教从犹太教的分离看成是信仰与特定族群的分离；新教的改革则是对社会变迁的适应，而其在美国获得公民宗教的地位则是前述演变的结果。当然，这也是需要具体分析的。

姚中秋：宜中刚刚问到，您的“公民宗教”究竟要做什么？您给它设想的功能到底是什么？我觉得您还没说清楚。

陈明：公民宗教的功能有两点：第一，要给政治确立一个价值的基础，就是说在给政治一种合法性的同时，给它确立一个约束的标准。某种意义上说，董仲舒做的就是这样的工作。换言之，是他把“作为一个宗教的儒教”推向了“公民宗教”的位置。给政治确立一种价值的基础，这是第一个功能。第二个功能是在社会层面、在国家生活的层面，提供一种思想文化认同的整合基础，以凝聚或塑造中华民族意识。

我的朋友谢志斌博士研究全球化与公共神学，他说斯塔克豪斯（Max L. Stackhouse）的公共神学虽然与公民宗教有所不同，是在全球而不是国家层面立论，但同样强调神学的现世性和公共性，进而以之建构公共生活的道德和灵性结构。当然，他的公共神学主要是基督教神学，而我坚持从儒教出发则不免受到汉族中心主义的质疑。事实上基督徒就曾质问：为什么拿儒教来当公民宗教？为什么不就以基督教作公民宗教？我说，汉族人毕竟还是中华民族的主体。另外，儒教在宗教层面的宽容性更大。再就是，从汉武帝到清世宗都选择以儒教进行社会治理和整合，已经成为传统，与佛道关系良好。而基督教作为一神教，跟伊斯兰教的矛盾更加没法化解。

陈宜中：请让我先整理一下您所表达的主要观点。您批评了立儒教为国教的主张，您说此种“上行路线”很难行得通。您说儒教应该致力成为所谓的“公民宗教”，并强调其跨族群性与公共领域中的基础性。一方面，您希望“作为一个宗教的儒教”通过加强其关于个体生命、生死灵魂的论述，能在民间社会发展茁壮。以此为基础，您更希望儒教能够具有跨越、超越多元族群的“国族整合”或“国家整合”的功能，从而取得公民宗教的地位。您认为“作为公民宗教的儒教”必须摆脱华夷之辨，并在此过程中适应现代社会的变迁。这是您的大意吗?

陈明：是这么回事。

四 作为“公民宗教”的儒教

陈宜中：您为何要用“公民宗教”这个词?在卢梭那里，“公民宗教”是为了要打造出高度同构型的国民、公民。它不但相当一元化，还有军事化的价值在里面，跟现代多元社会似有冲突。

陈明：为什么使用“公民宗教”概念?首先是不满研究界像任继愈、何光沪他们以基督教为宗教的标准范式来描画儒教。儒教是宗教，不意味着儒教是基督教那样的宗教。要证明这一点而又避开理论上的烦琐，对其功能加以描述是比较简洁的方式，由此可以比较清晰直接地把握儒教的特征。儒教在董仲舒之后作为公民宗教的功能，有一些坚强而基本的事实作支撑——葛兰言叫作国民宗教；由此倒过来去讨论它的承担基础与发生脉络，就可以说思过半矣。《诗经》《尚书》和《礼记》里面有大量材料记录着作为宗教形态存在的儒家文化。我有一些想法：从绝地天通到制礼作乐，再到政由宁氏祭则寡人、焚书坑儒、董子对策，可以看到儒教由原始的萨满教一路走来的历程。

虽然出于国家国族的建构以及社会和谐的考虑跟卢梭一样，但我对公民宗教概念的理解和使用，跟罗伯特·贝拉对美国社会的讨论关系更紧密一些。国家是建立在社会的基础上，而社会作为一个共同体，作为一个历史存在是自古而然的，有它的价值理念和情感及其论述。古希腊城邦不只是一个政治共同体，也是一个宗教共同体。神庙的位置就能证明这一点。那种从原子个体出发讨论国家的理论，实际上只是逻辑假设，虽然有很多积极意义，但只能看成是一个参照的系统。

费孝通的中华民族“多元一体论”中，政治一体、文化多元，正面意义很多，但是存在着政治与文化之间互不搭界的问题。在一个一体化的政治大屋顶或宪法大屋顶下，五十六个族群的文化边界清晰，延续强化着自己的时间和记忆。但是，我们是不是也应该从空间的角度，去思考在这个政治共同体的基础上，培育出某种新的文化共识呢？这个共同体作为我们生活的空间，也会随着生活的展开而形成自己的历史，形成新的文化。把国族意识当成这个新文化的组成部分之一，应该说是顺理成章的吧？对此形成某种自觉比没有自觉要更好一些，应该也是顺理成章的吧？贝拉说"任何有着政治结构的社会都存在某种意义上的公民宗教"，这也就是我理解的中华民族意识。就像法律意义上的公民身份优先于历史文化意义上的汉族、藏族、回族等身份，作为公民文化意义上的公民宗教逻辑上也应该优先于作为 a religion 存在佛教、道教、基督教、伊斯兰教或儒教，虽然在时间的意义上这个公民宗教的内涵是从这些具体宗教中吸纳提取而来。这里的优先一词也许不是特别准确，因为它们实际并不属于同一序列，实际讲的是在公共领域里的作用层级公民宗教在先。

宪法上对社会多元性的尊重并不妨碍对文化发展方向的引导，以促进文化与政治之间、文化单位与文化单位之间、个体与个体之间的良性互动关系。这种多元的文化与一体的政治之间耦合协调的问题，国民党领袖孙中山就曾经多有论述。但从新疆"七·五"事件以及更早的西藏"三·一四"事件看，族群的融合或中华国族的形成还是一个刚刚开始的课题，甚至可说是一个严峻的挑战。这种挑战既是政治的，也是文化的，即长期以来农耕文化与游牧文化紧张关系的当代表现。某种意义上说能否化解这种挑战是衡量我们国家国族建构成功与否的一大标准。

"作为公民宗教的儒教"与"作为一个宗教的儒教"是不同的。作为一个宗教的儒教，主要是对历史、对汉族及其他认同儒教的社群而言的。作为公民宗教的儒教，则是对作为政治共同体的国族而言的。前者是时间性的个人性的，后者是空间性的公共性的。要实现由时间向空间的转换个人性向公共性的跨越，即争取成为公民宗教的主要元素并发挥作用，这就决定了作为公民宗教的儒教必然是一个很薄的儒教版本，既要与其他族群对接，也要与现代价值对接。对接越平顺，其成立的可能性就越大，效果就越好。所谓超越夷夏之辨，就是在公民宗教的层面说的，这方面它已经有了很多的积累。

陈宜中： 在汉藏、汉维问题上，“作为公民宗教的儒教”如何促进族群关系的和谐公正？也许有人会说：汉藏、汉维关系的和谐化，不能只靠汉族知识分子的一厢情愿，而必须倾听“他者”的想法。

陈明： 这既是一个政治问题，也是一个文化问题。马克思主义和自由主义有一个共同之处，就是都不看重民族问题；一个把人看成阶级存在，一个把人看成个体存在。这种化约有个好处，就是可能会比较注重从政治和法律的角度去解决民族问题。我认为这也是很有意义的。但是，文化问题也是真实的，不可能完全被化约为政治或法律。你说的“对他者的尊重”我也是很同意的。我反对国教论，这应该说是“对他者的尊重”的一种体现吧？

在各个宗教中，儒教的版本显然是相对最薄的；从历史看，儒教对社会的关注也相对最多。它源自萨满教的天人合一思维、对天的信仰，是从生命的角度去理解崇拜，这些都比较容易在诸神之中求得共识。而它的“己所不欲，勿施于人”也具有金规则的地位。这些都是儒教争取公民宗教地位、发挥公民宗教影响的有利因素。国族的意识增强了，族群联系的有机性也就会提高；族群联系的有机性提高了，族群关系的和谐程度也就会提升吧？

陈宜中： 您说您反对一些论者从基督教的标准来衡量儒家的宗教性（即其短缺）。这让我联想到，蒋庆的“儒教宪政”似乎正是把他那套公羊学比附成一种具超验性的准基督教式宗教，进而提出一套绝对的政教合一体系。他是否正确地理解了历史上基督教与君王之间的复杂关系，暂且不谈。但他难道不是在把儒学给基督教化（以他对基督教的理解为之）？是我误读了吗？

陈明： 高调的儒教论者信仰比较多而历史感比较缺，这二者本就难以兼得。到底是从信仰出发有利儒教重建，还是从理性出发有利儒教重建，我是不敢说的。我对蒋庆的方案与论述是不赞成的，但出发点是效果。你在英国待过那么久，学的又是政治学，我还想拿你的判断作参考呢！

陈宜中： 您不但承认、指出儒家的宗教性较弱，还主张加强儒家的宗教性论述。这里似乎包含了两个不同面向，前者是实然，后者是应然。后面这个应然（应该强化儒家的生死灵魂论述），一个参照是一贯道，另一个参照好像就是基督教。虽然您反对蒋庆、康晓光等人的国教说，但是，您的公民宗教说好像还是以“基督教在美国”作为参照？

陈明：儒教在生死论述上的弱化是出于历史的原因；董仲舒后，这个问题是由道教、佛教接管、解决的。但是儒教的理论中仍然保留着它的逻辑空间，完全可以启动。这不是什么实然或应然的问题；新兴宗教都可以雨后春笋一般冒出来，儒教老树新枝又有什么不可以？

再一个请注意，我不是拿基督教作参照，而是拿美国作参照。因为美国是个大熔炉，不同族群相对成功地被整合成了美利坚民族，建构起了美国生活方式或美国精神；法国也具有同样的意义。美国这方面比法国成功就是因为美国的基督教与政治关系紧密，而法国政治权力与宗教权力关系紧张。这使得法国的文化熔炉火力不足。甚至日本这样的单一民族国家，同样可以作为反面的参照——它的公民宗教的主要基础应该是神道教，是硬生生建构起来的。从这里也可以看到，公民宗教实际也有多种模式。但是相对于日本、法国，中国跟美国显然相对更具可比性。

陈宜中：我注意到，您好像对基督教在中国的发展感到焦虑。三自教会加上家庭教会的信徒，现在估计有六千万、八千万，甚至更多。作为公民宗教的儒教，能接纳、包容这些“异教徒”吗？还是又要把他们当成“西方污染”？

陈明：不会压制，就是想包容它，在国家和国族意识上建立共识。我的立场是，中华民族在文化上仍然是以儒家为主、为底色，这是我努力要去建构的东西。但我不认为这个立场会带来宗教压迫。如果说国教论会让他者感到不适的话，公民宗教论应该不至于如此。这是历史传统和人口规模决定的。

地下教会的问题跟宗教政策有关，跟三自教会有关，但跟儒教关系还谈不太上。另一方面，我的基督教朋友中反儒教的当然不少，但是，认为儒教和基督教可以兼容并包、和谐共处甚至公民宗教中儒教权重应该最大的也很多。诸神之间存在紧张是自然的，但紧张不等于冲突。其实真正需要面对处理的还不是基督教，而是伊斯兰教。基督教它是个人性的，而伊斯兰教则有哈里发理想，主张政教合一。亨廷顿的紧张应该就是来源于此。

“西方污染”的问题比较复杂，跟文化身份与政治身份的关系、文化认同与政治认同的关系纠结在一起。美国人既然提出了“文明冲突”论、提出了“软实力”概念，那就说明这个问题并非完全是空穴来风。毕竟从历史看，政治经济甚至军事的因素，也确实曾经搭载在宗教的平台上嘛！我觉得，在这里若是将问题简单化，不是太愚蠢就是太虚伪、太阴险。

我一直以孙中山、蒋中正、冯玉祥乃至张学良、王建煊做例子，说明做基督徒与做中国人并不冲突。儒门中人必须转换观念，接受文化身份与政治身份、法律身份不再完全同一的事实。这与为儒教争取公民宗教地位并不矛盾，反而有利于形成这种意识，有利于达到这样的目标。在三教合一的文化结构中，“以儒治世”，这正说明儒教主要的功能是在公共领域里。当然，如果因此就说儒教不是宗教，那显然是不对的。

陈宜中：您的说法借助了贝拉的现代化理论，甚至带有结构功能论的色彩。但无论如何，您最看重的好像还是“国族整合”“国家整合”的功能。

陈明：我的确带有结构功能论的色彩，也的确看重“国族整合”“国家建构”。但国族、国家在我这里都是正面概念，或者说是具有正当性的国族与国家，也就是包含了现代权利意识、公民意识、法律意识等自由民主理论所强调的现代价值。但“公民宗教”本身不是什么规范性的东西，而是一些共识、共同善之类的东西，是各族群之间的最大公约数。国于天地，必有以立。这个所以立之基础，必然是价值性的，而价值的基础从根本上说只能是基于信仰的，是宗教性的。我希望儒教能够凭着自己在现代国家建构中所作出的努力和贡献，来获得公民宗教的地位。

我所想象的公民宗教是佛教徒、穆斯林、基督徒也能够接受的一些观念价值，像生生之德、天理良心以及和谐、仁爱什么的，既是理念、价值也是共识、情感。当然，基督教、伊斯兰教等其他宗教的一些观念价值也可以整合到里面来。所谓“作为公民宗教的儒教”无非是说：在我们的公民宗教里，儒教占有比较大的思想比重而已！公民宗教比较薄，但却又具有综合的特征，内涵小外延广吧！

台大的陈昭瑛教授对儒教论一直不怎么认同，但最近跟我说公民宗教概念还是能够成立的。不知她是不是意识到儒学在台湾实际上就具有类似的地位和作用？国民党把以儒家为主体的中华文化课作为必选，并且提高到6个学分，以及在大陆主政时期就提倡的四维八德、礼义廉耻、忠孝仁爱信义和平等，本身就应该从这个角度去理解。汉武帝跟董仲舒合作做的“废黜百家，独尊儒术”也是如此。

陈宜中：可是在台湾，即使“儒家教育具有公民宗教的社会整合功能”的说法可以成立（这点我目前还无法确定），这种功能大概与“礼义廉耻”有关，但却似乎不是以“作为一个宗教的儒教”作为基底的。

陈明：说它是以儒家文化作为我们的传统，历史久远、影响广泛、正当性普遍承认，应该不会有错吧？这些东西是一个系统，它的基础论述显然是天、是圣贤。当我们说它不是宗教的时候，通常是以基督教或者佛教、伊斯兰教等作为宗教的标准。但实际上，几乎有多少个民族就有多少种宗教，它们的宗教属性是不能以某些特定宗教作为标准衡量的。例如按照基督教的标准，佛教是不能算宗教的，因为佛不是神，而只是一个觉悟者。回到儒教问题，如果不是儒教社会基础深厚，汉武帝怎么会接受董仲舒的建议，承认天的至上性，政治上复古更化？再以国外为例，自由平等博爱明明是资产阶级的价值理想，但是，其论证却偏要扯上基督教的上帝，这又是为什么？本身有内在关系？增强说服力？这已经不重要了，关键是它确实就是这样做的。

贝拉好像还说过，在清朝的时候，儒教就是中国传统的公民宗教。这既是因为满人信的是萨满教，也因为儒教在汉人为主体的社会中基础广泛。

陈宜中：您的说法似乎接近于一种以儒家作为文化基底的国族主义。中华民族或中华国族作为一种想象的共同体，会选择性地从过去的文化传统中去汲取很多资源，以建构出一套国族历史叙事，以肯认自身的文化认同。这是您的想法吗？

陈明：没问题，我可以接受这个说法。

我不否认自己的公民宗教论述，是希望儒家传统在这个多元一体的国家中获得更大的影响力。但我要强调的是，这个以儒家为基底的公民宗教，正是要超越作为 ethnic groups 的族群性。相对于其他可以选择的资源，儒教显然比基督教、伊斯兰教、佛教或道教更具开放性，因此也更具有竞争力——也许他们不这样认为，但这是我的立场，可以在另一个层面展开讨论。在这里，政治价值方面的元素、共时性基础上的共同体感受与经验才是主导性的；而文化的元素、历史的叙事则是材料性的、辅助性的。从民族学出发讲多元一体而不讲国家国族建构，多元文化各行其是，迟早会挣脱法律的约束寻找独立的政治平台。这点卢梭甚至更早的普芬道夫都看到了危险。

姚中秋：重建儒家，在您那里是两个过程。一个是要重建儒家本身，然后您还有第二重情形，是要为一个正在形成中的现代国家提供某种精神支撑。这是两个不同的任务，而您似乎想要毕其功于一役。

陈明：我是分别从“作为一个宗教的儒教”和“作为公民宗教的儒教”两个层面思考儒教的重建问题，并且强调“最终获得公民宗教的地位或功能”这个目标的重要性与导向性。这是因为儒教如果不能发挥这个作用，那么它的存在就算不是没有意义，那也意义有限。

姚中秋：我觉得，这两个工作、目标之间存在着很严重的冲突。要重建儒家，必须把儒家做“厚”。如果又要为现代国家提供一种普遍的价值，那一定是要把儒家削得很“薄”的，否则的话就没有这种可能性。

陈明：是这么回事。我在给《第欧根尼》写的文章中就特别指出了这点。但我跟你的不同在于，我认为，如果不能在第二个层面上产生效用，即如果不能作为公民宗教为现代国家的建构、中华民族意识的塑造发挥某种重要的作用，那么，“作为一个宗教的儒教”无论做得多“厚”都意义不大。唐代就有儒教治世、佛教治心、道教治身的三教合一论。所谓儒教治世，就是指对公共事务比较关心，同时在公共事务中也具有较大影响力。在今天，儒教固然要补足自己的短板，即关于身心性命、灵魂生死等问题的论述，从而在社会中立足；但立志却一定要定位到“公民宗教”，并考虑为它的衔接留下接口和空间。相反，国教论才是希望毕其功于一役，甚至合二为一。我不是！

首先，我严格区分“作为一个宗教的儒教”与“作为公民宗教的儒教”。作为一个宗教的儒教，是相对于汉族或儒教信仰者而言的，是作为一个完整的宗教系统对信徒的精神生活发挥作用。作为公民宗教的儒教，则是相对于中华国族而言的；它是对作为一个宗教的儒教一些价值和论述的抽绎，但却是在公共领域中发挥影响作用。

其次，我承认“作为一个宗教的儒教”本身是有自己特点的，虽然补足生命、灵魂论述等可以说是做厚它，但即便如此它也仍然属于一种比较薄的宗教。当然这是一个比较宗教学视域内的问题了。

最后，我认为儒教在今天与其说是要复兴，不如说是要“重建”，并且是从社会层面的公民宗教的定位来重建，以虚带实，以公民宗教之虚带一个宗教之实。把这个过程跟我们国家的发展转型结合在一起来理解，是这个过程的重要组成部分。在台湾，我发现“作为一个宗教的儒教”并不是特别繁荣，似乎比不过佛教、道教；但是每个人心底都多少存活着儒教的根苗，而这正是“作为公民宗教的儒教”地位稳固、影响广泛的根据所在。这也使我对自己的思考更有信心。可以推论，将来大陆儒教在具体宗教层面的发展也必将是多元的，跟台湾的情形一样，跟基督教也一样；很多不同名称的宗教，实际上不过是儒教或基督教的不同教派。

五　公民儒教与宪政民主

陈明：我坚持“五四”的口号：外争国权，内争民权。但五四形成的启蒙话语和革命话语，却似乎存在某种自我否定的可能，与救亡主题分离异化可能。

我首先觉得，中国作为一个现代国家，该争取和维护的利益一定要努力争取和维护。一般来说，自由主义者对内部的公平正义问题感受急迫一些，新左派对帝国主义问题感受急迫一些，并且都常常是只见其一不见其二。我有所不同，都有感受，并且注意区分利益的大小远近、问题的轻重缓急。

陈宜中：能否谈谈您对自由主义的批评？

陈明：我刚刚说，我反对把文化放到决定性的地位上去；在这里，我区别于蒋庆他们那样的原教旨主义者。但是一个现代国家也不能完全只靠制度安排或法律来整合，它需要一种公民意识或公民宗教来做连接，来提供认同感和归属感；在这里，我又区别于一些自由主义者。

自由主义的“宪政爱国主义”有它一定的道理，我这里讲的就是遵循它的逻辑。但是它完全抽离文化、社会和历史等方面的内容，宪政国家成为原子化个人的结合，于是变得非常空洞，不合事实。任何政治共同体本身也是有历史的，必然要生成出与之相应的观念意识与情感形态。前面说过，美利坚民族必然存在一种与之匹配的文化形态，例如贝拉所谓公民宗教这样的东西就是。保守主义的亨廷顿同样讲公民宗教，并特别强调美国公民宗教与基督教的关系，就是意识到纯粹形式化的宪政民主框架对于文化或文明问题没有解决能力，伊斯兰教可能对基督教形成挑战。

自由主义者如果选择正面去理解儒家，我是觉得很轻松欣慰的。因为在我的理解里，儒家思想跟自由主义是可以很亲和的，尤其古典自由主义和现代自由主义中的社群主义。我曾经也有过这样的紧张：作为植根于前现代的儒家与作为现代价值的民主与科学，是不是必然冲突，无法协调？现在看，这完全是杞人忧天。英国是最早的自由主义国家，但是英国并没有经过法国、德国式的启蒙运动。我们挂在嘴上的所谓启蒙，主要是法国式的、德国式的，路德、加尔文这样的宗教改革家也并不是英国人。重要的是工业革命，是社会内部利益关系的协调平衡。什么韦伯命题，我看可以说完全是虚构出来的。如果是普世价值，那一定是因为植根于人性；既然植根于人性，就一定不会受文化传统的限制。

陈宜中：您的“公民宗教”论说，指向以“儒教”作为文化基底的中华国族认同。在国族认同问题上，自由主义者之间是有分歧的。有些自由主义者特别担心狭隘国族主义，因此选择与太厚的国族主义论述保持距离。但也有些自由主义者认为，某种具凝聚力的国族认同不但重要，甚至必要。

我的观察是，部分自由主义者之所以对公民宗教说有所怀疑，未必是出于一成不变的、僵化的激进反传统主义，而可能是因为搞不清楚：在您所谓的公民宗教（或“公民儒教”）与现代自由民主宪政所需要的公民文化、公民意识之间，关系到底是什么？

陈明：我认为公民文化的概念太泛，是以公民作为基底，不能传达国族意识的深层底蕴，尤其是不能帮助对政治共同体与文化族群进行整合。而公民宗教则是宗教在上，导向一种共同善。

人们对于宗教概念的理解主要来自基督教、佛教等，这些宗教虽然强势、影响广，但并不意味着它们就是宗教的典范，甚至可以说它们在宗教世界中都属于少数派甚至特例。更加普遍的是从萨满教发展出来的各种所谓民间宗教，从弗雷泽、伊利亚德的著作和观点看是这样，从出土文献看也是这样。孔子说“吾与巫史同途而殊归者也，吾好其德义也”，这里的“其”就是指天；孔子关心的不是绝对者别的属性或意志，而是对它的生生之大德情有独钟。正是在这里，儒教建立起了自己的神学论述，并奠定了其他诸如生命论或人生论的论述：既然性自命出，那就应该奉天而行，成己成物，最终与天合德即参赞化育，经由立德而不朽。修齐治平的政治哲学，实际上是镶嵌在这样一个宗教性的话语板块之中的。格物致知就是于物上感悟天地生生之德，将其内化为自己的人生目标进而践履实行。确立这样一个儒教的话语系统，可以为儒教的公民宗教地位、中华民族意识的塑造打下基础。

这个系统是孔子创造的，但后来被理学覆盖了。朱子把作为生命起点的太极说成是理，将宇宙的生命性转换成道德性，作为生命意志的仁也就被转换成了作为道德意志的仁。我最近写了一篇《孔孟异同论》，因为孟子是宋儒的始祖，而宋儒的那套说法是我非常不喜欢的，所以我就彰显孔孟的差异。相对于孔子，孟子有一个存有论与伦理学的错位，把伦理学层面的善提升到了存有论层面，而存有论层面的最高的善则因此被排斥湮没。具体表现就是：孔子是从生命角度谈善，谈道德，孟子则是从道德角度、善的角度谈生命。

生生的最好表述是“天地位焉，万物育焉”，包括天的创造、圣贤的教化和每个生命体的自由生长，既是天道的最高体现，也是事物追求的目标和实现的根据。它就是亚里士多德讲的最高的善，即繁荣（flourishing）。因此，凡是有助于这种繁荣的东西，自然也就是善的与正当的。我想，应该是在这种意义上，历史才被克罗齐说成是关于自由的故事。孔子这种对生命绝对而抽象的肯定，在给出了价值方向的同时，还赋予了我们去因时设教、成己成物的使命和责任。

孔子对好的政治的描述是“安老怀少，悦近来远”，对于执政者的要求是“博施广济”，对于施政次第的理解是“先富后教”。这些都是抽象的，具体怎么做，我想应该是无可无不可，“即用见体”，并不执着。孔子怎么会反宪政呢？康有为、陈焕章都明确支持宪政。宪政之“宪”，本就是指“圣王法天以立教于下”，本身就意味对权力的限制，并且不只是一个世俗性概念。

陈宜中：“儒教宪政”最近在大陆变成了流行名词。但是，原教旨主义式的儒教宪政，是公开反对自由民主的；那些老是想拿孔子替当局化妆的“通三统”式儒教言说，也是如此。换句话说，“儒教宪政”与“现代自由民主宪政”之间的关系为何，仍是需要说明的。

陈明：人家怎么说“儒教宪政”是人家的事，我不置评。我觉得曾国藩、张之洞、康有为、梁启超以及后来的新儒家张君劢、牟宗三、徐复观和钱穆他们，应该都是儒教的认同者，并且也应该属于宪政的认同者或儒家的改革派吧？我认为这应该才是近代儒家的主流甚至正宗。我觉得自己应该属于并去传承这一脉络。

陈宜中：您前面提到儒家需要现代化，提到现代权利意识、公民意识、法律意识的重要性，而这意味要带入政治现代性的元素。您强调作为公民宗教的儒教，应该成为现代民主宪政的重要铺垫。可是，这两方面该如何衔接？您好像只是揭示了您的意向或目标（即以“公民儒教”作为现代自由民主宪政中国的国族认同基底），但目前为止，除了诉诸贝拉的结构功能论，您好像还没有谈出“公民儒教”与“现代宪政民主中国”之间更具体的衔接方式。

陈明：你这里讲的问题，实际上正是我现在想去解决的。这种衔接是一个历史过程，而不只是一种逻辑关系。简单讲，就是在现代价值和国家目标之间维持平衡，用国家国族建构这个现实的政治目标作为吸纳自由主义或别的什么现代价值的基础。现代的中国人、中国社会对现代价值的需要与对国家国族的需要是交织在一起的，二者的关系不是逻辑的，而是动态有机的，需要情境性把握。我认为自由主义者可能对我太警惕了一些。我老是想把儒家的身段放软放低，就是为了实现与自由主义结合的目标，就是为了更好地应对你这里说的权利意识、制度架构等问题。但是，我理解的自由主义不仅在政治哲学上是一个薄的版本，其政治学基础也不是现代性的原子个人主义什么的。我希望回到亚里士多德的目的论基础上，回到至善的概念上，用生生之德与繁荣的意义交集来实现双方的对接。

新一期的《原道》是做中华民族建构的主题。实际上，我个人想导向儒家与自由主义的结合，做这方面的题目。我认为台湾不能独立，国家不能分裂，所以制度必须改良，要能够给人家提供认同感或归属感。从这个角度出发，儒家就必须得对儒家本身进行一些理论的更新。这既包括对过去儒学的整体图景的重新描写，也包括对新的价值的吸收，以及操作模式的重新设计。

我相信“人能弘道，非道弘人”，我感到“六经责我开生面”。所以我办《原道》，现在还想办书院。我相信证严法师的那句话：“去做，就对了！”

陈宜中：今天大陆经济成长得很快，可是在这个过程中，基本社会规则以及伦理精神秩序被破坏得很严重。这是许多大陆朋友的忧虑所在，我猜想您也是其中之一。如果儒家或“儒教”要在大陆发挥自下而上的更大作用力，是否首先就要设法改变当前社会溃败的升级趋势？

陈明：这是毫无疑问的。儒家跟社会是结合在一起的，天下之本在国，国之本在家嘛。社会的提升与儒教的重振是同一个过程。现代社会多元，但儒教作为一种重要元素肯定具有不可替代性。你说的社会的溃败，一个是指它自己的有机构成下降，一个是指相对于政府权力、相对于资本，它的影响力下降。“大社会、小政府”的模式曾经作口号喊过，现在也悄无声息了。国进民退，权力和资源都向政府和大企业集中，公民社会、中产阶级都成了负面概念，这是非常叫人忧虑的。这对儒教来说实际也是致命的。但没有任何人能从社会的溃败中受益，所以，这种趋势迟早会得到扭转。那个时候也许是儒教的机会。

我常说美国真正厉害的地方不在于十几个航母编队，不在于制度优势，而在于有一个发育充分、运作有序的社会。基督教则是其深层内核。所以我觉得儒教要出头就要深耕基层，把社会给做厚。这也是我主张儒教要改革、要与时俱进的原因。执政者中的有识之士应该看到，在这里他们跟儒教其实是有共同利益的。当年的汉武帝就是这样的有识之士。汉帝国国祚绵延，汉民族也由此奠基。

陈宜中：假如有朝一日，某种中国特色宪政民主出现了，部分实现了“近者悦，远者来”，“老者安之，少者怀之”，但是儒家仍然没有取得公民宗教的地位，您能接受这种状况吗？

陈明：当然接受呀！儒家是讲忧患，但并不是焦虑症或偏执狂。孔子说“天下有道丘不与易也”。他要是有空，肯定是“三五童子踏青去，微风细雨不须归”了。

陈宜中：最后一个问题，是关于您的台湾印象。因为您来台湾好几次了，不但跟台湾儒学界多所交流，也特别关切台湾民间宗教的发展。

陈明：我最主要的台湾印象就是：一条不长的街上，百年老屋、几十年前的砖房和不久前的高楼大厦连接在一起，而在它的连接处或者某个拐角，就赫然坐落着某个不知名的神灵并且香烟袅袅。初看过去不太美观协调，但稍一琢磨，心生敬意。这就像树的年轮一样，记录着台湾社会的自然成长，它的后面则是制度的理性、人性和生活的充实、祥和。

儒家和儒教的影响力，很难说得清，因为它已经与这里的人们相融为一，成为人们生活内在的组成部分了。贝拉今年要到香港说公民宗教，你要是先邀他到台湾看看，我敢肯定他不会再拿清朝说事，而会直接以“儒教：台湾的公民宗教”为题发言。

台湾对大陆未来发展的最大启示，我想应该还是在社会层面。我们应该对社会抱有信心，对传统文化之于社会建设的正面性、有效性抱有信心。

（原载《开放时代》2012 年第 2 期）

《原道》与90年代中国思想界争鸣

陈　明

《原道》帮儒家刷出了存在感

王淇：90年代前期，思想界兴起了一阵同人刊物热。陈平原办了《学人》，北大的研究生办了《原学》，您办了《原道》。相对而言《原道》特色在哪里？为什么这些同人刊物很少坚持到今天，而《原道》是个例外？

陈明：当时的同人刊物有股反思80年代的思潮，基调是认为它学术性不够，有人引用汉学家的说法说80年代讲的都是些神人大巫的语言，充满贬义。我觉得，80年代是激情燃烧的岁月，解放思想本身并不需要多么高深的理论，而中国社会的发展进步首先需要的理想、生命的力量在80年代得到了充分的迸发。在这样的基础上，知识的创发和使用才是有着力点和方向性的。以学术否定思想，貌似深刻实际肤浅，貌似勇敢实际懦弱。这些人跟我一样是80年代的见证者、受益者，却否定80年代，这是一种伪深刻，我很不以为然。所以《原道》一开始，就试图对中国文化和中国社会的“道”进行探索追问。《学人》《原学》都是讲学，讲学术或学术史，讲知识论的东西；《原道》却力求较乾嘉诸老更上一层，讲道，道是一个精神性的理念性的东西。

这是《原道》能坚持下来的一个原因。还有两个原因，资金和组织。其他人办刊有外部的经济支持，《学人》有日本人给钱，《原学》也有美国的一个基金赞助。有资助就容易产生依赖心理，有了依赖心理，钱一尽就曲终人散了；组织上的原因就是他们那些人办刊物是轮流做主编，虽然民主化、相对轻松，但风格理念容易分散，责任感、荣誉感也不集中不持久，这都不利于刊物的长治久安。

我办《原道》首先是自己有个理念，要原道，要经世致用。一开始有钱，动了这个念想。人家撤资，又强化了意念，上无组织挂靠，下无资本支持，一个和尚挑水喝，好坏都是你自己，也就只有一条道走到天黑，小车不倒只管推，就是这样子。

最后也和我这个人的性格联系在一起，撤资以后，反而放开了手脚，就当一件自己喜欢的事干，你们喜欢打高尔夫，喜欢提笼架鸟，我就喜欢办《原道》，就是这么回事，我愿意。所以尽管也受到很多打压，不给职称，还要写检讨什么的，无所谓！《原道》前十年就换了七家出版社，曹卫东说跟做贼似的，真是不堪回首！这时候你必须心态好，不能想坚持理想还这么艰难，一想就没法干了。就当是提笼架鸟斗蟋蟀，其乐无穷！所以就坚持下来了，坚持就是胜利。

蒋保信：《原道》在90年代思想界起了什么样的作用？

陈明：《原道》的意义得别人来评价，我说有点像自卖自夸。很久以前范亚峰就说过《公共论丛》和《原道》是90年代最重要的思想文化遗产。前几天祝华新短信里说："《原道》是90年代的文化标杆，怀念！"我很感慨。此外，我昨天收到了知网发过来的光盘订阅信息，《原道》的订户在海外分布挺广，许多世界一流的学校都在订阅。它们认为这是了解咱们中国思想的一个重要窗口。接待过的一些海外华人学者都这么说，还特别把我说成创刊主编，"创刊"这两个字一般人不注意，但我知道这比"主编"重要很多。

这些都是挟洋自重，只是参考。我自己想说的三点是：第一，《原道》把儒家这个旗帜挑起来了，自觉以儒家的声音说话，作为一个儒家平台，帮儒家刷出了存在感；第二，《原道》也培养了一些年轻人，除了作者，现在做《儒家网》、办《儒家邮报》的，都是当年跟我一起做《原道》的学生；第三，是对我个人的成就，表面上好像是我和一批人的努力成就了《原道》，好像我陈明为儒学做了什么，实际上恰恰相反，是儒学给我的生活和生命赋予了意义，我非常感恩！

二十年辛苦不寻常，不为职称做学术

陈明：《原道》让我吃了很多苦，受了很多委屈，还有很多窝囊气。但是这一切对我来说如同一种修行。从此我不用考虑拿项目，也不必考虑给什么刊物写文章，就埋头搞我自己的事，写自己想写的文章。那个貌似强大的知识生产和评价体系对我完全不发生影响。我的思路也就能够像野花一样自然生长。

一路走来，自然随性的思考居然逻辑清晰，在与时代的互动中记录着自己的心路历程，也折射出儒家在时代变迁中的投影。从"启蒙救亡之外"处理中西文化关系"中体西用"省思，到应对现代性冲击的处理古今关系的"即用见体"命题提出，从想象儒教政治功能的公民宗教说，再到儒教神学系统的"三典论"，这些文字我觉得并不只是属于我个人，而是记录反映着大陆儒学对所面对问题的某种回应思路，台湾联经的《思想》就专门对此进行采访。正是在这样的意义上我说《原道》成就了我，所以我要谢谢它。

有点题外话想给年轻人分享一下：如果你有一个想法，写什么或做什么，一定要付诸行动，一定要坚持！实在不行了，再放弃不迟。总之你要把最后一点劲儿都使出来，实在不行了再认命不迟。千万不要搞一两下就不搞了。

想想我也是糊里糊涂就走过来了，我并没想到一定要坚持到底，反正咬咬牙觉得还有一点办法就按那种办法去做，结果就这样了。别人问我说，陈明你到底还有没有潜力啊？继续办《原道》我还是有新想法的，但要再办个新的我是懒得办了，最想做的是继续自己的思考，跟拼积木一样，越到后面，瘾越大。人活着既然要吃饭那就要做事，不种田不做工，那就做学问呗。不过要记得，是做自己心里真正想做的学术。为课题、为职称去做的学问不要做，纯属浪费生命糟蹋生命，迟早会后悔的！

儒家有责任且有能力在公共领域有所建树

王淇：2004 年《原道》十周年的时候，办了一个左中右的对谈，影响很大，是文化保守主义崛起的标志。今年是《原道》创刊二十年，有没有计划什么活动?

陈明：当年我也没想到会有多大影响，甚至没有去考虑什么影响不影响。我做事很个人化，虽然《原道》在现在看来好像很有些主旋律或者高大上的感觉，但实际上从开始到现在完全是一个屌丝的事业，草根的事业。

十周年的时候，我感觉到知识界的分化，所以纪念座谈就定了一个主题“共同的传统”，左中右都找了人来对话。干春松、秋风等朋友都撺掇纪念一下，那二十年我们就继续座谈吧。上午是安排一些老作者叙叙旧，下午则是递交了论文的年轻学者做讨论。我自己定的三个关键词是，青年、跨学科、公共领域。二十年之后，《原道》也应该有一种新气象了，这三个关键词就是我理解的新方向。“青年”就是编辑和作者队伍的年轻化。“跨学科”则是指，作为儒家的一个刊物，《原道》以前的文章以中国哲学或者伦理学的东西比较多。这跟长期以来我们对儒家思想的理解定位有关。这实际是相当狭隘的。儒家强调“为天地立心，为生民立命，为往圣继绝学，为万世开太平”。“为天地立心”，这就涉及宗教学；“为生民立命”，这实际有社会学、经济学的味道；“为往圣继绝学”，这是思想史的维度；“为万世开太平”，这就是政治学、政治哲学了。强调跨学科，一是要开拓社会科学的学科视野；二是要引入社会科学的研究方法和态度。没有学术支撑的“道”是很难向实践领域落实的。《原道》现在特别注意吸纳法学、政治学、人类学、社会学、民族学这样一些学科背景的年轻人进来。我们在QQ建了一个“原道博士博后讨论群”，已经聚集了一百零八条好汉!“公共领域”是什么意思呢?由于历史的原因，宋明理学严重内卷化，而为了在西方民主与科学等现代价值面前自证合法性，新儒家也沿袭了这样一种儒家理解和表述架构，以伦理、心性为儒家的价值之所在，以“西方是物质的，我们是精神的；西方是科学的，我们是伦理的”的区分作为辩护和修辞策略。如果只讲心性道德的话，儒家似乎就只是个人生活领域的东西。显然它不只是这样的，历史上儒家一直扮演和承担着阐释天地人生和社会制度之应然的立法者的角色。今天，它仍然应该对国家建构和国族建构这样一些公共领域中的问题有所期许、有所承担。

在这样一个全球化时代，一个在现代性冲击下缓缓蜕变的古老帝国，我们的文化认同、制度的价值基础、个人的身心安顿，都面临着一系列的问题，而它们远远不只是简单的道德问题或抽象的形上学问题，所以需要有年轻人出来，通过各种学科的齐心协力，在公共领域里面积极参与努力开拓。简单地说，必须超越现代新儒家论证、阐述和建构儒学时所形成的“心性学”、形上学那样一种学术范式。可以说青年、跨学科、公共领域这三个关键词与我们对儒家文化的理解、对社会的理解以及对国家未来的愿景想象是联系在一起的。

从儒教角度论述儒学，是大陆儒家的特征之一

王淇：儒门里鱼龙混杂，有很多分歧，但是有一点共识。就是很多人都在争取儒教的合法地位。是这样吗？

陈明：没错，这是大陆儒学很重要的一个特征。我最近主编了一套《儒家文丛》，从三个角度来讲大陆儒学的特征。

第一是问题意识不一样，以前是在中西语境里讨论儒家的问题，“五四”对中国的冲击巨大，表现为西方文化对中国文化的全面否定，打倒孔家店。因为中国落后，儒家就被按到了被告席。这个时候的儒家努力为历史上的儒家做无罪辩护。

当代的儒家是从社会生活的需要、社会问题的解决这样一个角度去考虑实践的问题，因为一种文化的价值只有通过对文化符号使用者的意义承担和需求满足来得到证明。你要我用这个东西，那你得说说这东西哪里好。那怎么叫作好呢？你帮我把问题搞定，能够告诉我自己是从哪里来又要到哪里去，能够帮我解决制度安排问题，能够解决身份认同问题。这都需要面向实际做方案。所以说大陆儒学的问题意识跟之前是不一样的。

第二是学术话语方式不一样。以前都是从哲学角度去讲的，现在是从宗教角度讲的。为什么？因为哲学是西方来的一个东西，是知识论的东西，而宗教是讲信仰，对生命问题、对社会组织问题、对政治价值问题有一些说法和安顿。这也是儒家文化在历史上所做的东西。

第三就是所承接的传统不一样。现代新儒学是从宋明理学接着讲的，而我们是承接着孔子、荀子，尤其是康有为这样一个传统去讲。有人说大

陆儒家出现了新康有为主义，我也主张回到康有为，但不是回到他的国教论，而是回到他对近代中国国家建构和国族建构的问题意识，回到他坚持在族群不分裂、疆域不改变的前提下去实现这一目标的清醒思路。跟西方对话，讲自己的特点就够了，要解决自己的现代性问题，那就必须从最基础的问题做起。

从这三个方面来说，这是大陆儒学和现代儒学不太一样的地方。最近李明辉出来说不认同大陆新儒学，甚至说这个概念是蒋庆和我一小撮人的自相标榜。我们都没回应，但很多人已经出来发声了。不止一个接近牟宗三先生的人跟我说过，牟先生认为儒学大将来在大陆，这是一种期待，这才是大陆儒家学人应该听取并铭记在心的。

（原载共识网2015年2月20日）

哲学学习与研究漫谈

叶　峰

这是对一个问卷的回答，最初登载在一个以学习、研究分析哲学的学生和教师为主要读者的网站“哲学合作社”上。问卷中的不少问题都涉及个人的哲学观点，所以这个回答没有回避笔者个人的哲学观点，反而是借此解释个人的一些想法。因此这是一个很个人化的答卷。

一　个人风格

1. 您是怎么开始研究哲学的?

我上大学时是学数学的，我是从对数学基础、数理逻辑等问题的兴趣开始对哲学产生兴趣。不过后来选择到哲学系，更大的原因是对人生哲学、宗教信仰等的兴趣，即由于精神苦闷，想寻找生存的意义和解脱生存烦恼的途径。此后一段时间曾经离开哲学去做电脑软件设计，有多个原因，但至少一个原因是，长期以来并没有在那些人生哲学理论和宗教信仰系统中找到什么生存意义和解脱生存烦恼的路径（那些人生哲学理论和宗教信仰系统似乎都是在骗人和自欺，分明在说一些明显的假话，只是遮遮掩掩、故弄玄虚、顾左右而言他，好让自己和别人信以为真，甚至当成很深奥的真理），而分析哲学又似乎不关心人生问题，而且与科学的各分支相比，分析哲学显得有点肤浅、无聊。后来又回到哲学，也有多个原因，但也至少有部分是因为意识到，现代分析哲学并非与人生问题无关，相反，其中的一些研究其实是真实地、不自欺地、“无遮蔽”地思考人生问题的基础和出发点，比如心灵哲学中关于物理主义的研究。这是因为，我自己究竟是什么，是一个生物—物理系统、一个自然事物，还是一个灵魂，还是所谓“意识之流”“是者”，对这些问题的回答，会决定性地影响自己对生存价值、意义等其他问题的思考，也会实际地影响到自己的生存态度、应对生存烦恼的方式，自己的道德实践等。这也是回到“认识你自己”这个古老的哲学箴言。

物理主义是一种直觉上比较极端的对“认识你自己”的回答，但同时又是与科学最契合的回答，所以有奇特的吸引力。我最近一直在考虑，诚诚实实地承认自己就是一个生物—物理系统，究竟对价值、意义、道德等问题意味着什么。这不再是一个与自己的生活无关的纯理论问题，而是可能实际地影响到自己在生活中的一些选择、感受。我也在读一些相关的东西，比如 Flanagan 的著作 *The Really Hard Problem* 和 *The Bodhisattva's Brain：Buddhism Naturalized*。但目前似乎很少人关心这个问题。关心自然主义元伦理学的人当然很多，不过他们似乎回避与自己个人的生存态度相关联。我以为这是哲学中最重要的问题了，因为其他传统的形而上学、认识论、语言哲学、心灵哲学、元伦理学中的问题，也许最后都应该从哲学分离出来，成为物理学、逻辑学、语言学、认知科学等学科的科学问题。

2. 哲学带给您的快乐和痛苦（如果有的话）分别是什么？您觉得从哲学研究中得到的最大的收获是什么？

对我来说，研究哲学首先是要满足一些哲学上好奇心，比如，自己究竟是什么？是一个灵魂还是一个生物—物理系统？当然还有我自己专门研究的问题，即数学是关于一个柏拉图主义的抽象数学世界的真理吗？这也就是要解决一些困惑，其中有一些困惑是与自己的生存密切相关的。其次是要满足多方面的理论上的好奇心、求知欲。现在从事学术研究的人太多，因此积累起来的专业文献太多，专业化程度太高，一个人要在一个很小的领域做出一点点贡献，都不得不尽其所有精力去熟悉一个其实是很窄的研究领域中的大量的文献，从而没有时间去满足多方面的理论好奇心。研究哲学可以使自己正当地对什么感兴趣就读点什么，而不必有不务正业的负罪感。

学习、研究哲学会带来一种特别的快乐，这主要发生在这样一种情形：关于某个哲学问题有许多不同的观点、论证，而自己长期以来觉得各方都有点道理但又都有不少问题，因此不知所从，长期被困扰、纠结，很“痛苦”；然后有一天豁然开朗，一切变得清晰起来，也许是因为找到了某个基本点，或者某个分析思考问题的基本策略，使得自己觉得能够游刃有余地分析各种观点、论证，看清它们有道理的地方为什么有道理，有问题的地方为什么有问题；这带来很大的快乐。这与冥思苦想求解一道数学题最后突然灵机一动得到解答所产生的喜悦相似，但这往往需要经过更长时间的，甚至可能是许许多多年的努力，所以能带来更持久的喜悦，当然，也带来长期被困扰、纠结的痛苦。

要说收获，除了满足这些好奇心，得到这一点点快乐，也许就是在生存的苦闷中取得一点平衡。我有一次曾说，对解决生存烦恼来说，哲学是假药，人生哲学家（尼采、庄子等）是卖假药的。不过假药也有一点点安慰剂的作用，药片本身是无效的，但努力吃药的行动消耗了精力，缓解了紧张。

3. 您最不满意哲学的是什么？

就目前的哲学研究来说，我个人最不满意的还是，很多哲学研究者不够重视科学知识，尤其是不能全面地、均衡地重视我们所有的，从物理学到进化论和认知科学的知识。很多遵循中国哲学传统、佛教哲学传统、欧陆哲学传统的哲学研究者，不能正视科学知识，甚至对科学过分无知。这种对科学的忽视甚至无知使得他们的很多论断显得很幼稚、无趣，就像有了现代物理学以后再去看古希腊物理学中的一些争论一样。即使在分析哲学内部，很多人也不能全面地、均衡地重视科学知识。尤其是很多人忽视现代认知科学关于我们自己如何获得感官和知觉印象、形成概念、思考、使用语言、行动等的知识。五十年前我们对自己如何获得感官和知觉印象、形成概念、思考、使用语言、行动等，还只能靠哲学上的内省、思辨来研究，但今天的情形已经很不一样了。认知、语言使用和行动的主体不再是一个不透明的黑匣子，一个神秘的“心灵”。我们已经可以开始以科学的方式去研究感觉、知觉、概念、思想、语言使用、行动等，即我们可以提出关于大脑的认知结构的假说，然后在这些假说的基础上仔细分析感觉、知觉、概念、思想、语言使用、行动等过程，分析它们的构成成分，描述各成分的功能，它们的相互作用方式，等等。这将比传统哲学中基于内省的思辨要更深入、细致、丰富，也更难、更有挑战性。这将使得我们有可能构造足够复杂、深入的，有足够实质性内容又足够精确的理论。与之相比，传统哲学中仅仅基于内省的理论就要显得简单肤浅、模糊、缺乏实质性内容了，显得幼稚了。即使你坚持对这些问题的研究除了认知科学之外还有一个独立的“哲学维度”，你也不得不承认认知科学提供的是硬证据、硬知识，是你的“哲学维度”要适应认知科学而不是相反。而且，随着认知科学的研究越来越细致、丰富，我很怀疑那个所谓“哲学维度”对我们的认知、语言使用、行动等还能说出什么有意思的东西。我们将面临的是，对认知、语言使用和行动的研究将从传统哲学分离出来，这是一波新的哲学科学化潮流。回过头去看，所谓“哲学的语言转向”其实是种逃避，是因为不知道如何分析思考心灵或认知主体的基本认知能力、构成成分等而做逃兵，转向考察表面上更看得见摸得着的语言。但毕竟是一个心灵或主体在使用语言，将心灵或语言使用者当作一个不透明的黑匣子，不打开它，不假设它的结构、成分、各成分的基本功能等，不可能对语言使用有真正彻底的解说。

4. 您最喜欢的分析哲学家有哪几个（3 个左右）?

很难说整体上最喜欢哪个人，喜欢都只能是喜欢一个人的某一个方面吧。我喜欢弗雷格、卡尔纳普那样把哲学做到技术层次上，而不仅仅是泛泛地侃一侃。也喜欢哥德尔那样把哲学思考毫无顾忌地深入下去，不回避心灵、灵魂、上帝这些更根本性的东西，而不是止步于语言分析。但我也喜欢一些现代自然主义者、物理主义者，因为他们对我们的科学知识有很认真、很实诚的（down - to - earth）的态度，不因自己情感上的偏好而回避科学的一些论断，扭曲自己的信念，不让情感上的偏好影响自己对证据的判断。也许可信的不可爱，可爱的不可信，但不妨实诚一点，坦然地接受这一点，不要因为觉得什么更可爱就尽力去论证它也是更可信的。

二 学与教

1. 您更喜欢教课还是独自做研究？为什么？

相对来说更喜欢独自做研究，因为自觉得教学能力不够强而又无法再改进。因为那是另外一种能力，比如，怎么吸引听众，怎么激发兴趣，怎么组织活跃又有效率的讨论，怎么适当地对学生施加一点必要的压力，等等。这些能力可能是本能的、天生的，与一个人的天生个性有关，是很难学来的，而且是我自己觉得缺乏的。讲课中我会尽力讲得有条理、清晰，但这常常使得教学变得干巴巴的，比较无趣。更糟糕的是，讲课讲得太有条理可能反而会害人，因为它让学生觉得自己都懂了，但那不是学生自己琢磨出来的，所以其实并没有真正掌握相关的东西，不会举一反三，而且很快就会全都忘了。

2. 在您的学生时代，您觉得您学到的最重要的东西是什么？是怎样学到的？

很难说什么最重要。就学习内容来说，我个人相信，除了少数像政治哲学、哲学史、艺术哲学、哲学逻辑和很技术化的逻辑哲学那样的哲学领域，研究哲学需要一个人有很广泛的知识基础，对逻辑、数学、自然科学、社会科学、心理与认知科学等广义的科学各分支都要有一些了解。当然不能做到专业程度的了解，但至少要能够把握其基本方法、精神实质。所以更重要的可能是广泛学习，而不是学习哲学中的什么特别的东西。就学习态度、方法来说，我个人认为，在学习哲学中很重要的是要摆脱崇拜心理。我自己一开始也是因为相信哲学是最深奥的学问，哲学家是最深刻的思想家，才对哲学产生兴趣。后来才慢慢失去了这种崇拜心理，转而以平常心对待所谓“伟大哲学家”。崇拜心理会使得一个人对各种哲学理论失去健全的判断力，失去质疑、分析、批评的动机，也使自己的眼光和知识领域变得狭窄，除了自己崇拜的某个人的著作，对其他知识都没兴趣去了解，最可悲的当然是陷于一些明显是荒诞、无聊或肤浅的理论而自以为那才是最深刻的。简单地说，一开始就不要相信过去某个“伟大哲学家”会有后人不可超越的智慧，使得自己只能战战兢兢地去领会他的思想，而不敢想象批评、超越他。其实人的智商大都相近，没有太大的差别，而后人“站在巨人的肩膀上”，比过去的所谓“伟大哲学家”看得更远、更清楚、更深刻，这应该是常态。不会有什么经过了几十年的广泛研究、评论还不能被人理解的深奥思想。今天研究相对论、宇宙学的物理学家肯定要比爱因斯坦对相对论理解得更准确、清楚、深刻得多，这是必须的，也是自然的。爱因斯坦的伟大之处是在于他是第一个想出一些东西的人，而不是在于他想出了什么极其深奥到别人无法超越，甚至无法完全理解的东西。哲学也一样。与其认为某个“伟大哲学家”的思想深奥到后人无法超越、无法完全理解，还不如说他自己也就是糊里糊涂地说说而已。其实我认为哲学更甚于物理学。物理学的一个革命性想法（比如相对论）第一次被提出来时，很多人可能不会理解，因为它可能需要用某种大家不熟悉的数学语言来表达，而且理解它可能需要许多专业预备知识。它的困难一方面在于清晰精确但很复杂的（数学上的）理论细节；而另一方面在于它的新观念、新思想不得不用复杂的数学语言才能精确表达。但哲学上的一个革命性的理论（比如康德的），其中有价值的东西往往很快就成为一个常识性的观念，可以很简单地陈述，不论正确与否都容易理解，没有什么深奥难解之处。但这些哲学理论往往缺乏清晰的、经得起推敲的细节，它们显得深奥仅仅是因为没有一个细节是清晰的、经得起推敲的，所以一旦深入细节，一切就都糊涂了。理论的开创者本人也只是糊里糊涂地说说那些细节，继承者们不能将其发展，将其精确化、清晰化，而只能尽力“阐释”那些糊涂话，这让那个理论显得很“深奥”，但其实这是个误会。精确加复杂度才是真正的深奥，而模模糊糊中的“深奥”其实是自己心理投射的结果，只是自己在想象模模糊糊中有什么极其“深奥”的东西，然后就信以为真了。

3. 您觉得哲学史对于学习/教授和研究分析哲学重要吗？为什么？

上面的回答其实已经触及了我对学习哲学史的看法。首先得假设你感兴趣的是哲学问题而不仅仅是哲学思想史，否则当然另当别论。现在还活跃的一些哲学理论、观念与历史上的一些理论、观念有相似之处，因此我们有可能从哲学史得到启发，这是哲学史对今天探讨哲学问题还有意义，今天我们还需要学习哲学史的原因。但我个人认为有两点要引起注意。首先，学习哲学史有两种方式：钻研原著和阅读现代的阐释性教科书。我相信除了一些很极端的情形，在绝大多数情况下没必要钻研原著，那是浪费时间，而且对现在的很多哲学学生来说，这已经是极大地浪费了时间。假设教科书中对一个经典哲学家的思想已经有十种不同的解释，如果你的目的是为了研究哲学问题而得到启发，那么这十种不同的解释中究竟哪一种最符合那个哲学家的原意，这一点完全不重要，很可能是不符合原意的一种解释才是有启发价值的。所以完全不必担心别人嘲笑说“你没读懂×××”或“你误解了×××”。因为×××的本意究竟是A还是B、C、D等，这一点都不重要，重要的是A、B、C、D本身有没有道理，有没有启发意义，有没有人反驳或改进过它们。重要的恰好就是找出多种可能的、更清晰的、更进一步的阐释，因为原著的作者很可能根本就没想得那么深、那么清楚。这是放弃了崇拜心理后学习哲学史的方式，即不必假设原作者一定有什么最深奥、最深刻的，隐藏着的思想。那种“没读懂×××”或“误解了×××”的担忧是假设原作者天然地高过我们许多，需要我们战战兢兢地去领会。其实更多的可能是相反，原作者本来就不清楚，而经过了许多年、许多人的分析、探究后，各种不同的对原作的解释已经远远地超越原作了。一个学数学的人不会关心一个证明是不是欧拉或高斯的原意，你关心的只是那个证明本身对不对，它可以有什么变化、改进，可以在其他地方有什么应用，等等。有可能欧拉或高斯原来的证明其实就不清楚，或者甚至是错的。还有，你也不必担心原著中还有什么这十种不同的解释都没有挖掘出来的宝藏，那种概率太小了，完全可以忽略。而且，比如，假如十个研究《纯粹理性批判》的大牌教授们，每个人都研究了几十年，都没发现一个宝藏，你抱着《纯粹理性批判》啃一年就能发现？所以你只要读今天的那些大牌教授们对《纯粹理性批判》清晰、系统的介绍就够了。

其次，要花多少时间学习哲学史是一个你需要权衡的问题。很多东西都可能对你的哲学研究有所启发，都需要学习，包括当代的哲学论文、著作，包括广义的科学各分支的知识，也包括哲学史。你的时间精力有限，因此不得不权衡一下，有限的时间精力要花在哪里。我相信，从已经被哲学家们说烂了的哲学史中得到有价值的启发的概率，要低于从当代哲学论著和科学各分支得到有价值的启发的概率。（当代哲学论著当然已经包含了哲学史上积淀下来的东西。这里考虑的问题是还要不要回去，直接去阅读哲学史上的东西。）

所以总体上我不认为直接学习哲学史很重要。对哲学史的了解可以通过当代哲学论著中已经包含的哲学史的积淀获得。如果有更多的时间精力，也许应该首先放在学习广义的科学各分支的知识上。

4. 您对现在国内的哲学教育（本科、研究生）有什么看法？有什么在您看来是需要改进的？

接着上面的看法，我认为首先就是哲学史教育太多了。而且那种哲学史教育恰恰是在培养崇拜心理，使得很多学生以能够准确地复述某个大哲学家的思想为荣，取笑别人的时候也是以“你没读懂×××……”这种方式来取笑。其实重要的不是“准确理解”某人的思想。重要的是把相关论证清晰地表达出来，然后分析其中的问题，了解其中哪些问题可能是不可救药的，后来再没有人试图修正过，哪些问题后来有人尝试修正、补充、发展，了解其中哪些东西已经与现代科学过分脱节而显得幼稚、无聊了，哪些对现代的哲学思考还有启发价值。

其次我认为应该大大地加强广义的科学各分支的基础知识教育。以前做分析哲学的人只是强调现代逻辑学的教育，我个人认为还应该包括数学、自然科学、社会科学、心理与认知科学等广义的科学各分支。对几百年来科学积累起来的对宇宙和人类自己的知识那么陌生，对图书馆从A到Z的众多书籍的内容一无所知、没感觉，就一心一意地相信B516.×××的那几本古旧的哲学经典表达了最深奥的思想，这是非常幼稚可笑的。哲学系培养出来的人成了知识面最窄，知识最贫乏，又最相信自己掌握了最深奥的思想的人。我们都看到了哲学系培养出来的人的一种“精神分裂状态”：一方面，自觉得学哲学的学生都是考分低，进不了别的系，不如别人，有自卑感；而另一方面又自负，相信自己掌握了最深奥的、别人理解不了的东西——某个最伟大哲学家的思想。其实不必如此。学习研究哲学，本来不需要你在某个特定的学科分支上有过人的能力。但它给你一个机会，让你成为一个与绝大多数专业领域的专家们相比都有更广的知识面、更健全的理智的人，也因此你可以有所贡献、有所成就。你也不需要靠崇拜某个“伟大哲学家”来提升自己，来获得high的感觉。这么做的时候你多少会在潜意识中意识到那有点自欺，因此难免还是处在那种“精神分裂状态”。（我这里是强调学习和研究哲学。至于一些也被归到哲学科目下的技术性很强、很专业化的东西，比如哲学逻辑或技术性很强的逻辑哲学研究，其实我已经把它们看成科学的专业分支了。学习和研究这些专业的人应该没有这里提到的问题。）

在其他一些方面我也赞成很多人共同的看法，比如学习哲学不能死记硬背，要更多地练习分析、批评、质疑；哲学课堂要有更多的讨论；勤奋是必须的，学习哲学可能要比学习多数其他学科更勤奋一些；等等。

三 读与写

1. 您最爱读的分析哲学著作有哪些（5 本左右）？

很难说最爱读什么。我喜欢清晰、明确、有条理的著作，但问题是有可能很不赞同其中的观点，甚至不赞同它的基本哲学倾向，比如弗雷格、卡尔纳普、克里普克的东西属于这一类。清晰、明确、有条理也使人容易看出在哪里不能赞同作者，这样就很难说“爱读”那些东西。我不喜欢读相反的，不清晰、不明确、没有条理的东西，因为觉得作者不尊重读者，浪费读者的宝贵时间，即使事实上可能更赞同作者的一些基本观点、倾向，这包括维特根斯坦。（有话就好好说，说清楚。我不相信有什么东西深奥到非要散散漫漫地说。深奥如相对论、量子力学、哥德尔不完全性定理都可以说得清晰、明确、有条理。）也有一些与自己的基本哲学倾向相符合也比较清晰、明确、有条理的著作，但读这些东西的时候很自然地想的是，它们还有什么不足，哪些细节自己不赞同，哪些地方还没有说清楚，哪些方面还可以继续深入研究讨论，可以作为研究论文的课题等，因此也很难说爱读它们。总之，习惯了以研究、批评、质疑的态度去读那些东西，就很难说爱读它们。也许以艺术欣赏的态度读书，或仅仅是想学习而不想到批评、质疑，才会觉得“爱读”吧。

2. 关于哲学写作技巧，您自己是如何习得的？又是如何要求学生的？有什么捷径吗？

我自己就是靠模仿吧，主要是模仿国外一般哲学期刊上的论文。不过我个人觉得有几点需要注意。一是千万不要模仿那些写作风格特异的名人。维特根斯坦绝对不能模仿，那是不用说了，你要是模仿了，100%你的论文不能发表。其他的晦涩、散漫的风格也别模仿。尽量用短句子，尽量清晰、明确、有条理，尽量直截了当，避免来来回回。我觉得，要想把论文写得不那么清晰、明确、有条理、直截了当，是需要一些资本的。如果你已经是名人了，那么不论你写得怎样不清晰、不明确、没有条理、绕来绕去，都会有人接受你，甚至捧你；如果你还是新手，那就没人理你了，不管你的论文的思想有多好。二是要反反复复阅读、修改。经常是修改的时候发现自己原来写的东西不清楚，最常见的是思路跳跃，该说的几句话漏掉了，或者一句话中有跳跃，因为自己写的时候脑子比手快，意识不到。也有论证明显不成立，因为想岔了，或者是把两个相近的概念互混了等。要经过反反复复阅读才会发现这些问题。

3. 著作/论文的阅读经验和技巧有哪些？

想不起来有什么特别的经验、技巧。泛读、精读、重复阅读、带着问题读等，可能大家都知道了。有一个体会是，当自己对相关问题有比较成熟的看法后再去读一些相关文献，会觉得以前没理解的地方现在才理解了（不论是自己赞同的还是反对的）。

四　当下与未来

1. 您近期的研究计划是什么？

近期计划继续做表征（或意向性）自然化的东西，也关心心灵哲学中一般性的有关物理主义的争论，以及怎么在物理主义世界观下谈人生这个问题。

2. 您认为分析哲学的下一拨浪潮或者说热点是什么？

我觉得不太好预测，学术时尚的变化应该有很多因素，其中一些是人性的因素而不是学术研究内容的因素。纯粹从学术研究内容的进展上看，我个人是比较倾向于认为，哲学分支的科学化应该继续，特别是研究认知、语言的意义和使用、行动、伦理规范等的哲学分支。这意味着研究必须以认知科学、语言学、逻辑学、进化论、道德心理学等科学分支为基础，而不能自说自话，而且研究要以科学研究的方式进行，比如，构造一定程度数学化的模型，或至少是以比较精确的科学概念为基础的理论模型。（我想到的是 content 这个概念，被一些哲学家们用得那么滥，而认知心理学家和语言学家们似乎从来不用这种模模糊糊、不知在说什么的概念。现在有关 content 的那些哲学讨论，与研究感觉、知觉、概念、语义、语用的认知心理学和语言学似乎相当脱节。）但是，这只是纯粹从学术研究内容的角度看。问题是很多人很想保留哲学的“独立性”，而且喜欢那种较模糊的思辨，也不愿意费劲去学习科学。所以，由于学术利益、学术政治的因素，由于个人的喜好，这种科学化的倾向很可能不会发生。另一方面，对于最近几年时髦起来的实验哲学，我个人的看法也是，这更多是由于学术体制、利益等方面的因素的驱动而热起来的，而不是它有什么内在的、纯学术的发展前景。

3. 分析哲学对于中国哲学的发展有什么助益么？

我没读过现在那些以分析哲学的方式做的中国哲学。对外行人来说，首要问题当然是，中国哲学的目的究竟是什么？如果中国哲学仅仅是指研究中国哲学史，那么所谓以分析哲学的研究方式来研究中国哲学，或许是指发现或重构中国哲学史上的一些哲学论证？这当然有助益，不过它有多重要我也不好说，因为一方面，对中国哲学感兴趣的一般人可能对此没有多大兴趣；而另一方面，做学术当然总是要寻找新路径、新方向，所以这可能也是有意思的方向。如果所谓中国哲学是指受传统中国哲学思想启发的对政治哲学、伦理学等问题的研究，那么我认为不必称之为“中国哲学”，因为传统中国哲学思想仅仅就是提供一些启发，你并不是真想要继承什么道统，今天大家还是在共同的、理性的、现代的平台上探讨那些政治哲学、伦理学问题。如果目的就是要继承道统（因此预先放弃任何批评、质疑那个道统的冲动），或者目的是要发扬光大传统中国哲学中的形而上学、世界观等，就因为那是中国的，那我觉得还是免了吧。

4. 有没有您没有从事但却觉得非常重要的哲学分支或研究方向？若有，它（们）是什么？为什么？

同样是带有个人倾向性的看法。我觉得自然主义或物理主义框架下的伦理学、认识论都是非常重要的。很多人认为它们是物理主义面临的难题；但我认为，物理主义可能在这方面给我们带来一些崭新的认识，一些以前想不到的新观念。

五　交流与汇通

1. 如何对没有分析哲学背景的人解释您所从事的专业？

我觉得我从事的就是一般的哲学思考，并没有什么特别的“分析哲学”的特殊性，而且应该可以向非哲学专业的人解释清楚。比如，物理学家说宇宙可能是有限的而且离散的，至少目前没有定论，但数学家似乎非常肯定地说有一个独立于这个宇宙的、无穷的抽象数学世界。究竟是怎么回事？我们怎么可能（那么肯定地）认识那个无穷的抽象数学世界？更进一步，我们自己是什么？是什么在认识宇宙或数学世界？是非物质的灵魂或某种意义上的“心灵”，还是就是这个大脑？再进到物理主义，它是一个整体世界观，是提出对世界包括我们自己的一个最一般的看法，这也是从泰利斯以来的传统哲学的目标。很多人这么描述过哲学。这里没有什么“分析哲学”的特殊性。我个人的理解是，今天所谓“分析哲学”与其他哲学的不同，最主要的仅仅是在于，今天的“分析哲学家”都至少在一定程度上尊重现代科学知识。（遵循先验哲学、存在哲学传统的人，基本上是完全不顾“人类是猴子的后代、进化的产物，人类意识、情绪、认知是大脑神经元活动的结果”这个基本科学结论。很遗憾的是，不少的分析哲学家虽然不得已接受了科学，但还是尽最大可能地回避或扭曲一些自己情感上不喜欢的科学结论。）记得程炼总爱说“我是做哲学，不是做分析哲学”，我也赞同。

2. 与国内做所谓欧陆哲学（姑且如此区分）的同行交流是否存在困难？

交流不多，是有一些困难。我个人觉得原因还是前面已经提到的两个根本区别：其一是，是否尊重科学的基本结论，包括我们自己是进化的产物（即使是在上帝干预、指引下的进化），以及认知过程大部分是由大脑实现的（即使不是全部）等这些当代所谓“分析哲学家”都承认而且充分意识到的结论。其二是，是永远以分析、质疑、改进的态度去研究任何哲学家提出的任何理论，还是永远以崇拜的态度去阐释所谓“大思想家”的思想。

3. 如何看待当代形而上学（尤其是安小略同学在另一个帖子里提到的那种 how – many – angel metaphysics）？

我不熟悉当代形而上学的具体内容，所以只能表达一点在有限知识基础上得到的不一定准确的印象。我的理解是，可以有几个不同层次的探究。对于宇宙的终极构成，终极因果性、时空的本性等的探究，应该是物理学和物理哲学的事情。对于除物理学之外其他科学分支中普遍使用的因果性这个概念的分析，应该是科学哲学的事情，而且这种分析最好是有一些形式化或数学化的内容，比如 Lewis 用可能世界的分析，Pearl、Woodward 的干预模型等。还有就是在日常语言、日常生活中我们对事物的分割，对事物、属性、关系的区分，断定事物的同一性的标准，对因果性的种种说法等。对这些的研究应该是描述性的，即描述人们在日常语言、日常生活中实际遵循着的习惯约定。这既不否认可以对我们实际遵循着的习惯约定进行理论上的抽象、概括（比如 4 维主义，或是其他什么），也不否认在不同的文化背景下人们会有不同的习惯约定，也不否认从这种描述性研究的结果我们可以建议一种新的、更合理的谈论事物的习惯约定，即不否认这种研究可能有规范性价值。而且，从人工智能的角度来说，这种研究是绝对不可少的，因为如果你要机器人与人一样谈论事物，你就不得不仔细分析人如何谈论事物，而且不得不对人谈论事物的方式进行理论上的抽象、概括（比如以 4 维主义为基础的，机器人识别、指称物体的语言框架）。还有，从人工智能研究的经验看，这其实是非常困难、极其有挑战性的研究，人工智能中最难做的事情之一就是对我们日常生活中的常识的形式化表示，因为太复杂，各种因素太多。但这也意味着这种描述性的常识形而上学也应该有形式化、数学化的内容才有意思，而不仅仅是泛泛地侃一侃。另一方面，有的人似乎暗示这种描述性的常识形而上学是可以与科学平起平坐的另一种对世界的解说，那我觉得就有一点夸张了。认知科学、进化论原则上可以解说人类为什么会有这些常识性的形而上学观念，或关于事物的分割和同一性的约定，而仅仅从这种常识形而上学出发恐怕说不出大爆炸、夸克这些事。（至于自由意志这种问题，可能只是出于历史原因被归在形而上学科目下。）

4. 您怎么看待维特根斯坦与当代分析哲学的关系甚至与欧陆哲学的关系?

"We have passed Wittgenstein."我听过不少次这句话。维特根斯坦对分析哲学肯定有过很大的影响。不过在我自己最近十多年的学习和研究经历中，没遇到过多少人实质性地引用维特根斯坦。提到维特根斯坦的地方都是可有可无的，只是提一下他的名字，其实还是说自己的事情，没让人觉得有必要去了解维特根斯坦的原作或者对他的思想的系统阐述。所以我自觉得，只是在真正入当代分析哲学之门以前，受"维特根斯坦是20世纪最伟大的两个哲学家之一"这种忽悠，读了点维特根斯坦，真正入门以后就渐渐把他遗忘了。现在国际分析哲学界也还有一些人很推崇维特根斯坦，不过我在阅读中遇到他们的东西时，没觉得其中有什么很有意思的东西，没觉得有必要再回去读维特根斯坦。其实我个人的哲学观点，比如数学哲学中一种形式的严格有穷主义，与维特根斯坦的观点应该还是最接近的，但这种哲学观点所真正需要克服的难题（如解释无穷数学的可应用性），它的真正基础（如什么样的对认知和语言使用主体的预设使得我们不得不最后接受严格有穷主义、拒绝柏拉图主义等），以及对其他不同观点的更有力的反驳，都不是维特根斯坦曾考虑到的。所以我也没有认真研读维特根斯坦的那两本有关数学哲学的书。那种书，有话不直截了当地说，让人读起来不知所云，实在是浪费读者的时间，有限的时间还是用来读更重要的东西吧。（那些书虽然不是维特根斯坦自己编好要出版的，但维特根斯坦自己编好出版的书也是一样的风格，所以还不能说不怪维特根斯坦。）

我个人觉得对维特根斯坦的崇拜心理是对分析哲学的发展产生了一些不利的影响，尤其是在国内。不过从近些年国内分析哲学的发展看，国内从事分析哲学研究的人也渐渐pass维特根斯坦了。我没有要特别贬低维特根斯坦的贡献的意思，维特根斯坦的巨大影响是很真实的，从早期对逻辑经验主义者的影响，到后期对更多人的影响。这里只是说那种崇拜心理实在有害。所谓“pass”我想就是，你还是跟着问题走，对一个问题大家研究、争论到什么地步就继续下去，而不是跟着人走，总想回到维特根斯坦的话语体系。维特根斯坦吸引人，可能是因为他提供了一套话语体系，似乎对什么都可以解说一番。但像哥德尔那样实诚的二元论者，显然反对维特根斯坦的话语体系的所有关于语言使用者的基本认知能力的预设。而实诚的自然主义者、物理主义者们（这包括我自己），也会觉得维特根斯坦的那种说辞太怪诞，仿佛我们的大脑里都是空的或都是水似的。我个人认为，维特根斯坦哲学，就是因为哲学家们放弃了二元论但在认知科学兴起之前又无法想象大脑中这一千亿个神经元如何工作、如何会思考，由此才产生的一种哲学。

维特根斯坦可能是最后一个 charismatic 分析哲学家，以后不会再有 charismatic 哲学家了，因为大家都长大了。这应该是高等教育普及、学术普及、学术自由理念和学术民主化的结果。现在哲学教授、研究生太多了，互相之间面对面的争论也太多、太普通了，独立思考、不附和不崇拜成为常态，匿名审稿制度被普遍接受了，学术组织、团体都民主化了。结果是任何人都只能靠清楚地说理来服人。Chrisma 还会有影响，但不可能像以前一样了。和政治民主一样，学术民主肯定也有它的不少缺陷，但也是迄今所能有的最好的选择。我也想不出还能有什么更好的体制，虽然有时候也会和别人一样抱怨这种体制鼓励两类人：庸人和爱自我吹嘘的人。但这可能是无可奈何的。如果有人真能设计出一种更好的体制我当然也很愿意知道。

5. 如何看待科学对哲学的作用或者反作用?

关于这个问题前面应该已经说得够多了。总起来说，我个人认为，根本问题是我们自己是什么？如果完全地接受科学对我们自己的描述，那么哲学和科学就没什么区别了。传统哲学显得不同于且独立于科学，都是因为假设了科学不能完全描述的所谓“主体”，这或者是明确的二元论者所说的灵魂，或者就是我们模模糊糊地称为“主体”的东西，但他们显然不认为这个“主体”仅仅就是自然事物、生物—物理系统，因此才有了所谓先验哲学，也才有了分析哲学中从“主体”的角度看的实在论与反实在论之争、各种内在论与外在论之争、先天真理、deflationism 等真理观、对 content 的各种思辨、对形而上学必然性的思辨，等等。如果认知者、语言使用者、行动者、生存者仅仅就是自然事物、生物—物理系统，那么这一切争论都需要重新考查过。其中一些问题因为预设了虚幻的、不存在的“主体”而变得无意义了。（对于有错误预设的问题，我们既不能回答“是”，也不能回答“否”，只能指出那个问题的错误预设。）其他一些问题可以重新表述为科学问题。剩下的哲学问题就仅仅是：究竟还有没有所谓“主体”？

（原载哲学合作社 2011 年 11 月 19 日）

和古往今来的思想家对话

哈佛公正课助教朱慧玲老师专访

《公正》不仅是哈佛最火爆的课程之一，在网上开放之后，在全球范围被数千万人看过，成为最火爆的公开课之一。

作为哈佛大学最火爆的课程之一，《公正》每次开课都会在哈佛最大的教室——可容纳上千人的桑德斯剧院进行，并且几乎场场座无虚席。也许你对这门课早有耳闻却一直没有机会观看，也许你已经看过之前的公开课版本。本次以课形式出现的哈佛公正课在之前的版本基础上有很多创新，十分值得进行一次深入的学习。

全世界最受欢迎的老师迈克尔·桑德尔（Michael Sandel）教授将采取苏格拉底式的授课方式，结合现实社会中的实例，让每一位听众开始反思自己的固有成见，摆脱非黑即白的简单结论，学会更深刻地看待、反思和讨论现实生活中的道德难题。

MOOC 学院很荣幸地邀请到了《公正：该如何做是好?》一书的译者、哈佛公正课中文助教、首都师范大学哲学系的朱慧玲老师，带我们解读桑德尔的思想世界。

火遍全球的头脑风暴

M：此次课程与以前相比有什么改进之处?

朱：此次课程的内容进度与之前一样，改进之处就是加入了很多动画，有助于学习者理解那些抽象的理论与概念。课程还特意开设了中文讨论区，邀请中文助教，帮助中国学习者在中文语境下更加深入地学习。

同时，大家也可以参考桑德尔本人的著作《公正：该如何做是好?》，这本书就是根据这门课整理而成的，可以当作教材来配合使用。

M：您会如何帮助大家进行学习？

朱：作为助教，我将在讨论区收集比较有意思的问题，整理成专题然后与大家讨论。我会解答大家的问题，遇到特别有意思的问题，机会合适的话，还会邀请桑德尔教授本人给我们解答。如果反响好的话，我们还会举办相关的线下读书会或沙龙。

M：很多人认为伦理学太过艰涩，但这门课却在网上大受欢迎，您认为这门课最大的魅力在哪里？

朱：我认为这门课最大的魅力就在于授课形式。桑德尔教授很喜欢用交流与辩论的方式授课。他会先给出一个案例，然后把持有不同观点的学生分成正反两方，让他们不断去交锋、碰撞。而他自己会对讨论加以引导，让学生逐渐接近他自己的观点。

其次，桑德尔教授的善于把抽象的伦理学思想与现实中的案例结合起来，比如从“电车难题”中思考正义能否计算出来，让同学们在纠结中体会和思考各种正义理论及其各自的局限性。

M：这门课对学习者有什么帮助？

朱：这门课最大的贡献就是让学习者有理有据地分析和讨论问题，而不仅仅是了解一下、随口一说。桑德尔之所以找了那么多富有争议的事例、安排了那么多辩论，就是逼着同学们去倾听不同的意见、反思自己既有的观点，从而打破固有的偏见。

寻找自由与良善之间的平衡

M：您是如何接触到迈克尔·桑德尔的？

朱：我在清华大学读博的时候开始研究迈克·桑德尔的政治哲学思想，当时他的知名度还局限于当代政治哲学与伦理学领域，专门研究他的学者也比较少。后来我有幸得到了国家留学基金委的资助去哈佛大学交流访问。在那里我与桑德尔教授接触很多，每周能跟他讨论一个小时，还有幸受邀去他家里过了感恩节和圣诞节。有过多次交流之后，他跟中信出版社推荐我翻译他的《公正：该如何做是好?》，之后又参与翻译了他的《公共哲学》。这次也是桑德尔教授向 edX 推荐我来担任《公正》课程的中文讨论区主持人。

M：这门课中提到了很多思想家，对非专业的学生来讲会有点陌生，我们上课之前需要有哪些知识储备?

朱：这门课是桑德尔教授在哈佛针对全校本科生开设的，各种正义理论、各位思想家的观点，桑德尔都会深入浅出地讲得很清楚，而且会放在具体案例中让你体会，因此不需要过多的专业背景知识储备，坚持阅读课后材料，然后带着脑子跟着一起思考就行。但是，一定要坚持上完！因为直到最后，听众才能真正理解桑德尔教授本人对于公正的看法，只听前几集你会觉得就是一堆思想家互相打架，谁说的都有道理、谁说的都有问题，从而造成思想混乱。有的同学反映，听他的课很可怕，好像什么都不对了。其实这正是这门课有意思的地方，桑德尔教授就是要让你反思现有的各种正义理论，当然他会有自己所支持的正义理论，但如果不听到最后是听不出他的倾向的。

M：桑德尔的观点主张和理论框架您能否简单介绍一下?

朱：桑德尔的理论建立在对罗尔斯的批判之上，主要有两个方面。首先，他反对“原子式个人”。在罗尔斯的体系中，“具有理性的、相互冷漠的人”的特点是追求最坏情况下的最好结果，也就是一种保底的心态。这样的人在没有经验知识、只有基本理性的“无知之幕”后选择的社会准则就是他的两个正义原则，其中最重要的就是差异原则。换句话说，只有当一个人把自己的阶级、种族、宗教、职业等具体身份忘记之后，他才能做到道德上的不偏不倚。但桑德尔认为这种“原子式的个人”并不存在，他认为人是构成性的，一个人的成长要受到家庭、宗教、学校、传媒等很多方面的影响。人的身份是由多重因素、多重社群的价值观构成的。总之，是社群塑造了人。既然人是社群构建出来的，那么就必须要重视社群的价值与文化。他也因此被论敌们贴上了“社群主义”的标签，说他的理论背后带有社群压倒个人的倾向，容易滑向多数人的暴力和极权主义。

其次，桑德尔也反对罗尔斯所倡导的政府中立性。罗尔斯乃至很多的自由主义者都认为：公共领域和私人领域应该分开。道德信仰属于私人领域，政府不能插手其中，也不能支持某一种完备性的宗教或学说不能倡导一种良善的生活方式，否则就是干涉了个人自由。但桑德尔认为：政府有责任告诉人们什么是更好的生活、什么是公共善？桑德尔有一本书叫《民主的不满》，表达的意思就是政府根本不可能在价值的碰撞中置身世外。他举了一个例子：德国人迈韦斯在网上公开招募“自愿被杀死并被吃掉的志愿者”。在自愿签署了合同以后，这迈韦斯真的将志愿者杀死并吃掉了。法官按杀人罪判他 8 年，结果招致了民众的强烈抗议，法院无奈之下改判终身监禁。如果仅从法律上讲，是否有罪都不一定，因为当时德国没有禁止吃人的法律，而且受害者同意被杀。就算杀人罪名能够成立，吃人也不能作为从重情节，因为受害者愿意死后被吃。法官向民意妥协就是在捍卫共同体的价值共识。这个责任政府推不掉，也不应该推掉。

M：那么桑德尔教授认为国家应该推崇什么样的价值？他认为什么才是“更好的”生活？

朱：他认为政府有责任引导公民有序地参与政治生活，因为参与公共事务本身就是一种美德。相比之下，自由主义仅仅把政治参与当成一项保护个体权利的手段与途径，是否行使它全在个人选择，没有对错。桑德尔反对的就是这种消极的权利观，他希望每个人都应该去参与到公共事务中去，公民应该致力于促进公共善与共同体的利益。

M：但是自由主义要求政府保持中立的原因就是防止思想自由被公权力侵害，桑德尔如何保证政府不会在“引导民众”的时候侵犯个人选择？

朱：桑德尔并不反对思想自由，但他所关心问题是美国社会在“自由”的包庇下走向自私、冷漠、涣散，所以他才呼吁人们看到自由主义的局限。当然，如何保证自由与良善之间的平衡，政府该倡导什么价值等操作性的问题他没能回答，这也是桑德尔理论框架中的缺陷。在他看来，政治与道德不能分开，所以他呼吁要将道德重新引入政治。从这一点上讲，桑德尔不是所谓“社群主义”者，而是一位公民共和主义者。

“中国学生的课堂表现超乎预料”

M：近几年，随着这门课的走红，桑德尔教授开始经常来到中国，他对中国社会有什么比较独到的看法？

朱：有一个现象让他十分意外，就是中国人和美国人对市场逻辑的推崇程度最高，比欧洲、日本等发达市场国家要高。他曾经做过一个测试，问大家能否接收商家在下雨天抬高雨伞价格，结果是中国人和美国人大多能够接受，而其他地区的人们普遍比较排斥，认为这是乘人之危，很不道德。桑德尔认同市场经济，但对于市场逻辑的无限扩张十分反感。他专门写了一本书叫作《金钱不能买什么：金钱与公正的正面交锋》，来反对金钱能衡量一切的思潮反对市场逻辑无限扩张，形成市场社会。自由交换的逻辑不是万能的，需要有社会的良善来弥补市场逻辑的失灵。

M：桑德尔教授喜欢在课上进行提问与交流，您认为这种教学风格对您有何启发？

朱：桑德尔是透过争议案例强迫学习者进行反思，然后引入某种理论，推进课堂的进行。这种开放式的课堂对老师的组织引导能力要求很高，既要让同学充分表达，又要防止他们离题太远，遇到固执的学生还要想办法让快点说服他。另外，公正课上的很多案例发生在西方，尤其是美国社会。而中国学生更愿意听到自己身边的热点话题，这就需要中国的老师保持对社会热点的敏感。单纯套用别人的例子没有意义，要去发现中国的事例。

M：您认为中国学生的课堂表现如何？您对大家有什么愿望和期待？

朱：中国学生的课堂表现超乎预料！我们学生的思维准确性、发散性、创造性一点不比美国差！我在学校给大一新生上课，本以为他们的想法会有点僵化，但实际上学生的讨论热情很高，而且想法很多元，没有一种观点能取得压倒性的优势。但是中国学生也有一个缺点，就是不太爱看背景材料，理论性比较差；很多亮点都是一闪而过，缺乏缜密的论证。我希望大家在上完这次的公正课以后，能更加关注社会现实，能让自己学会聆听、学会交流、学会反思，思辨力的培养对学习者以后的帮助远比习得具体知识要更大。

（原载 MOOC 学院）

随笔

我为什么要办原道书院

陈　明

应该从社会重建和文化重振这样一个自然而内在的宏观视角来理解和推动儒学热。那种将其意识形态化的或左或右的阴谋论猜测是肤浅可笑的。这从大陆儒学对公共领域如政治重建、文化认同、身心安顿诸问题的强烈关注，对书院宗祠各种社会实践活动的热情参与中可以得到某种印证。

儒家文化固然离不开四书五经，但敬天、法祖、崇圣才是更为基础也更为核心的实质内容；它们直接渗透体现在古人的公私生活诸领域。天坛地坛、文庙书院和宗庙祠堂正是实现这种连接和塑造的组织平台和运作形式。古代读书士子以能够编修国史为荣耀，今天有志复兴儒学的人则应以创办书院、兴建宗祠为自己的一大理想和责任。

也许因为小时候常到岳麓书院游玩，童年的记忆美好而深刻，也许因为看到今天的书院虽然名目繁多、煞有介事但总感觉更像私塾或蒙学班，只是 MBA 或 EMBA 难尽如人意，在《原道》创办二十年成为所谓“C刊”（CSSCI 来源期刊）后，我就有了腾出手来办一所“原道书院”的念头。讲学论道、祭祀圣贤、教化乡里是传统书院的基本功能，我希望今天的北京也能有一个这样纯正的儒家道场。好几年前苗元一先生就为我提供了启动资金。但直到认识小谭，才因缘际会艰难上路。

定位明确后，书院的活动以一年为周期这样规划：

春秋两季祭祀夫子；寒暑二假培训中学国学师资；春夏秋冬四次儒门会讲；每月一次公众国学讲座。

教化乡里？所有这一切均公益免费——合作伙伴热切招募中！

“原道书院”，原道就是体道、求道、行道。这是《原道》辑刊的宗旨，也是原道书院的理念。

“翠湖有雨吟洙泗；云过西山诵舞雩”是山门门联。书院大方位是西山下、翠湖边；洙泗作为鲁国的两条河流因孔子开坛讲学于其间早已成为儒门代称；舞雩是求雨祭天之所，也在鲁国。值得一说的是对舞雩二字的选择，一方面出于对夫子“吾与点”之境界的向往，表达的是我自己的个性气质；另一方面则有对天之神圣性的信仰和崇敬，也可以说是对大陆儒学的宗教学话语范式的呼应吧。

“刚柔相济，经史互发”挂在西厢课室门口。曾国藩说“刚日读经，柔日读史”，冯友兰反用其语，以“刚日读史，柔日读经”书赠李泽厚先生。《原道》一开始就强调经世致用，书院课堂讲经论史自然希望能像船山的《读通鉴论》一样，互相参证，互相发明，而区别于理学笼罩下的主敬穷理袖手心性；刚柔相济作为对人格素质的期待正与此相通。

“尊改良在启蒙救亡外；通经权于即用见体中”则是我个人的学术主张和风格了，悄悄地挂在自己书房内。真正比较个人化的只是下联，上联实际是陈寅恪先生所概括推崇的曾湘乡张南皮之议论。它不仅是近代变革中儒家士大夫的主流旨趣，现在，在革命叙事与启蒙规划两种曾经压倒一切的现代性方案渐露疲态之后，回到康有为实际也就是回到近代的儒家士大夫的改良道路与思维。

“彼黍离离彼稷苗，谁家君子为心焦？愿做青青原上草，随风沐化附舜尧”是教师节收到的学生礼物，很感动，很喜欢，让学生写下放在教室，作为激励和向往。

在今年3月28日，距二月上丁相对最近的那个周末举办书院开张仪式，相当偶然。但那天会讲的主题，如何看待李明辉教授对大陆新儒学的批评却颇为应景，因为同一天台北南港的中研院文哲所也在讨论这一话题。到场的学者很多，媒体也很关注。基本的共识是，大陆儒学的存在是个事实；这个存在还只是初级阶段，小荷才露尖尖角，接天莲叶映日荷花的风光还有待明天。

偶然中的另一个天意是，书院落脚的这个村庄拆迁的议论很快变成现实。兴奋的是村民，失落的是谁呢？为这书院我已经白了中年头，现在，染黑的头发是不会再白了，巫巍说可以到阳山书院村看看，还有人说西四那边也有政府“招文”，只是名字要改为“文津”……

天之将丧斯文也，后死者不得与于斯文也。天之未丧斯文也，一个院子、几间屋子还会找不到？

人能弘道，非道弘人。

（原载《开放时代》2015 年第 3 期）

教育与对话

陈嘉映

最近读朋友送给我的书，有好几本都跟教育有关，这里想谈谈程广云、夏年喜所著《作为公民教育和对话教育的哲学教育》（中国社会科学出版社，2012 年 3 月，以下简称《哲学教育》）和汪丁丁所著《教育是怎么变得危险起来的》（中国广播电视大学出版社，2012 年 4 月，以下简称《危险》）。前两年我读过汪丁丁另一本专论教育的书——《跨学科教育文集》（东北财经大学出版社，2009 年），相比之下，眼下这一本读起来比较容易些，用作者序的题目说，是本“普通人写给普通人”的书。

我没研究过教育，但这一辈子，不是当学生就是当教师，对教育并不陌生，尤其深知教育之难。这些难处，很多来自现行体制，如教育的行政化、官僚化、政治化。据说，本朝新闻工作者不应追求客观报道而应自视为党的喉舌，依此理，我们教育工作者大概应自视为意识形态的灌输者了。这些难处，这两本书谈得不少，别的著作文章也谈得很多，我不重复了。撇开这些，教育的内在难处也不少。单从教育的效果来说吧。一个明显的难处，教育是远效的。造出两辆自行车，哪辆好骑好看，几乎立见分晓，即使有些一时不易判明的优劣，半年一年后就会得出究竟。教育的效果却至少十年二十年才看得出。用《危险》里的话说，教育“成功与否，只能从它所培养的学生在未来几代人的时间里逐渐表现出来的后果得到评价”（24 页）。孩子学钢琴利大于弊吗？蔡元培小时候背古书，大些了觉得全无用处，成年后反过头来看，幼时背诵的诗书存在脑子里，随时可用，觉得小时候背书也蛮好。古谚“十年树木百年树人”一语道尽这难处。在我们这个本质上急功近利的时代，这难处自然愈发难了。今天很多遭人诟病的措施，例如分数至上，多与这个难处相连——教育的效果，只有考得的分数立见分晓。

人人都知道，考试成绩最多只是教育效果的一个参考。的确，不管长效短效，我们用什么标准来判断教育的效果横竖都是难事，尤其事涉人格和品德。造自行车的工人，大致知道什么样的自行车是好的，可教师不一定知道什么样的人是“好”的。该把学生教育成谦谦君子呢还是该把他教育成职场上的凶悍竞争者？这个难处，如《危险》反复说到的，在传统社会不那么显著，在西方“稳态社会”也较轻些，关于何为善好，那时那地的标准比较稳定。而在我们这种“转型社会”，方方面面变化很快，没有一套明确稳定的价值标准，更让“教出什么样的人”成为大难题。

《危险》总结说，教育有三方面的目的：①核心价值观的灌输；②社会与工作技能的培养；③批判性思考能力的开发（75 页）。历来的教育都有前两项内容，只是我们这个时代，社会发展迅速，科技进步日新月异，今天学到的社会技能和工作技能，明天就可能过时。于是第三项在今天突出出来：无论你被灌输了什么价值观，最后还是得在多元价值中去独立判断；你固然需要学习已有的技能，但更重要的是培养不断学习的能力。《危险》最重视的也是这第三项：“21 世纪的教育是什么？是思考力的教育，要培养批判性的思想的能力。”（5 页）

批判性思考能力的内容，主要是对话与自省，前者更多来自古希腊，后者更多来自古代东方（126 页）。无独有偶，这一条，尤其是对话这部分，构成了《哲学教育》的主题。

像《危险》一样，《哲学教育》也是本论文集，但这些论文相当自然地构成了一个系统。其中第一篇是“哲学何以多元”，既然哲学是多元的，自然就不是一家说了算，不是去灌输，而是去对话。于是到了第二篇，“论语与对话”，阐明孔子不是以先知、教主的身份出场，一部《论语》里，夫子多半在与弟子们答问对话；作者进而拿《论语》对照《柏拉图对话集》，分析中西对话方式的同与异。顺理成章有第三篇，“对话的三个向度”。《哲学教育》后面各部分，如“孔子教育思想三题”“柏拉图、亚里士多德哲学教育思想三题”阐论通识教育、公民教育的重要性，也讨论了另一些论题，而“对话”这一主题贯穿始终。正是以对话为主线，本书论证了哲学教育的重要性。

历来有论者强调哲学教育的重要性，例如尼采曾说："人被最严肃、最困难的问题包围着，因此，如果他通过适当的方式被引向这些问题，就会及早接触到那种持久的哲学性的惊异，唯有基于这种惊异，就像植根于一片肥沃的土壤，一种深刻而高贵的教育才能生长起来。"（尼采：《论我们教育机构的未来》周国平译）《哲学教育》的取向则另有新意：哲学教育重要，因为从根本上说，哲学教育即是对话教育。作者表明，对话教育的理念针对独白教育而发。独白教育要做的，"是将现成的知识体系和价值体系传授给学生"，而像这样"用这样一种权威式的独白教育代替了古典教育中的自由式的对话教育"恰是"现代教育的真正弊端"（158 页）。作者力倡从这种独白教育"回到古典教育"。近年来，提倡"回到古典教育"的学者不少，但本书作者所力倡的回归有其独到之处——既不是单纯回归到西方的古典学，也不是回归到中国经典，而是回归到古典教育的根本精神：对话教育（128 页）。这种"回到"与其说是怀旧的，不如说是前瞻的：对话教育不是用来培养臣民的，而是用来培养现代公民的。公民最基本的素质是独立思考和独立判断，这些能力不是通过灌输形成的，而是通过对话形成的。培养这些能力正是哲学的宗旨，"在现代条件下，哲学……不提供任何现成的知识体系和价值体系……而是引导人们对于现成的一切进行批判和反思。在这种省思中，人们不断提升自己的精神境界，不断发展自己的人格个性"（150—151 页）。在这个基本点上，《哲学教育》与《危险》不谋而合。依凭这一内在理据，《哲学教育》的作者得出了"哲学教育是公民教育的最高形态"（120 页）这一结论。

我很愿附议这两部著作的大致思路及很多论点。没有定于一尊的哲学，哲学实质上总是由对话构成，"对话是哲学的精神和本质"（《哲学教育》，11 页），我自己也就这些想法唠叨过一些，如在去年出版的《说理》一书中，这里不赘述。书中的个别论断，我觉得还有商榷的余地。权威式的独白是不是现代教育的"真正弊端"我不知道，但权威式教育显然不是现代特有的，我们须做的，似乎不是把以往的教育刻画成对话性质而把今天的教育刻画成权威式的，倒是去研究为什么权威式教育在今天更容易产生弊端。这就把我们带到一个比较宽泛的问题，对话与"灌输"的关系问题。

如上所述，两本书都强调对话，并指出对话的基本条件是"人们以平等的条件参与”（例见《危险》127 页）。然而，说到教育，难免有教师和学生，教师并不总在与学生平等对话，教育总带点儿权威性甚至强制性，带点儿独白式的“灌输”。即使把教育刻画成一场对话，师生之间的对话也不是完全平等的，这一点，小学和中学很明显，但大学和研究院里其实也一样。深的且不说，至少学生是付了钱来对话，教师是领了工资来对话。

这里不是要像布迪厄那样从权力场域之类入手来分析这种不平等关系，我想的是差不多每个家长、每个老师平平常常都会碰上的问题：一方面，我们希望孩子更多自由成长；一方面，教师不可避免要传授给学生不少“现成的知识”，要用既有的价值观影响学生。从学生的角度着眼，如维特根斯坦反复指出，如果他一开始什么都不接受，他就无可反思，无可批判。由于“灌输”这个词不那么好听，把“传授”改叫作“灌输”，固然有利于树立批判的靶子，伸张自己的主张，同时却也容易掩盖教育过程中的复杂实情。教育总有强制的一面，没有完全的“自由教育”。斯普林格（Joel Springer）说：“给孩子不学习的自由会限制孩子未来的自由和幸福。”带过孩子的都深知这一点。平等、自由、让孩子开心就行，这些话说说也罢，为人师为人父母的难处却无法就此打发掉。平等、自由、开心若不只是说说而已，是需要真货色来支持的。

要传授，我们自己就先得有。只有善者才能把孩子教善，就像只有钢琴师才能教会孩子弹琴。但我们自己善吗？我们也许能把孩子教成自己这样，却不敢说把孩子教善。考诸实际，只有极少数超强自恋的父母非要把孩子教成自己那样。很少有谁不知道自己有一堆毛病和弱点，很少有父母愿用这些来教自己的孩子。好在，尽管我们自己远非尽善，但我们大致能够识别善恶，就像我自己不会弹琴，但大致听得出别人弹得好坏。我们因此可能择其善者而教之，弃其不善者而不教之。如果要教的善好是我们自己身上没有的，可以让具有这种善好的人来教，如让钢琴老师来教孩子弹琴。

这仍然是把自己的、自己这一代的好坏强加给了孩子吗？在相当程度上，这是无法避免的，而且，在一个颇深的意义上，这是必需的，因为天下大多数的事情，脱离了传统和继承，就没有好坏之分。《危险》说：“如果我们不知道人类未来的走向，谁都没资格办教育。”（2 页）但我们谁知道人类未来的走向呢？作者自己也承认没谁知道。在我们这个剧烈变化的时代，更其如此。但教育并不只是面向未来的，脱离了传统，我们并没有未来。

当然，我们并非只有一个单一的传统，我们无可避免地会以自己所在的传统来影响下一代，就像我们无可避免地会带着自己的眼光来判断各种各样的事情。当代的确是个价值多元时代，但这不意味着我们自己可以站在这多元之外以同样的热情拥抱每一种价值。实际上，唯当我们特有自己钟爱的价值，反思、对话、批判才有意义。我同意《哲学教育》的论点，哲学并不是要提供任何现成的知识体系和价值体系，但我还是愿补充说，这并不意味着哪一种哲学可以是无立场的，不携带特定的知识背景和价值取向，泛泛地“引导人们对现成的一切进行批判和反思”。只有镶嵌在特定的知识背景和价值取向之中，我们才能“引导人们”批判和反思，当然，首先是引导自己批判和反思。反过来说，批判和反思总是有针对性的，并没有“对一切进行批判和反思”这回事。

我们不必过于担心自己教给孩子的是些既有的知识和价值。还不仅仅因为这原本无可避免，更在于，他不只在你我这里受教育，他会自然生长，在生长过程中还从社会现实受到教育。随着孩子慢慢长大，这一点愈发突出。我们都读过薄伽丘那个故事，老僧告诉小僧那些女人只是些鹅，又怎么样呢？小僧就喜欢上鹅了。这类故事实际上已经提示我们，应该从哪里去寻找强制教育的方向与限度。我们在孩子尚不懂事时“硬行”教给他的那些内容，日后受教育者回顾，大体上应能认可它们是其自我的发展的一部分。钢琴训练须从小开始，可几乎没有哪个孩子满心欢喜地接受这些枯燥训练，但我们仍可希望，他长大后会发现自幼学钢琴是有益的，就像蔡元培回顾他幼时背诵经典。当然，这些不可一概而论，如果孩子抵触甚剧，在我看，家长就不必强求。至于向孩子尤其向已经接近成年的大学生反复宣讲那些明显悖于社会现实和人情常理的观念，我不知该说它可恶还是可笑。强加的种类、方式、程度，存乎一心，总体说来，则须着眼于受教育者在未来生长过程中统合他学到的东西，从而能够保持心智的统一、人格的统一，而不是变成一些断片，或变成任人捏成各种形状的泥团。正因此，传授之侧，须逐步增强反思力与批判力的培养，传授逐步让位于引导，教育与受教育逐步化入平等的对话。

我同意，哲学教育非常重要。然而，正是由于我认为哲学教育的主旨在于“培养批判性的思想的能力”，同时又认为并没有游离于特定知识背景和价值取向之外的反思和批判，所以我一方面主张在高中和大学就应该开始通识性的哲学教育，但另一方面则反对在研究生阶段之前开设哲学专业。

（原载《南方周末》2012 年 8 月 3 日）

初识哲学（节选）

陈嘉映

贺照田君邀我写一篇学术自述之类的东西。这个话头提起后，我动心琢磨了一阵。我才意识到，这很多年，我先后追随一条又一条思路，竟没有停下来回头看一眼行来的道路，我也才意识到，在自己的问学过程中，很少有走得对头的，多半都是教训。这些教训对后学也许不全无警示作用。再者，我们这一代的求学经历，和正常社会中的青少年很不一样，写出来，青年读者也许会觉得有点儿新鲜。这样想下来，最后答应了贺照田的请求。但写下的不是学术自述一类，是些拉拉杂杂的回忆，夹杂今天的反省。

拉拉杂杂写了很多，挑出一些段落，润色文句，联络成篇。我本着bon fait 记述往事，不过大概仍然难逃 biographical illusion，我自认真我的，读者只当它个故事来听。

一座名山，有个和尚，带领一些工人，从山底修一条石路，经过几处好风景，一路修到山顶。我呢，没有踏出这样一条造福后人的路，只顾自在精神的林莽中游寻迷行了几十年。游乐之余，也曾在陡峭处做二三路标，在打滑处垫上几块石板，哪个后来人碰巧踏到这里，也许能获得些微帮助。但山大林深，我做过的那一点儿工作，散碎多半等不到为后人效力，先自被风风雨雨洗荡尽了。功效且不论吧，后面这些文字，有同样喜好在思想的林莽中游玩的孩子，或许会在其中听到带有回音的问候。

一

三夏时节，全校都组织到哪里收麦子去了，我和哥哥嘉曜在一间空荡荡的大教室里，各占一座大窗读书。我读的是周振甫的《诗词例话》，他读的是列宁的《唯物主义和经验批判主义》。那种书，在我脑子里混称为理论书或哲学书，我只能仰慕，自知读不懂。我那时好文学和科学。科学书，无论怎么艰难，只要一步一步跟下去，最后总能达到清晰的结论。诗赋文章，无论怎样高远幽深，总脱不了个人色彩，含含混混总能体会到一点什么。理论所关心的，却不是个人的喜怒哀乐，实际上，要上升为理论，就必须先从个人的喜怒哀乐跳出来，到达一个公共空间，以便放之四海而皆准。诗文里也会有平明吹笛大军行的大场面，但即使率领千军万马，表达的还是个人的感受。理论，即马恩列斯的著作，不仅天然带有领袖的恢宏眼界，而且能用客观的眼光来看待社会和世界。马克思就说，他不是从感情出发认定无产阶级必胜的，是理论把他带向了这个必然的结论。这一点是怎么做到的，我连想也没想，我只是明白自己不具有这种能力。

读书间歇，我走到嘉曜那边，拿起他的书翻一翻，果然一个字都读不懂。我像愚鲁未化的初民一样，对自己不懂的事物，怀有敬畏，嘉曜是我的导师，他读理论书，合是导师的标志之一。我的眼界始终囿于个人感受的狭小范围，无法进入公共领域，无缘于理论/政治，和嘉曜在一起，难免有一点自卑。

第二年秋收过后，在队部的大房子里，我和嘉曜面对面搓苞米。那时我们已经在内蒙古的突泉插队一年有零。一面搓苞米，一面说话，嘉曜问我什么是必然的什么是偶然的。我想了一会儿，回答说，事物发展的总趋势是必然的，具体发生的时间、地点、方式是偶然的。例如，无产阶级革命是必然的，但先在俄国发生后在中国发生，这是偶然的。我没正经读过一本哲学书，但不知从哪儿就想出或拣起这么个答案。所谓想了一会儿，就是斟酌一番，觉得这个答案满站得住的。但嘉曜马上就让我明白这不是一个成功的概括：如果我们对世界形势了解得更细更透，我们就会知道无产阶级革命既不会先在西欧发生，也不会先在中国发生，也就是说，无产阶级革命先在俄国发生绝不是偶然的，而是必然的。他同时还给我描绘了20世纪初的世界形势。我对那段历史只有模模糊糊的印象，对国际共运史更近乎一无所知，当然无法为自己刚才提出的定义辩护。而且我明白，这个实例的细节并不重要，一件初看起来偶然发生的事情，如果我们了解得更细更透，就会发现它实际上是必然发生的，这个道理本身足够明显。于是我尝试别的答案：本质是必然的，现象是偶然的，等等。嘉曜对我的每一个新定义反驳如仪。最后，我承认解题失败，让嘉曜公布答案。

“我没有答案，所以才问你，和你一起探讨。”

“那马克思他们是怎么定义的呢？”

“马恩列也有各式各样的说法，跟你刚才说过的那些差不多。”

我目瞪口呆。这么基本的问题，人类一定已经问了几千年了，这几千年里出了不知多少智者，不可能还没发现答案；即使前人因为基本立场的错误找不到答案，马恩列也一定提供了答案。在我认识的人里，嘉曜之为理论家当然无人望其项背，但总不至于能和马克思争论吧。而且，我胡想乱猜，怎么会猜到这些理论伟人的答案上呢？

……

……接触哲学之前，我像其他少年一样，也感悟，也思考，思考人生、艺术、政治、生与死。哲学添加了什么呢？我愿说，带来了思考形式的某种变化，就是对思考所凭借的概念本身的注意。思考以多少有点不同的方式展开、表述。学哲学后思考得更深吗？我得考虑考虑——我们怎样判断思考的深浅？也许正是诸如此类的问题导向了哲学思考。这种新形式有必要吗？在大尺度上，我看不出哪些东西是必要的，有意思的是：它出现了。任何思考都免不了会时而对概念本身作反省，但思考者不一定掌握这一层思考的特殊之处。一群孩子玩球，玩得很起劲，后来发明出一些规则，变成了篮球运动、足球运动。我们通常会拿这场球赛和另一场球赛比较，很少会谈到一场篮球赛同一群孩子玩球之间的同异。

我们兄弟三人在一处插队。嘉明好科学，亦有语言文字上的天赋，同时是个很能干的人。像很多高智商的实干人物一样，他是个坚定的反智主义者。他从炕上捡起《哲学笔记》，读了半个钟头，断定书里都是些毫无意义的词句，贤弟嘉曜者流，每日口诵不知所云的符咒，自欺欺人。争端顿起。嘉明想出一个测试的办法：他念一段列宁所引黑格尔的语录，由嘉曜从列宁的立场来作评注，既然黑格尔的话毫无意义，列宁蒙着作注，嘉曜也蒙着作评，两份评注不可能每次都一致。测试开始，嘉明、嘉曜各有支持者观战。我为嘉曜捏了把汗。天下有两种人，一种人碰到自己不懂的东西，第一感是归咎自己学浅无知，另一种人则认为是那东西无意义。我属于前一种。我相信真正的哲学不是胡言乱语，但另一方面，很多段落的确玄妙莫测，难辨其真义，嘉曜虽比我强得多，但恐怕也难处处读得清楚。

测试一段一段进行。嘉曜果然不凡，他的评注竟无一不中。这些古怪的字句居然有可辨认的意义，居然有对错之分。嘉明仍然深表怀疑，他估计是嘉曜把这本书读得很熟，所以能够记起列宁是怎么评注的。

在嘉曜四周聚集起一群爱好哲学的青年。我们在地头“歇气儿”的时候捧读大部头的著作，夜里为一个抽象概念争得天昏地暗，直到天亮。那是个黑暗的年代，不过，只要别严酷到奥斯维辛那么严酷，人们，特别是青年人，总会发明许多快乐，包括思辨的快乐。不过，回过头来看，嘉明的怀疑还是很有道理，所谓哲学争论，大多淹没在隆隆的概念空转之中。

哲学的确有点怪。哲学用日常语言探讨日常困惑背后的困惑。和物理学不同，我们看不懂量子力学，并不责怪它写得不好懂，我们承认那些概念和表述需要特殊的训练才能懂。另一方面，日常交谈一般不难懂，谈话在直接可感的语境里进行。哲学两头不沾，既不是由严格的推论组成，也不像日常交谈那样紧贴着语境，明明看着都是眼熟的字，却在述说非潜心思索才能通解的道理。看着这些字觉得眼熟，所以读者觉得无须特殊训练，所以读不懂时难免怀疑是作者瞎扯。这还是轻松无害的一面——无非是很多人不入此道罢了。更糟糕的是，既然哲学探索允许甚至要求日常概念展示出它平常不为人留意的维度，既然哲学推论不是严格的数理推论，于是哲学似乎预留了过分广阔的空间，容得很多貌似哲学的论述，其中的语词可以随便意指任何东西，其中的推论天马行空，作者自己读起来，思绪万千，直达宇宙的核心，人心的底层，别人读来，那些概念不知所云，那些推论说它通说它不通都无所谓，总之，只是从一些语词转到另一些语词，不曾让我们对世界和人性增加丝毫洞见。作者有真实的疑惑，诚实并且用功，然而，就像个悖论似的，他们的哲学表述仍然毫无意义。从技术上说，他们缺少形式化的训练，从品格上说，他们还欠缺一种智性上的诚实。这种智性上的诚实，我以为，我们中国人明显不如西方人。中国学子格外容易陷入概念骗局，还有一个缘故：现在的哲学概念多半是从西文翻译过来的，这些词在西文里和日常用语有比较紧密的联系，经过一道翻译以后，含义就变得飘忽不定。

我自己从一开始就不完全是那样不着六四，这大概和我酷爱中国语文有关。而且，有嘉明这样高智商的常识主义者在侧，你无法完全云山雾罩，你会努力寻求最低限度的清晰，你必须在常识的平面上也具备相当的力量。但即使如此，大概有六七年时间，我也在相当的程度上是糊里糊涂地哲学化，从黑格尔、康德的中译本上学来的那些语词、句式，似乎有一种神奇的力量，可以承载青春的心灵赋予它的任何意义，如此这般变换一下排列组合，就像变戏法一样，立刻可以意味最深刻的理解。后来 80 年代初，青年知识界开始了解海德格尔，朱正琳曾经这样说：只要一听到“在”、听到“在的澄明”，眼睛就眯起来，摇头晃脑，仿佛参透了人生三昧。

这种自以为得道的感觉，1973 年读黑格尔《法哲学》开始得到纠正。比较起《逻辑学》，这本书有比较坚实的现实感。再后，开始大量阅读詹姆士和杜威的时候，原来那些比较空洞的哲学概念才逐步和日常意义融会起来。

话说回 1969 年深冬，我和嘉明回到北京。各地的插队青年很多在这个季节回京，多数家长散在全国各地的干校，北京成了青年人放浪形骸的乐园和战场。豪饮狂歌，打架偷抢，男欢女爱，诗词唱和，贝多芬、黑格尔、爱因斯坦，为的是解闷、显摆，涌动的是爱和渴求。每天有旧雨新交来访，半夜归家，屋里烟雾缭绕，烟雾里十几个二十几个男女，互相之间有熟识的，有不相识的，一圈打桥牌的，一圈下围棋的，一角里喝啤酒听天鹅湖，忽然爆发出一场关于中国前途的激烈论战。见主人回来，有抬手打个招呼的，有眼皮都不抬一下的。

我是这种混乱生活中的一员。不过，在我，无论用什么编织生活，最粗的一维总是阅读和写作。清晨，有的客人散了，有的横七竖八睡了，我就开始工作。这种混乱而兴奋的生活突然中断，我和两个朋友因事被关了起来。白天都是体力劳动，干得最多的是挖防空洞，那时候正是备战备荒的高潮。刚进去的时候，“师傅”们很严厉，也挨过他们的木棒，相处久了，发现他们中间颇有几个善人，包括曾用木棒狠狠打过我背部臀部的那一个。他在分工时总把我单独派到一个洞里去，点一根烟塞给我，叫我不要玩命干，年轻人腰骨嫩。

在转不开身的洞里，用镐头猛刨一阵，用小铲装了筐，把土石拉到竖坑底，看看堆得多了，就爬回洞深处，继续前一夜躺在板铺上的思考。那是深冬，洞深处比洞口暖和得多。

经过日日夜夜的思考，我达到了绝对必然性的结论。不必复述当时考虑到的方方面面，其大概如下：每个事件都由无数细小的原因合作促成，这些原因中的每一个，又由无数其他原因促成，如此递推以致无穷，那么，所有事情都已经由诸多前件决定好了。整个宇宙是一个由必然性编织而成的巨大网络，我们的愿望和决定也都编织在这个网罗之中，我们以为自己在愿望，在做出决定，但愿望这个而不是那个，决定这样作而不那样作，这一切早已先于我们被决定好了。这是一个“绝对必然性的世界”，单纯而冰冷。这幅图画本来是显而易见的，人们之所以看不见这样简单的真理，不是因为不够聪明，而是因为缺乏勇气，人们不敢直面铁一样的必然世界，总想通过辩证法这类魔术为偶然和自由意志留出空间，使这个生硬的世界看上去软化一点。

在防空洞里的冥思苦想并没有对哲学作出任何贡献。“一饮一啄莫非前定”这样的俗语说的不就是这个吗？我以为自己不只是重复这种通俗的见识，而是在本体论上提供了一幅整体宇宙的画面。即使如此，这一伟大真理也早就由拉普拉斯和无数前人宣告过了。但是，这一切都不妨碍我觉得自己在心理上经历了一个深刻的转变。我不再缠缠绵绵地希望获释，回到外面那个有声有色的世界。我关进来，是先在事件的一个必然结果，何时获释，自在冥冥中注定，我们所需要的是能够承受这铁一样必然世界的铁一样坚硬的性情。

重获自由，是一个阴冷冷的上午，走在街上，同伴陈真极为兴奋，而我却几乎冷漠地对待这一切，陈真为此很感奇怪。我当时真的心中冷漠，还是只不过相信自己应该冷漠处之，现在我已经说不清了，也许当时已无法分辨。不过，那个坚冷的年代，的确要求心里有某种坚冷的东西和它对抗。

二

初到农村的那几年里，生活很艰苦，最苦的时候，连续多少天，没有一点儿油水蔬菜，就用辣椒粉干烤大葱下棒碴饭。士志于道，恶衣恶食没什么感觉。白天干农活时在地头读书，晚上更是在油灯下读书。身边的人，在我和嘉曜的带动下，也加入了读书学习的行列，参与讨论、争论。一开始，很多时间用来钻研马恩列的“经典”，马克思的《资本论》，恩格斯的《自然辩证法》，列宁的《唯物主义与经验批判主义》，那个时候在读书人眼里都是经典的经典。1970 年 5 月开始读黑格尔的《小逻辑》，这是第一次读到“纯哲学”著作，第一遍就整整读了一个月，以后几年又读过两三遍。最早读到的还有黑格尔的《哲学史》。此后，凡能到手的哲学书无所不读：狄德罗、休谟、培根、孟德斯鸠、亚里士多德，朱光潜译的《柏拉图文艺对话》。同时继续读马恩列、普列汉诺夫之属。那时找得到的书少，尤其是外国人写的书，能到手的都读，陀思妥耶夫斯基、托尔斯泰、歌德、莎士比亚。说不上哪一本对熏陶精神最有价值，但我愿提到歌德的《浮士德》，这部诗剧是古典全盛时期的巅峰之作，多方面结晶了西方文明，充满了开明精神，却不像很多启蒙时期作品那样武断，自青少年以来，这部诗剧就成了我灵魂中一个不可分割的部分。

我和嘉曜两个，我比较偏于认识—逻辑这一方面，他比较偏于社会—历史方面。此外，中国的古书、诗词歌赋，他一向不大问津，我则一直喜欢，《论语》《庄子》《老子》《史记》，几回回读仍不愿释手。虽然那时认为中国古代思想家的深度和系统性远不及西方思想家，但这些书读得早，又是自家文字，对性情和学问境界的陶养，其实深过西方著作。宋明理学家虽然也读一些，却不大喜欢，一个个恬然得道的模样，天下再无可疑可惑之事。

1971 年夏天，同伴们或当兵，或招工，或上师专、当职业运动员，青年点只剩下嘉曜和我，和别的青年点也越来越少来往。我们两个，除了“看青”这类活计，很少出工了，只是夜以继日地读书、思考。麦子熟了，我看麦地，轰麻雀，手里拿着一本俄语辞典走在麦地里，走在天光云影之下，口中念念有词地背着单词。

小小一只井蛙，哪晓得天高地厚？那时候的计划是把天下的知识都学到手里。按照我当时所知的学习心理学，我这样安排一天的时间——

早上，俄语。因为早上记忆力最好。

上午，自然科学，包括数学、物理、化学、生理学、生物学、心理学、天文学、语言学。

下午，历史、经济学。

晚上，哲学。因为在晚间思考最活跃。

我天生好学，而且心怀大志。巴尔扎克说，凡有为的青年，二三十岁时都用过一番苦功。何为有为，何为大志？在当时，读书的热情是和“政治抱负”结合在一起的。天下倒错，必有翻天覆地之日，要在这个政治大变动中有所作为，就需积攒才能。当时有很多志向远大的青年，其中很多投身于现实，在农村、工厂展现才能，得到提拔。我们从根本上反对当时的体制，绝不肯与现实同流合污，于是只剩下一条路：读书。

“政治抱负”在那个时代有着含糊不定的广泛意义，在那个时代，提拔为小队长或车间主任主要是一项政治任命，依赖于政治表现，听古典音乐、读外国书或古书，则是不革命甚至反革命的征兆。一切作为和抱负都带有政治色彩，更不用说研读哲学了。直到前几年，交谈中听到我教哲学，还有人顺口应道：搞政治的。这话就是从三四十年前来的。

当真说到政治，我们大致有这样一些看法：资本主义是没落的社会形态，将被社会主义和共产主义战胜、取代。“文革”前的中国，虽然走了很多弯路，但总体上统领着社会主义阵营，是对抗美帝国主义和苏联修正主义的大本营，是历史发展的前途和希望。“文革”把中国引向政治黑暗。一旦时机成熟，我们这一代年轻人将起而推翻江青一伙“文革”派的统治，让中国重新肩负起自己的历史使命，引领世界人民走向共产主义。

这些观念互相之间不协调，有些信念有点儿古怪，例如，我们那时对三年饥荒时期发生的灾难已有相当的了解，对反右、反右倾等运动有相当的批判，但我们仍然相信“十七年”本质上是正确的。例如，我们对西方世界已有相当了解，对那里的自由民主和高科技充满向往，但我们仍然相信世界的希望落在中国。1969 年夏天，我们几个人躺在房前宽敞的场地上，用小收音机收听苏联的对华广播，听到美国阿波罗号登月的消息。我们头顶上就是皎洁的月亮，是嫦娥和吴刚的月宫，现在那里降下了钢铁的机器，踏上了人类的脚印。那时我们对历史进步观没有任何怀疑，对技术进步抱持百分之百的信心，我们把登月听作不带阴影的人类壮举。我们知道在技术进步的道路上，中国落后于美国和苏联至少几十年，但我们仍然相信社会主义中国曾经并且马上又将引领世界历史的发展。

稍加分析就能看到，这些想法夹杂着两套内容：一套是从小被教会的社会发展史；另一套是对现实的体认。

思想要求信念与现实相协调。当时努力思考，得出一种大见解：发达国家通过压榨殖民地人民，不仅积攒了财富，同时也减轻了对国内工人阶级的压迫和剥削，把阶级矛盾转化成了民族矛盾，从而在国内能够施行一定程度的民主，能够发展科技；所以，要实现共产主义革命，唯一的途径是加紧反殖民主义的斗争。资本家无法从殖民地获得足够的剩余利润，就不得不加紧剥削本国的工人阶级，激化本国的阶级斗争并最终导致自己的灭亡。要成功地战胜殖民主义，首先要把社会主义大本营中国建设成一个政治上、经济上、军事上的强国。马克思主义的社会发展史观和强国梦合为一体。在塞北农村榜大地，心里念着世界革命，那份热情颇为可嘉；但这种凭一二未经考察的理论三五残乱的资料就得出世界大规律的做法，其为治学，可笑自明。

要经过好几年，这些观念才逐渐改变、修正、调整，最后形成一个相对合理的整体。但按照我现在的看法，总体的社会历史观念体系，不可能是一个环环自相紧扣又环环与事实相扣的完全协调的体系。就此而言，当时我们意识不到自己的政治观念相当芜杂，包含相当明显的矛盾，并不是不可思议的。这些不协调的观念当时是一个含含糊糊的整体。观念体系的严整只能相对而言。我甚至想说，一些观念事实上的共存就是它们成其为整体的证据。只有当我们产生或接受了某种新的见识，承认了某些新的理据，原有的观念体系才显出凌乱矛盾。这和形式论证是不一样的。在数学中，我们很少引入新的概念和新的论证方法，因此，论证的理据看起来像是外在于论证过程的。在数理范围内，我们公认理据的范围和理据的条款，由此可以明确地判定某些证明为对某些证明为错。然而，越到观念的深处，论证的理据就越发内在于论证过程本身，我们接受何种理据，在极大程度上依赖于我们持有何种观念，受到具体精神诉求的制约，而且，为信念提供理据的方式极为繁复多样，离开证明越来越远，直至很少有明确的证明过程，而更多是一种影响。在观念深处，我们较少谈论对错，更多谈论不同、差异，更多谈论深度和道性。

我们的“政治抱负”是坐落在这样一种社会历史观中的抱负，观念体系是芜杂的，坐落在其中的政治抱负难免也含含糊糊。就我个人，所谓政治抱负，其中有一大堆是打小儿从古书里汲取来的建功立业之念。男儿天生是来治国平天下的，用什么治国，把天下平成何种模样，似乎无须多问，反正做一番轰轰烈烈的事业，是肯定的。当然，在塞北的一个角落里运粪除草不像是什么轰轰烈烈的事业，但姜太公当年不也就钓钓鱼吗？但韩信不还向人家漂母讨饭吃吗？重要的是长本事，为建功立业的那一天做好准备。而长本事，按照寒窗十载然后出将入相的模式，主要是靠读书学习。也不知孟夫子说的有没有统计学上的证据，反正口中念念有词：天将降大任于斯人也。1969 年的一阕《水调歌头》，大致写下了当时的心态。

水调歌头·送嘉曜返京

荒岭连天际
四野走狂风
乘风万里南去
挥手送飞蓬
我处洮河地远
兄住九衢星近
谈笑自相通
弹得高山曲
会与子期逢

西湖水
天山雪
桂林峰
涛来浪去
留得几个是真雄
漫道青门瓜老
坐待风云际会
万卷贮胸中

昊天有成命

莫叹物华空

现在回过头来想，如果狭义地理解政治，我从来没有过认真的政治抱负，当时所谓政治抱负，更多是年轻人对现实的不满与古书里帝王将相的抱负杂烩在一起。可读书和“政治抱负”的结合对我此后的读书生涯确乎有某种影响。无论如何，和这种“政治抱负”相应，读书的内容从诗词歌赋偏向于历史、政治、哲学，同时，读书不再只是个人的修身养性，悠哉闲哉，而被视作一项事业，应当夜以继日，应当严格计划。读书成了一项“事业”，虽不是狭义的功利之事，却在广义上有点儿功利，不像小时候那样主要是自得其乐。我肯定受益于自己的学习习惯，但越往后，我就越经常羡慕自得其乐的读书。

三

不管那时的思想学问多幼稚，政治见解是否完整，但那时的哲学思考与政治见解的确是完全混在一起的，我们讨论黑格尔的形式/内容，讨论康德的经验/先验，同时就在讨论“文革”的性质，革命的可能性，人类的未来……

……

知识和思考似乎把我们带向了真理，同时，为了追寻真理，我们远离了人群。但高远时代的伟大思想赋予我们极其强大的精神力量，我们几乎是在享受这种充满自信的光荣孤立。

10月下旬，亲友来信告知，林彪摔死在蒙古。这是个惊雷般的喜讯。陈真在一封狂喜的来信里庆贺我们的先知般的眼光。几个跟我们亲近的年轻农民多多少少了解并同情我们的政治倾向，也和我们一道庆贺。今天生活在正常社会中的青年已经完全无法体会那种狂喜了，无法体会那时的政治事件与个人生活的直接联系。

父亲来了封信，警告我们不要高兴得太早。中国的事情，不是说改就会改的。的确，黑暗的日子似乎要继续延伸下去。

不过，政治上的松动还是一点点来了。1971 年冬天回到北京，一点点感受到了变化。“文革”时期从 1966 年开始，十年后，1976 年毛主席去世，“文革”时期结束。在这十年里，政治高压有起有伏，波动最大的一次是 1972 年。林彪死后，政治高压逐渐有了相当的松动，北京城里的红海洋被擦去了一大半，商店挂出了招牌，有的是卖衣服的，有的是卖钟表的，不像从前那样一律涂成红色。商店我们很少进去，对我们来说，重要的变化出现在书店。西单有一家中国书店，后堂是卖旧书的，1972 年初，这里出现了不少好书。一个小门通进后堂，门口坐一个店员，查介绍信，什么介绍信都行，只要有个单位公章盖在纸上。我们拿了介绍信，进到里面，看到了俄文的托尔斯泰全集、陀思妥耶夫斯基全集，德文的歌德文集、席勒文集，英文的诸种世界文学名著。我们是些穷插队生，但是再穷也得把这些书买下来。早就听说陀思妥耶夫斯基的《群魔》是对社会主义思想的尖锐批判，没有中译本，现在我们有了俄文原本。歌德、席勒、康德、黑格尔买到手里，但我们不懂德文，只能看看书的装帧。那就学德文吧。德国有那么多思想，要真切了解这些思想，早晚德文是必须学会的。

俄文学了一年多，可以读些小册子了。1972 年初开始学德文。唐大威此前已经开始学习德文，帮我买了四册外语学院编写的德文教材，一本德文辞典，一本德文语法。我仍用老办法，一天学一两课的内容，每一册学完复习一遍，此外，每天背五十个单词，学几节语法。将近半年，学完了四册德文教材，没有教材了，只好搬出歌德、席勒、茨威格的原著来读，每行查好几个单词，一句话琢磨好久，几个月以后，勉勉强强能够阅读原著了。第一本读完的德文书是茨威格的小说选。

在农村多半啃大部头。北京书多书杂，书读得多而快，常常日读一种。社会上松动了一些，有些从前不知道的或知道了见不到的书流传开来。很少有谁据有大量书籍，多数书借来传去，为了多读几本，不得不加快读书速度。借到《赫鲁晓夫回忆录》，上下册，只能在手里放两天，于是嘉曜读上册，我读下册，面对面各自坐在自己的单人床上，昼夜不息，读完一册之后再交换读另一册。爱伦堡的《人、岁月、生活》，引着涉世无深的我们一起发出沧桑之叹。第一次接触到现代小说，《苏联中短篇小说选》，阿克肖诺夫的《带星星的火车票》，塞林格的《麦田的守望者》，这些当代小说带来了一种新的气质，也教给了从前不知道的写法。读了《伊万·杰尼索维奇的一天》，那时不知索尔仁尼琴何许人也，放下书就对嘉曜说，这本书应该得诺贝尔奖。

《赫鲁晓夫回忆录》、德热拉斯的《新阶级》《同斯大林的谈话》这些批判斯大林主义的书支持、加深了我们对专制主义的批判。几年以来，伟大的西方作品，从希腊悲剧到莫扎特、贝多芬，从柏拉图到达尔文、柏格森，向我们展开了比较完整的西方文明史。……我们从小被灌输的观念处处被割破，然后逐渐结痂，一一脱落。我们从身体血肉感受到观念世界的勃勃新生。

有一段时间，我和嘉曜都在读康德，他读《纯粹理性批判》，我读《实践理性批判》，两人共用一个书桌，相对而坐，研读每至深夜。读到好处，忍不住要惊动对方，念出几句精彩的，或者发挥一段自己的心得。就在这段时间里，我和嘉曜都觉得在哲学上有巨大突破。嘉曜当时关心的是什么问题，我现在记不起来了，只记得我是在思考自由意志的问题。决定论和自由意志的矛盾长期困扰我。通过阅读康德，我觉得终于解决了这个问题。连续几夜和嘉曜在康德的思想基础上进行密集的探讨，我们大致得到了这样的结论：世界本来是决定论的，但人的自我意识改变了这种状况。自我意识中断了原有的因果链，开启了新的因果链，无论从内部体会还是从外部观察，自由意志都是一道界线，这条界线两边的两个因果序列是不连贯的。因此，人的行为不是由物理原因所决定的。这个梗概下面，有多方面的细密论证。

围绕着这个核心思想，其他许多观念组织起来。人的本质是自由，现实世界是人的自由意志展现自身的舞台，对人的志趣没有内在的约束力。同时，由于人在本质上是自由的，人对自己的行为就负有不可推诿的责任。谁都不能用政治环境的险恶来为自己顺从当权者提供辩护。人的自由生存是对自身本质的回归，历史发展是以所有人达乎自由为鹄的，伸张自由，从根本上说，不在于物质环境的改变，而在于心智的启蒙。我们是先知先觉者，负有这种启蒙的责任，我们从哲学思考获得的结论，同时就是行动的指南。

我早已离开了当时的思路来思考自由意志的问题，对其他各种问题的看法也多有改变。现在回顾，当时的思想和论证都很幼稚。我无法不认为，今天的见解远为正确、远为适当，今天的论证要严密得多、可靠得多。那么，当时的思考是不是一种幻觉呢？那么，后之视今，会不会觉得今天的思考也是一种幻觉呢？

我想不是。而且，这样来表述思想发展也许太轻率了。哲学是精神的逻辑化，有点儿像处在生存思想与数学之间。精神的发展始终包含内在的矛盾，就此而言，任何哲学思考都不可能提供终极结论，任何论证都可能由于新的知识而不再有效，或由于信念的改变而不再充分。尽管如此，思想仍有成熟与否之别，就像网球爱好者的球技各有高低，球技又没有上限，但仍可以大致画出一条界限，有些人入了门，有些没有入门。

尽管幼稚，或正因为幼稚，却已开始著述。我早在 1970 年夏天就开始写两部“哲学著作”，一部叫作“逻辑学纲要”，另一部叫作“哲学史名词鉴”。《哲学史名词鉴》其实只是当时那点儿可怜的中外思想史知识的一个摘要，夹杂自己的评论。《逻辑学纲要》断断续续，起先没写出什么，1971 年 5 月又拾起来，用了两个月功写成了，分成印象论（感觉论）、现实论、真理论，显然套用了黑格尔逻辑学的框架。

1971 年冬天，又开始写一部新的，书名《院士哲学批判》，靶子：苏联科学院院士亚力山大罗夫的《辩证唯物主义》。年轻人胆子大，幸亏所选的对手不堪一击。那些哲学教科书里到处是空洞、逻辑上的混乱，到处违背常理、歪曲自然科学的成果，何况，都是用最让人厌恶的党八股调写成。我曾熟读鲁迅，学了点讽刺挖苦的本事，这下有了施展身手的对象。亚历山大罗夫院士的绝伦荒谬，挑出来了很多。例如，亚力山大罗夫院士主张，规律是必然的，现象是偶然的，然而，现象既然是规律相交产生出来的，规律既为必然，那么它们的相交不也成了必然吗？现象之为必然，就与规律之为必然相同。例如，亚院士主张，“水果”这个概念是思维对各种水果的共同本质的抽象，在客观世界里是找不到水果的。我就问：如果思维是对客观世界的反映，那我们怎么会反映出在客观世界里找不到的东西呢？

写了洋洋数万言，其中自然找不到任何哲学建树，但也不是一味弄聪明，其中有很多认真的思考。那时注意到的问题，有些成了以后几十年不断思考的一些主题。还以水果为例。如果水果只是一种抽象，那么苹果和樱桃不也是些抽象吗？客观世界里没有水果，同样也没有苹果樱桃。有的只是一个一个苹果樱桃。但单说一只苹果，此一时新鲜彼一时腐烂，苹果之为个体，不也是一种抽象吗？而且，若个体苹果是真实的，客观世界里有一个一个苹果，又怎么能说没有苹果呢？又如，如果现实中只有立体，点、线、面只是从立体抽象出来的概念，那为什么又可以把红、黄、绿认作是客观存在的呢？

否定林彪、江青一伙，否定“文革”，重新审视中国近现代史，用逐渐转移的眼光来重新看待社会主义和西方世界的优劣，从康德、黑格尔的自由观念来批判看待辩证唯物主义和历史唯物主义，一步一步推进，漫长而艰苦，不仅冒着巨大的政治危险，而且每一个阶段的思想本身充满矛盾。为什么会这么艰难呢？这些思想转变似乎满可以在一夜之间完成……但我们所经历的，不是一个选择，而是一连串的克服。不像是在服装店挑衬衫，仿佛有一些不同的观念体系陈列在眼前，我们一一比较它们的优缺点，最后做出决定要这一个不要那一个。我们先就有了一套观念，这些观念以某些方式，包括以扭曲的方式，和我们的生存纠缠在一起，我们只能改变它们、克服它们，不可能一下子从它们整个跳开，所以，观念的改变会这样漫长而艰巨，而且永远受制于内在的矛盾。这个过程也许宜于用黑格尔所说的矛盾发展来描述。后来读到萨特的选择学说、蒯因的本体论相对性，我会立刻感到它们是些不可能真实的轻率之谈。

阅读、思考、交游、探讨、辩论，新思想似乎天天在涌现。我们有一种天眼洞开的贯通感，哲学思考、政治见解、人生态度，乃至于身周的人事，似乎无不在一种强大的精神感召下，围绕一些基本的哲学见解连成一个整体。

我们有表达思想成果的冲动，也有启蒙他人的使命。环境正好提供了这样的舞台。有一些同龄人环绕在我们周围，宋毓明、吴小祁、唐大威、连劭名，以及另外一些。启蒙就从身边开始，我们把新洞见讲给朋友听，向他们做出各种各样的论证，克服他们的各式各样的疑问。嘉曜一副导师爷的模样，居中端坐，以不容置疑的口吻，宣示各项真理，从此获得了“猴逸仙”的雅号，盖嘉曜诨号老猴，又有孙逸仙的领袖之态。我是辩论的好手，凡遇诘难，胡乱引用康德、黑格尔、马克思或古今中外的史实，若不能使疑惑烟消云散，也要让反对意见七零八落、溃不成军。嘉曜和我两个的学识和见识明显优越，朋友们从总体上认同我们的哲学思想和政治思想；首要的是，我们的精神追求鼓动了这些朋友，造就了一种生动而强烈的氛围。本来，二十来岁的青年们，爱欲丰盈，意气风发，何况，1972年的春天是一个美丽的春天，颐和园的明朗的春日，月坛公园入夜后杨树叶初生的芳香，楼顶大平台上的饮酒高歌。1972 年春天，是“文革”时期中政治高压最为松动的一段时间，可谓政治气候的小阳春，一伙青少年，日日往来，高谈阔论，周边人竟不大投来警惕的眼光。

四

1972 年 8 月开始写一本更有把握的著作，《理性哲学》，直到翌年 5 月完成。工作得非常勤奋、认真、投入、艰巨。现在我已经不能理解当时怎么会有这样强烈的写作冲动，会为这本“书”倾注这么巨大的热情，对自己写下的东西那么重视。现在看来，那时还完全不懂哲学，完全不知道怎样用论理的语言来表达对生活和世界的理解，那时的感受虽然活跃、强烈，单说理解却还相当浅薄。

幸亏这些东西没有发表的机会。那时写作当然不是为了发表。别说哲学写作，当时所写的小说、诗歌、散文也都不是供发表用的，然而，那时热心写作的青年，其数量和热心不亚于随便谁随便写什么都要发表出来的今天。那时，写作似乎不是由目的引导的，而是由热情推动的，作品不构成文学史或任何史的一部分，作品是写作的一部分，写作是生活的一部分。那才真是“私人写作”呢。不过也不都是纯粹为自己写作，作品经常在小圈子里传阅。由于政治上的危险，圈子一般不太大，因此妨碍了作品的广泛交流和广泛批评，大多数写作停留在井蛙的水准上。我和我的友人们，尽我们所能，扩大自己的眼界。可是从今天的眼光来看，我们致命的弱点，是眼界太狭窄，太自以为是。那些大哲人毕竟离得太远，我们需要的，是身边有高人向我们指出，我们还哪儿都没到哪儿，我们写的哲学，是一笔糊涂账。那时有那么充沛的精力和旺盛的求知欲，如果那些时间都用来读书而不是写作那些空洞的哲学体系！

此后几十年，常有后学给我寄来一个又一个哲学体系，其中有些青年是诚恳的，我不得不诚恳相告，他们乐于思考，自是好事，但他们写的东西毫无价值。这难免会开罪年轻人。他们生活在一个远为开放的时代，只要他们愿意，他们可以看到任何东西，然而他们中有些人却仍然像我们当时那样自以为是，浪费宝贵的青春，让人惋惜。

1973 年，政治上的松动气氛再度消失。朋友的小圈子也出现了一些裂痕。怀疑的暗雾渐渐取代了前一年的明朗气氛。事有凑巧，连所读的书都似乎体现了这种转变，1972 年，嘉曜和我在康德的《实践理性批判》和《纯粹理性批判》用功最勤，1973 年，我们在黑格尔的《法哲学》和《历史哲学》用功最勤。这两套书的对照，就像那两个年份心情的对照：《法哲学》和《历史哲学》那种老气横秋的现实主义，渐渐取代了康德的理想主义启蒙。

时代使然，我是从马克思、恩格斯、列宁、普列汉诺夫等人的著作开始读哲学的，往后开始读西方古典哲学，其中读得最多的是黑格尔，《小逻辑》《哲学史》《美学》《精神现象学》《历史哲学》《法哲学》。我的同龄人学哲学，多半都是这么个顺序。黑格尔是马克思的来源之一，从马克思回溯，第一个就会碰上他；比较起马克思的另外一个哲学渊源费尔巴哈，黑格尔当然远为更富吸引力；此外，黑格尔的主要著作都已译成中文，便于系统阅读。也许还有一个因素增加了黑格尔的吸引力。黑格尔，尽管或尤其通过中译文，有一种奇特的调子，和平常读到的文字非常不同，显得非常“纯哲学”，往好里说，有种“陌生化”的效果，似乎一掌握那种语言，就入了哲学的堂奥，思考、写作就哲学兮兮的了。

当时读黑格尔，读康德，读得很认真。然而，回过头来看，当时读懂得很少。我甚至觉得，那些年的哲学阅读和思考，大一半是浪费。自己脑子里有一大堆错误的或浅薄的概念，整体的思辨水平太低，没有高师指点，不能从西方历史和西方思想史深入到这些哲学家的关切所在，而是用自己的概念框架去生硬理解他们。这些都是一般的原因。还有一个特别的原因：这些著作都是用中文读的，用汉语语词来理解、思考西方概念，这从根本上就走了大弯路，几乎无法避免望文生义。

二十啷当岁花了那么多时间读大部头的哲学，是我学习生涯的一个大错。柏拉图主张三十岁以后研读哲学，我从自己的经验教训深表赞成。青少年从学，应以实学为主，读一点儿哲学，更多当作精神陶养，大可不必深究义理。我一贯主张取消本科哲学，固然由我后来的教师经验验证，但这个想法实缘起于自己从学的教训。

对我日后哲学思考有益的，更多的倒来自另外两个方面。一是生活中的种种感悟。我和身边的人，经常灵魂相会，让我常有机会敏感人性深处的东西。二是广泛的知识积累。

当然，大部头的阅读不可能全无益处。义理虽然没有弄通，但还是受到了熏陶。当时一起读书的朋友，如宋毓明、唐大威，后来各奔东西，有一二十年不见或少见的，这一两年见到，说起来，宋毓明说，他后来在一个中等规模的厂子当厂长，多年工作，所据的优势主要是当时读哲学时体会出来的一些道理。唐大威几十年不读哲学，现在一开口还能大段背诵黑格尔《法哲学》的序言。他也认为这几十年一直受益于当时的熏陶。说起背诵，这也是一项益处。年轻时读书，读懂没读懂，很多内容是记下了，现在课堂上时不时引用黑格尔、康德，大一半是那时记下的。眼下有人在争论学童该不该读经，我的经验支持读经派，那些流传几千年的经典，管它懂不懂，先记在脑子里再说。

完成《理性哲学》之后，虽然还在继续哲学学习，但有较大一部分精力转回文学。1973 年夏天在突泉写了几个短篇，一些小诗。1974 年一整年写小说，以六七年前的中篇小说“少年行”和长篇小说“玉渊潭畔”为底稿，写了一部四十万字的长篇小说《人生》。少年郎大概觉得，今后的人生不管它再拖几十年，总归不会有多少新花样了。现在回过头来想，当时的想法蛮对头，人到中年以后，自己就没什么生活了，主要是为人民服务。

1974 年初，我开始跟阿晖学英文。有俄文和德文的基础，有老师，教材完备，英文学得甚是轻松愉快，每周只学一天，两三个月后，阅读水平超过了阿晖，半年后就能够读书了，接着尝试做点儿翻译，第一篇翻译的是篇电机工程方面的论文。此后零零星星从德文、英文做了些翻译，少数是别人约稿，拿出去发表的，多数是黑格尔、歌德、席勒一类，翻译了放在那里自己读或给朋友读的。

我这几门外语，都是哑巴外语。俄语和英语，咿咿呀呀，歪歪扭扭，还能说上几句。德语则一大半是根据书写的国际音标自定的发音，要有个发音，只是为了背单词，尽管除了自己没人听得懂我嘴里说出来的是哪个单词，一个一个单词也连不成句子。当时不以为意，远在塞北农村，方圆几百里大概也没一个会说德语的，就是在北京，我学会了口语又跟谁去说？再者也没想过跑到外国去生活好多年。我学外语，完完全全是为了阅读。后来读到赵元任说，用哑巴方式学外语弊端多多，我从负面经验深表赞同。语言中自然的成分重于逻辑的成分，要把一门语言学地道，主要靠实践，而非死记硬背。我到底也没有能够地道掌握一门外语。此后虽然有机会正规学了一年德语，德语仍然不大会说，在美国住了多年，英语仍然说得难听。说得难听，就自卑，不大愿意开口，于是就失去了靠听、说得到提高的机会。不过，在这件事情上，主要不是我犯了错误，当时的确很难搜寻到从口语开始学习的机会。

五

1975 年春，最后一次回到突泉。在突泉的最后的日子非常好过。剩下的知识青年已经不多了，多数在当地的学校任教，或受到其他优待。我们几个过得更是惬意。于洋成了当地的霸王式人物。在知识青年中，他早已是当然的领袖，两派马上要动手打起来，“我认识于洋”，“我也认识于洋”，两派就可能握手言和。他和公社书记们，和县里的局长们称兄道弟，凭他在一张小纸头上写的几个字，前来求情的生产队长就可以从矿上拉出一两吨煤，矿长就可以从哪个生产队得到两百斤粉条。那是一个高度反商业的封闭社会，这个社会中的物质交流大多是通过人情实现的，人情由一些能人集中体现，于洋是能人中的翘楚。

于洋在公社高中教书，我在永长大队初中部教数理化。嘉曜已经办好了病退回京的手续，很长一段时间陪我留在农村。那时，办个什么手续回北京已经不是难事，但我更愿意留在农村。一两个人住着一溜房子，工作轻松愉快，完全不必为生计操心，和公社各个部门的关系都很好，大米、白面、食用油或其他稀缺物品按需而来，读书、写作、听音乐、在山丘上树林间漫步，羲皇上人。夜里偶尔寂寞，于洋来了，小提琴奏一曲 Sweet Home，谈谈拿破仑和丘吉尔，在砖砌的火炉上下一碗热腾腾的挂面。

……

1976年1月8日，周恩来去世，在严寒的塞北荒村，我们谈论着北京的新闻，数十万北京人顶着政治危险自发涌上街头为周恩来的灵柩送行，还有各种更其隐秘更其激奋的小道消息。一月底，大年三十，我和于洋回到北京。……于洋此后回突泉一趟去办理女友庄平的回京手续，这一次他是四月五日回到北京的。我到北京站接上他，直接去了天安门，眼看着公安部的警车被推翻、烧毁。史称“四五事件”。

……

一方面是大事件接踵而至，另一方面是日常生活的沉闷。我们在农村没有生活压力，在北京则不同。嘉曜被远远分配到清河的一个工厂当下料工，劳动辛苦不说，每天上班就是从来没有过的。更为沮丧的是于洋，他在突泉叱咤风云，在北京是个胡同人流里的待业青年。要养活自己就得找工作，什么工作呢？在房管所烧锅炉，或者蹬平板车运送砖头泥灰。尽管我们意志坚强，扭转乾坤的雄心大志难免有点儿渺茫。北京那时只有两三家通宵不关门的小饭馆，里面只坐着我和于洋，服务员趴在桌上打呼噜，我们两个感叹着时事和人生，商量要不要“病退回农村”。在突泉的最后日子里，我过得平静而充实。回到北京，生活场景一变。狭小的居住空间，喧闹的街市，人来人往，男女朋友感情上的纠葛，人民意志或强或弱的表达之后的政治高压，社会环境变得更其压抑乃至恐怖。

我家住在一个五层筒子楼的顶层，五家人家，我家守在楼道一端，这一端的楼门封着。封闭时代的中国，院落和建筑物，多一半的门和通道是永远封闭着的，不知一开始为什么要造这些门，也不关心遇到火警怎么逃生。世上唯一重要的事情是防止阶级敌人钻空子。人们普遍缺乏自由意识，对这样的封闭习以为常。我们兄弟三个回北京以后，一家七个大成年人，要把我家三间屋子挤爆了。于是动手把走廊顶端隔离开来，做成一间小屋，此后数年，这五六平米就是我的书房兼卧室。要是有一天，书可以整整齐齐码在书架上，找一本书，不必趴到地上，从床底下拉出箱子，从箱底翻捡出来，工作起来效率多高！

学习工作间歇，一个人走在楼顶大平台上，忆古思今，真切感到变乱将至。两首小诗记录了这种感觉。

雷雨前登楼有感时事（1976年6月）

阴久登高望，眼中多太平。
雷霆犹未起，黯黯古皇城。

唐山大地震后作（1976年7月）

石落星边雨，山埋地上魂。
天威今已见，数月乱中原。

……

时局翻天覆地，令人心潮澎湃的事情此起彼伏。那时的政治大势和社会生活、个人生活密切交织，不由哪个不关心政治。皇城根下的青年人得风气之先，思想情绪尤为激动。我努力保持镇定，一再告诫自己要在天下滔滔之中坐定书桌。坐定谈何容易，只是勉力继续工作而已。这一段时间，学习没有主攻方向，手头也没有庞大的写作，这个月做这个，那个月做那个。

一块是做翻译。有些是别人托的，如《奥地利史》中的一些章节，《是马克思还是费尔巴哈?》；有的是自己喜欢，就动手翻译起来的，如马克思的《巴黎手稿》，黑格尔的《美学》（第二卷）。

另一块是摸索、尝试汉字拼音化。随着对西方了解的增加，我越来越感到中国思想文化“落后”于西方，而汉字的缺陷是一个主要的原因，所以热心进行这项工作。这种看法和“五四”以后那些主张废除汉字的学者非常相似，的确，把我们这代学子渐渐聚拢的理念，像是在一个甲子的轮回之后重新开始五四学者的西化运动，后来有所谓80年代新启蒙思潮一说，良有以也。我为设计汉字拉丁化花费了不少心机。其实，前人早就设计过各种各样的汉字拼音化方案，我当时的工作很大一部分是由于无知而做的无用功。也许该说整件事情都是无用的，因为几年后我不再认为汉字应该拼音化。为了进行这项工作，我对一些汉字以及汉语语法做了一点儿研究，这是这段工作中没有浪费的部分。

再一块当然是读书。早几年学会用俄文、德文、英文读书，但自学的外语，从书本上而不是从生活中学会的，基础不牢，一段时间不读就忘了，于是像完成任务似的轮流读这三种文字的著作，或者做一点儿翻译，保持这几种外语倒像成了负担。不过，时间长了，终究一点儿一点儿熟练起来，外文原著读得越来越多。读原文著作的效果是完全不同的。如果是要通过阅读哲学来启发自己的灵感，只读译文也不妨，但要钻研一部著作，读原文是唯一的途径。而且，现代汉语的核心论理词如理性、科学、经验、宗教、文化等，多半是西文词的译名，不消说，只有通过西文词，才能进入概念分析的层面。

忘了怎么弄到了北京图书馆的借书证。那时，北京图书馆门可罗雀，尤其是外文书分部。像尼采等人的中译本，当时还是禁书，但外文原版是可以外借的。弗洛伊德干脆没什么译本。从前读到过弗洛伊德的一些二手材料，感到此公大有吸引力，现在借到他的 *Die Traumdeutung* 来读，弄得我对释梦着了迷，每早醒来，都把夜里的梦回忆一番，然后试做解释，也经常打探朋友们的梦，套着弗洛伊德的理论加以解释，他们有时觉得解释得还怪有道理的。弗洛伊德还加深了我对整个心理学的兴趣，从前读的多是巴甫洛夫等苏联心理学家，这时开始攻读威廉·詹姆士、格式塔心理学、行为主义心理学。

尼采的书也敞开了一条新的地平线，在本来的眼界里，古典哲学之后的主流思想是马克思，现在了解到，尼采是从一个完全不同的方向上来批判古典哲学的，至少在直接观感上，比马克思更富现代精神。……我和那时好学的其他青年一样，是从马恩列斯进入哲学的，然后进到马恩的一个“主要来源”黑格尔，从黑格尔再进到康德和整个西方“古典”哲学史。西方现代哲学那时较少流传，尼采、弗洛伊德、詹姆士、杜威、柏格森、罗素，我零零星星读过一些，起先并不十分在意；读得多了以后，慢慢体会到这些较近年代的思想家从整体上展现了一种不同的精神。他们的生活世界是我了解得相对比较真切的世界，他们的问题与我自己的问题贴得更近，我比较能够更贴切地感到他们的问题为何提出，能够把捉他们的表述和他们的世界经验之间的生动联系。在这种联系中来思考哲学，思考就比较实在。我相信，直到这个时候，在初识哲学六七年之后，我才开始贴切地进行哲学思考。尽管这个时期不是我系统阅读哲学最勤的时期，但可以说，正是在这个时期，我的哲学思考上了正道。

在这种新体会的激励之下，我又一次开始了哲学写作。随着对现代哲学的广泛阅读，随着原文著作的阅读，哲学思考变得贴切起来。同时就对自己从前的“哲学写作”更加不满。那是用从中译本中读到的、含义不清的大词写成的，这些词似乎是在表达我的哲学见解，这些哲学见解则来自我的生活经验，然而，那些语词和句式太含混太空洞，可以表达任何一种经验，也就是说，不表达任何经验。维果茨基从心理发生的角度判定，思维和语言一开始是各自独立发生的，后来才在很大程度上合二而一。这里不讨论这个观点的正误，但从这个角度来看待我的哲学学习倒挺合适。一边有活跃的感受、思考，一边学着用古典哲学的译文体来进行哲学思考，两者并没有融合为一，哲学概念不是从自己的思考中生长出来的，倒像是与这些思考并行的东西。

像从前一样，计划中的著作是本整体性的著作。第一步是澄清感觉、知觉、知道、理解、心灵、灵魂等基本概念的含义，同时梳理出它们之间的联系。这可以看作我最早进行的概念分析工作。由于当时事变频繁，兴趣驳杂，哲学写作断断续续、零零星星，此后，对哲学和概念分析工作的理解逐步加深，越发不敢指望在一夜之间建立一个体系，但这个整体性的工作却一直进行下去，直到今天。我把它称作我自己的 the book，人问起，我会回答，这本书写了三十年，眼下还未完成。

六

嘉曜当时在清河的一家工厂当下料工，于洋在一家房管所当运货工，我待业。二十五岁了，成天白吃父母的不是事儿，打算接受招工安排，到一家印刷厂去当排字工。就在这时，传出恢复高考的消息。

我为高考做了认真准备，但并不是指望上大学学到什么东西，大学只是比印刷厂更好的混日子的所在。我报考北京大学西语系德国语言文学专业，琢磨会德语的人少，没什么竞争。结果不是这么回事儿。考生中有一帮外语专科学校的德语毕业生，人家受过正正经经的训练，年龄又小。在外语专业，尤其是德语这样的小语种，我算大龄。更糟糕的是面试，招进考场，回答完 WiegehtesIhnen 就张口结舌说不出整话来。我被要求出门等着。后来听说几位考官评议，这个学生笔试考了第一，却一句整话说不出来，笔试八成是请人代考的。幸亏他们最后还是决定让我继续面试，改用汉语盘问了一番，听了我自学德语的经历，代考的怀疑打消了，但还是犹豫要不要录取：老大不小的，口语还能不能学起来？一位韩姓教师力主收留：这个考生在农村吭哧吭哧自学，能够考成这样怪不容易的，将来说不定是咱们德语专业最好的学生呢。我就这样混入了北大。韩老师的期待没有实现，我的德语口语始终没有过关；不过我倒也不是成绩最差的学生。

进北大没几个星期，就传出恢复研究生的消息。我报考研究生，出于与学业全无关系的考虑：插队八年，我一直自己养活自己，如今一把年纪，不宜回过头来寄生于父母，研究生有三十几元的收入，够自己糊口了。

笔试顺利通过，面试再次出了麻烦。原说面试的内容是现代西方哲学，我自以为在这个领域，考生中没有哪个会比我知道得更多。谁知考官们一上来先问的是毛泽东《中国革命的策略》等文中关于矛盾、实践之类的论述。这些文章多年前也读过，这时候却糊里糊涂记不起什么了。后来听说考官们对我白痴般的样子颇感恼怒，根本没心思再提问现代西方哲学。这一次是素未谋面的熊伟力主留我：学习外国哲学，外语极端重要，这个考生德文差不多考了满分，还会俄文和英文，弃之可惜，毕竟，矛盾、实践之类一两年就可以补上，几门外语却不是一两年就能学好的。

于是成了研究生。我已经混进大学了，考上考不上研究生无所谓，跟谁学更无所谓。我本来报考的是王永江的研究生，以苏联哲学为中心的当代马克思主义之类的方向。入学未久，王永江找我谈话。外哲所有几位老先生，是各自领域的专家，现在垂垂老矣，学问就要失传，他们学到的哲学，什么存在主义，什么逻辑实证主义，当然是些错误的哲学，但为了建设现代马克思主义，这些哲学我们还是应当了解的，失传了很可惜，为此，所里决定把你转到熊伟名下，跟他学存在主义。你不要有情绪，多学一点儿反面教材，同样是为建设马列主义做工作。我没情绪，也没觉得高兴。我对老先生并不比对中年先生更敬重……在谁名下，分配在哪个方向，对我毫无差别，我不是来跟谁学哲学的，大学提供的不是学问，而是容我继续自学的闲暇，再加个图书馆。

运命惟所遇，循环不可寻。我从来不大在意外部际遇的变化。其实，外部际遇在某种意义上有着重要的作用。如果我没考上大学，如果我没转到哲学专业，我今后几十年的工作重心就可能有很大不同。在读研究生之前，我的兴趣是分散的，哲学、文学、科学、历史、社会—政治，那时候再不会想到，今后二十几年，哲学将成为几乎唯一的学业。

……

我入熊伟先生门下，本非自己的选择，也不十分在意。但先生宽大的性情和通透的见识很快赢得了我的敬重。王炜和我曾写过一篇纪念熊伟先生的短文，发表在1995年第一期的《东方》杂志上，其中谈到几件小事，多多少少可以从中看到熊先生的为人为学。在我，则可以用上“恩情”这个词。我不大讨上一辈人的喜欢，但先后还是得到过几个长辈的提掖，其中，熊伟先生的恩情最深。熊先生与世无争，几十年从不曾依仗自己在学界的地位去找学校领导，后来却为我出国留学的批准破了例。除了他提供的种种实际帮助，我尤为感激的是他对我的鼓励。“文革”以后十几年里，有不少年轻人就学就教于熊伟，他们常从熊先生口中听到我，把我当作后学中努力用功的榜样来鼓励这些青年。我自己没有亲耳听到过先生的夸奖，从别人的转述听来，我是远远当不上的，但这些夸赞，还是一段佳话，体现的是先生引后生就正道的拳拳苦心。我认识先生的时候，先生已近耳顺之年，早超出了学问大小、论理精粗之辨，但他始终鼓励青年勤学。就我所能理解，先生那样的境界，不是年轻人一蹴可就的，既在求学路上，就只有经年的勤学苦思，才有望超越学问论理。学，正心诚意；忘学，正心诚意；学与忘学，皆自若也。先生离形去知虚怀若谷，与不学无术的油滑自是，其别霄壤。

我在熊伟的指引下开始攻读海德格尔的《存在与时间》。在后来写的《海德格尔哲学概论》自序里，我这样说的：

> 熊伟先生让我读《存在与时间》的时候，我正怕读艰深的大部头；其中固可能颇多奥妙，但往往也弄了很多玄虚，纵费力弄懂了，仍可能得不偿失。熊先生于是说：“这书你会不会喜欢我说不定，但可以保证你读完后不会觉得浪费了时间。”凭先生这句话，我开始攻读起这位晦涩透顶的哲人。

我虽然读过不少哲学书了，还是觉得这本书不好读，先读熊伟译出的文节，中德对照，熟悉了海德格尔的论述方式，再从头通读全书，每一节都作详细的摘要，重要的段落，尤其是那些语句错综、难以直接从德文明了其意思的段落，就翻译出来。二十年后，在那份摘要的基础上撰写了《〈存在与时间〉读本》。

阅一寒暑，读完全书，写出了硕士论文提纲，给熊伟看，说是可以，让我拿给王永江看看。王老师读后，说看得出我对海德格尔哲学有些体会，但这样写论文是行不通的。他教我写论文的方法，先用通行的语汇把《存在与时间》加以重述，然后经过分析，指出海德格尔哲学是唯心主义加形而上学，但也含有某些辩证法的因素，结论部分则以马克思主义加以批判。王老师言之谆谆，但他建议的那种写法让我觉得为难。论文的事就先放在了一边。

我们的生活随着年龄变化。我们，或我们的女朋友，已是大龄青年，1979 年前后，朋友们纷纷结婚成家，嘉曜和韩虹领先，我和申晖殿后。和申晖认识的时候，我们两个都是信誓旦旦的独身主义者，十多个年头以后，她的性情和想法已经大变。我迈进了我不愿迈进的生活。

从农村回到京城，世俗生活似乎刚刚开始。韩虹怀孕了。晚上，阜城门外，我和于洋一道，对嘉曜软劝诫硬批判，几条街上走了半夜，劝他别要孩子。在这样的制度下，我们，运气使然，保持了独立品格，但谁能保证我们的孩子有同样的运气？建立一个民主强大的中国，继往圣续绝学，重建中国文明，我们的毕生志业难道不要求我们放弃自己的小生活吗？年轻时候，我们对世俗生活极端轻蔑，上班糊口、结婚生子、熬个一官半职或教授研究员，是无法想象的生活。嘉曜被我们说得哑口无言，然而，生活不是辩论，更没有单一的结论。每个人追随着他命运的星辰，以他独特的方式领受神恩。

……

我们上了大学，于洋不乐，大有天下英雄皆入彀中之叹。以于洋的超常聪明，考个大学生研究生不在话下，但他对这种秀才寒窗生涯嗤之以鼻。我曾在永长给他念我写的长诗《回到自然》，他听后半晌不语，最后说：小毛，你有志向，也有能力做一番事业，枉费心力去写诗干什么？我刻苦学习外语，被他讥为“一碗凉水十个单词”。于洋天生豪杰，少年时就在北京率大刀队参加武斗，在锡林郭勒盟率马队围攻中央派来的工作组，如今年过而立，却在苦撑他最落魄最苦闷的几年。

我即使说不上苦闷，也够彷徨。从前人在农村，心怀大志，像学生一样刻苦学习，现在人在大学，却不知何去何从。说起来，僵冻的中国正在缓缓解冻，《今天》的青年诗人在玉渊潭举办诗歌朗诵会，得现代艺术风气之先的青年艺术家在美术馆旁边的空地上举办星星画展，我们的政治诉求相仿，我和其中个别参与者稍有往来，但没有投身于其间的热情，我更关注哲学思考，而在这里，我没有同道。从我开始理论学习以来，嘉曜一直是导师和益友，他恋爱之后，我开始感觉到他在学业上渐渐松疏，回到北京以后，我对他的状况越来越不满意，经常直言批评。嘉曜仍然在思考哲学问题，但已经不像从前那样全力以赴，不再是一个“全职”的思考者，也不再充当我的导师。我开始体会到独自探索的寂寞。智性精神生活注定了孤寂，那时不过刚刚开始体会而已。今后，除了短暂的间断，这种孤寂我还将一年一年体会下去。

问学的处境也发生了变化。我曾经打算遍学各个学科。也是，初学时眼界狭窄，读一部三卷本的世界史，就算是懂得世界历史了，读一本天文学教程，就算学过天文学了。由于无知，学点儿什么都觉得突飞猛进。到进大学的时候，在一些基础领域，如中外历史、中外文学史、中外思想史、科学史，我已经有了一点儿了解，在政治、人生、哲学等方面，已经有了比较稳定的见解。读一本新书，不再像是打开一个全新的世界，蹦出一个新想法，不再像是彻照整个心灵的令人狂喜的日出。一本书，是千千万万本书中的一本，不过增长一点点知识，一个想法，不过是融入思想海洋的涓滴。一叶小舟，在狭窄蜿蜒的河道里，感到自己疾行。河道渐宽，徐徐融入海洋。在这茫茫大海上，不再感觉到自己前行，甚至不再有前行的方向，四顾茫然，所谓独上高楼，望尽天涯路。我开始感到生之有涯知之无涯，开始感到一个人只能学到一点点东西，只能思考一点点问题，那种尽收世间学问、独立于天下至道之巅的期许，不知不觉中显露其虚妄，尽管还要很多年，这种感觉才逐渐变成默默的体会，还要很多年，这种体会才会在潜移默化之中克服青年时期的理性骄狂。随之而去的，Shade！还有青年时期对理性光明的无界激情。幸与不幸，思想的青春结束了。今后是为伊憔悴的工作。

七

在问学路上，我有的时候刻苦自律，勤奋用功，一不小心会说成儒家的忧患意识，有时候贪玩求乐，放心四骛，最好说成是庄生的放浪于形骸之外。北大上学期间，一半在用功，另一半是玩乐。老朋友还有一半没散，又有新认识的朋友刘建、杨炳章、赵世坚。饮酒、出游、辅导尚未入学的朋友复习功课。迷上了桥牌，组了个队，到处参赛，结识了北京桥牌队的几个牌手，有一阵子自己也曾打算成为专业牌手，读牌谱、专项练习、自撰叫牌体系。

实际上，研究生三年，我一共听课不超过十堂，多数老师只在各门考试那天见到过我。头一年，我一直赖在德语专业听课，继续和我的本科朋友们厮混。后来，西语系不愿再让一个外系学生赖在那里了，我才离开德语课堂。

读完《存在与时间》，写了个论文提纲，自己满得意的，却被王永江否决了。他建议的写法，我又不愿接受，论文就拖下来了。这期间，硕士生每人发一点儿钱，算是访导师、找资料的经费。我借了这个机会，大江南北好转了一圈。但拖得过初一拖不过十五，临到最后的期限，用了两周时间，胡乱按流行的格式写了一篇八股交了上去。我读研究生，本来是混混的，没立志用我自己的思想和风格来矫正官家体制。我自己那篇提纲倒也没浪费，一年后交赵越胜发表在《国内哲学动态》上。

毕业分配，我留在外哲所。第一件事情，是到西安开一个外国哲学会议。火车上，我和朱正琳坐在一处。朱正琳从贵州考来，考分第一，可由于曾经判过刑住过牢，有些领导反对录取。另一些思想开明的领导，尤其是我们外哲所的党总支书记沈绍周和朱所投考的导师张世英，为他奔走呼吁，青年报曾为此做了长篇报道，还发了这位老兄一篇长文。文章写得极好，当时在青年人中广为传诵，结果，朱正琳在进校之时，已经是个闻人。我很少主动与人交往，且那时已经搬到黑山沪去住，不常到学校来，所以直到毕业，也没和此君单独过过话。赴西安的旅途上，一路也没说什么。不知怎么，车厢里有些关心政治的，天南地北的，围坐到我周边，上至中央下至中国人的素质，骂了个痛快淋漓，至夜不散。朱正琳坐在一边，没掺和。到西安，我们两个住一个房间，搭起话来，话头一开就没收住。同房间还有另一个旅客，我们两个就走到院子里继续。问到我在哲学上的关切，我说，现而今大家关注的问题，实践检验真理、人道主义、个性解放、中西文化比较，我都觉得游谈无根，我最关注的是本体论的深层问题。朱正琳立刻应和，说他关注的也正是本体论。我们两个的兴趣和见解，十分投合，从时局到本体论，聊了一夜，好像刚开了个头。在那个封闭的年代，我们在大东北，他们在大西南，我们的思想感情竟如此相似，有时直相似到细微末节，殊可惊奇。

报到时见到苏国勋，他张罗会务，待人谦和殷勤，完全一个老大哥。又见到赵越胜，也是会务组的，手里正忙着分类文件，“朱正琳啊，听说过”，扭身他去，一副居高临下的样子。人说，赵家是当部长的，一向傲慢，能跟你打个招呼就是给脸了。再后来和他成了朋友，知道他有时的确不给人面子，但并非因为他爹是部长。

我和朱正琳在简报组服务。会议上念的那些论文，自然没有一篇提得起精神，只是为了编简报，不得不把这些论文读上一遍，顺手写个摘要，再时不时到会场转上一圈，此外，就是缩在宿舍里说话。认识朱正琳一年，他一直沉默寡言，话匣子一打开，无比健谈，从恋爱到入狱，从小说到哲学，感受和思考裹着传奇的经历奔腾而来。又一个传奇人物。和那个时代最富传奇的人物比，他的经历未见得惊人，但这些经历所引发的感受和思考，让我深为感佩。从我这方面说，几年来，在深刻的问题上几乎无从与人交流。这几天开始，很多年里，和朱正琳最能够深入到问题的核心处交流。

苏国勋、赵越胜就算认识了。他们带了另一个社科院哲学所的研究生徐友渔，要会会朱正琳。徐友渔也是个心高气傲的，只因对朱正琳格外钦佩，才会屈尊前来。赵越胜和我们第一次见他全不一样，热情周到。原来，在赵越胜的世界里，人只分成两种，一种是他认的，一种是他不认的：不认你，你就是天皇老子，他也一副傲慢无礼的模样；认你，他就心扉洞开，不存半点儿世面上的矜持。朱正琳一开始没表现出多少热情，对高干子弟、对大都市人、对知识精英，他有所保留。但在赵越胜、苏国勋煽呼之下，年轻人寻求共鸣的火种很快被点燃了。我们面对的中国，千疮百孔，让人愤怒，让人忧虑，让人急于改变；我们读过相同的书，有过相同的激动和感受；我们思考着相同的问题，唱着相同的歌，抱持着相近的理想；我们都是年轻人，中国，中华文明，将在我们这一代人手里重建。火花碰撞，大火燃起，我们共度了几个异常热烈的日日夜夜，不过几天，差不多成了无所不谈的知己。另一些年轻人也来掺和，其中有赵越胜的一个好友，社科院科研处的魏北凌，聆听我阔论自己的哲学和理想，微笑着提出一两个疑问，我只当是在启蒙一个外行，后来成了好友，对此君了解深了。

我第一次参加学术会议。一位上一辈学者发言，开场白说，存在主义他没读过多少，接下来滔滔不绝把存在主义大批了一通。朋友们撺掇，我做了即席发言：既然没读过多少，那就先回家去多读点儿，读懂之后再决定怎么批判不迟。做了这个开场白，接着大讲了一通海德格尔哲学。这一代人大致就是从那个时候开始“登上学术舞台”的。我们是人微言轻的后学，但自视不凡。在现代西方哲学这一领域，我们确有优势，这一领域多年来一直是禁区，年纪大的学者不一定比我们知道得多，而且在接受、领会方面多半不如我们。

在回北京的火车上，我们几个仍在热烈交流，眼看曲终人散，众人商量着今后的聚会。除了在场的几个将是基本的聚会者，我提出邀请胡平。北大哲学系和我们外哲所本来是极近的亲戚，但那里的研究生我不认识几个，唯对胡平钦佩有加，时有往来。徐友渔极表赞成，原来，早在四川的时候，他和胡平已是相知多年。

聚会的地点落在我家。朋友中，唯我有个独立的窝，二十几平米，算不上豪宅，但比宿舍宽敞多了。就是远点儿，在颐和园北三公里的黑山沪，远点儿也好，省得惹人耳目。

从那时起到我出国前的两年里，大约每个月我们就聚会一次。常来的还有嘉曜、洪汉鼎、何光沪。后来王庆节、甘阳也成为主要的参加者。我的另一些朋友，刘建、阿坚、于洋，不是学术中人，来黑山沪玩，碰上了也混在一起。朱正琳带来王蓉蓉、孙肖斌，庆节带来刘全华和王炜，胡平带来张隆熙，越胜带来郭建英，或者哪个“爱思想”的妙龄女郎。于洋的哥哥于基也来过两次，他话说，一帮年轻才子，黑山沪运河边上，东倒西歪，有的在那儿存在什么主义，有的在那儿什么救国什么自由，有谁往河里扔了个石子儿，都起来了，赛着谁水漂打得多，比谈存在什么主义起劲多了。话一正经于基就不好意思说出口，偶尔正经一回，说，那时候看到这帮年轻人，觉得眼前一亮。

有的聚会有个专题，越胜讲马尔库塞，友渔讲当代分析哲学，我讲存在主义。但更多的时候，没什么专题，大家关心什么就谈什么，而天下没有什么是这些年轻学人不关心的。满堂才俊，常常妙语迭出……

盘道之余，也有几次商议着做点儿着形迹的事儿。当时有一套丛书，叫作“走向未来”，是年轻一代第一拨挑头主编的丛书，眼界新，影响大。越胜建议我们加入。有热心的，有不热心的，没弄成。越胜为《国内哲学动态》组稿，在他眼里，懂哲学的都在黑山沪了，我们几个发表一个系列的论文，中国就开始有哲学了。我把被毙掉的硕士论文提纲改了改，题名《海德格尔的〈存在与时间〉》，作为这个系列的第一篇发表。此后有朱正琳写的布拉德雷，徐友渔写的罗素什么的。新启蒙方兴未艾，我们也贡献了几块砖头瓦片。我们商量着组织翻译一套西方现代哲学名著，商量着每人写一部专著，都没下文。直到后来在甘阳的组织下，谈论不再总是谈论，成就了一番事业。

这些快乐而有益的聚会！在青春已悄然辞别的时候，仍像年轻人那样热情洋溢，契阔谈宴，本来已是乐事；何况黑山沪座上客尽是些自以为是的家伙，在这里找到了情趣相投的伙伴，更是难得。这些人之间，有亲疏之别，但整体上，形成了一个亲密的朋友圈子，这几个那几个，很多年后，仍是最近的朋友。我们将很快没入成年，在那里，友谊的机缘要稀少得多，友谊的浓度也往往浅淡不少。

点灯的渡者

——吾师嘉映先生印象集

叶磊蕾

师者成就

陈嘉映，男，1952 年生于上海，普通干部家庭。1958 年，随父亲举家迁至北京。1968 年到内蒙古突泉县插队。1976 年回到北京，考上北大西语系，攻读德语专业。1978 年，考上北大外哲所，师从熊伟先生，研读海德格尔哲学。毕业后留校。1983 年赴美留学，期间开设逻辑学、修辞学等课程，并于 1991 年以题为《名称、意义与意蕴》的论文在美国宾州州立大学获得博士学位。1992 年在欧洲参与了题为“不同文化背景对自然科学家的影响”的科研项目。1993 年回国后回北大任教。2003 赴华东师范大学哲学系，受聘为哲学系主任，紫江特聘教授、终身教授。2008 年回到北京，受聘于首都师范大学，任首都师范大学哲学系教授、外国哲学学科负责人。

陈嘉映先生从事现代西方哲学的研究、教学、翻译和著述。陈嘉映在 80 年代译出海德格尔的代表作《存在与时间》（该译本于 1995 年获得国家教委学术成就二等奖，是得奖的唯一一部译著），在 90 年代译出维特根斯坦的代表作《哲学研究》。海德格尔和维特根斯坦分别是 20 世纪西方现象学—诠释学和分析哲学的主要代表人物。这两部著作对 20 世纪西方哲学产生了不可估量的影响，陈嘉映的译本也对中国学者研究 20 世纪西方哲学产生了巨大影响，奠定了讨论二者的基本论理词汇。除了以上两部 20 世纪西方哲学的扛鼎之著，陈嘉映还翻译出版了美国著名语言哲学家万德勒（Zeno Vendler）的《哲学中的语言学》，J. L. 奥斯汀的《感觉与可感物》，均为语言哲学研究的重要著作，已被国内不少哲学系采用作为教科书。陈嘉映在先后任教的几所大学开设了海德格尔研究、奥斯汀研究、万德勒研究、维特根斯坦研究、分析哲学、语言哲学、心智哲学、认识论、科学哲学、伦理学等多门课程，先后发表了数十篇现代西方哲学研究领域的论文。陈嘉映的《海德格哲学概论》（生活·读书·新知三联书店，1995）有较大影响，被广泛引用。他参与写作《语言与哲学——当代英美与德法传统比较研究》（生活·读书·新知三联书店，1996）。并于 2003 年出版了《语言哲学》一书。该书出版后成为国内多所大学采用的教科书，出版当年即重印，并很快将出版该书的新版，并获得上海市人文社会科学成果三等奖。这些文著不限于介绍弗雷格、罗素、维特根斯坦、奥斯汀、万德勒、蒯因、戴维森等西方语言哲学家和赵元任等中国语言学家的思想，而且就日常语言和逻辑语言、“词”的定义、翻译理论、隐喻、诗歌语言等多个论题进行了独创性的研究。

最近几年，陈嘉映先生的思想日臻成熟，其独特的风格无论在写作还是授课中都彰显得淋漓尽致。特别是《哲学科学常识》等近年出版的著作，标志着他不仅仅是精通某一方面的专家，或者某一位著名哲学家的诠释者，而是努力回到自身，回到中国当代人所思所惑的问题，成为一名进行系统反思的求道者。在我看来，一个研究者，一个作家，一个艺术家，只有形成了自身的风格，才开始了真正的创作，因为他找到了恰切的表达形式，有了丰满的形象。这样的成果当然得益于多年来对海德格尔，尤其是对维特根斯坦的研究工作，同时也源于他常年对中国哲学、历史、文学的关注和热爱。

不仅是哲学专业的学子们在嘉映先生的课上受益匪浅，同时来自社会各行各业的爱智者们也受益匪浅。让不爱反思的人爱上反思，让好反思的人学会如何反思，这是哲人的工作。因此，嘉映先生也一直积极参与到社会工作中去，两次评为中国杰出社会科学家。无论是在“世纪大讲堂”讲“真理掌握我们”，还是在首师大“校长邀你听讲座”讲“主题和时间”，在今日美术馆、在 798 的讲座上，都能看到来自各方的人士齐聚一堂，来自文学、历史、生物、物理、数学、生态等，他们都受益于这位哲人的启发，等待着这位哲人再一次为他们点亮思想的火花。和讯网做“哲学是什么”的采访，在《新世纪周刊》上的陈嘉映专栏，其中《哲学何为》的点击量始终第一。如果我们还是在城邦时代，我相信，嘉映先生会像苏格拉底一样，走到大街上，走到人群中。

我们期待着当代中国哲学界特别的“嘉映体”能够为我们带来更多智性上的洗礼和启示；更期待着，他的努力能够成为这样一个象征：在当代中国，有思想厚度的哲学家正在诞生。

师者印象

我们是因为喜欢一种思考方式，才喜欢有这样思考方式的人呢？还是因为喜欢有这样思考方式的人，才让我们得以喜欢这种思考方式的呢？这样的问题，不断在生命路途中遇见，仿佛在你身边流逝的人群中遇见一个似曾相识的人，情绪在陌生与熟悉间凝结着，困惑着，渴求一种解释。

对于这样的问题，我始终没有得到一个普遍的、确定的、满意的回答。直到今年在陈老师讨论班上获得了如此启示后，才有了新的体会：对于理由编织在事情中的那一类问题，我们没有办法问为什么。就像我们问秋天的树叶为什么会变黄，我们得不到像缺乏叶绿素这样科学的答案，也不会期许这样一种类型的答案。把所有的回答都做成形式上一致的，是为了使其成为普遍的，因此也必然不能体察被提问者被提问的语境，甚至无法体察提问者对回答方式的期许。即便这种普遍的回答给了我们安全可靠的确定性，但却根本无法满足我们原本对意义的渴望。就像我们问为什么会爱上这个人一样。这样的问题，我们既不能简单地说，喜欢就是喜欢；或者满足于用荷尔蒙的解释。我们在期许着更为丰富的解释。这种解释，往往来自更为神秘、更为深层的意义联系，彼此纠缠绵延，相互催生，触一发而动全身，让我们总是能从一个问题开始，最后却能为与所有的生命体验、生活经验息息相关。

词与物，头脑和身体，我们确实都在追求那种最为切实的关系。这种关系不是科学的，因为科学就是要把语言做得无关于物，这样就成了规律。这种关系也不是行政的，因为行政要求把语言做得也不关于物，这样就成了规章制度。那些超验的东西，那些先验的东西，那些让我们会有确定性和安全感的所谓的东西们，恰恰是我们不安的来源。陈老师说得对，这些东西只是一个 title，只是一个 topic，说话的由头。如果只在由头上空转，那么等于言之无物，无所言说。如果世界图景是一张网，或者按照中学课堂上的哲学课所教育我们的——世界是普遍联系的，那么，从哪里开始，从哪个 title 开始，都无所谓，你从知觉开始，我从本质开始，他从物自体开始，都无所谓。这个 title，只是一个由头而已，无关紧要。至于重要的是，在这个 title 之下，我们会说什么，发表什么样的意见，得到什么样的启示。

对陈老师的印象也肇始于这样的启示：记得在大四那个冰到彻骨却撩人心魄的春雨中，遇见了这样一句话："诗人是心智已成年但灵魂仍如婴儿的人"，我说不清是喜欢这个人的文字，还是本来就钟情于这样的文字才推崇这个人，但是我知道，我遇到了生命中点灯的渡者，这个人将指引我走进景色更为明暗交错的林中空地。

印象 1:师家做客

那是第一次到师家做客。当时，我还是中文系的哲学爱好者，只因与嘉映先生的几个弟子交往甚好，就被邀请一同前往，观摩他们的师门聚会。虽然上过陈老师的课，但总有些敬畏之感。一方面是长辈之尊，一方面是师长之敬，更有文墨之爱，不敢随便造次，去他家就更让人不安了，感觉是入了龙潭虎穴，手足无措起来。自己总是一个局外人嘛。何况，陈老师的眼神总是那么有穿透力，感觉可以看透心里隐秘想法似的；而且总带着那么一点点坏坏的机智，仿佛能用最调侃的方式，一下子把那些卑微的想法抓起来，判个死刑。但其实，他并不严肃。他的学生也爱与老师插科打诨，老师全然不介意，嘻嘻哈哈的，还自嘲是个老年人，边大笑边说，有一次一个学生告诉他，他得多喝点酒，因为喝一次少一次了。调侃，在陈老师那里，是一种机智。我有时甚至想，他也许会觉得阿里斯多芬比阿伽通聪明。我因此也逐渐不那么端着自己了，一路上欢声笑语。

老师先是开车带大家去超市买各种美食，感觉像少年时候，每到春游，妈妈带着去商店买各种平时无法享用的美嘴一样。大家唧唧喳喳说这个好吃，那个美味，结果堆了两大车。老师欣欣然，请客做东，大家这才想起来师家做客居然什么礼物都没带，反倒还要老师掏钱买了那么多东西……一个个不知所措了，但老师只是笑。到了他家，虽是做客，小子们却有反客为主之态，厨房当然就是女孩子的天下，客厅是大家喝酒聊天的地方。路上买了甘蔗，我询问是否需要用冷开水泡一下，陈老师严肃地对我说："磊蕾啊，你看，我不是对生活那么讲究的人啊。"说完后，拿起了塑料袋里的甘蔗，吃了起来，眼里闪着孩子般满足的光亮。《求真迷行录》里那个在草原上不羁的少年，在花甲之年的老头身上栩栩如生。陈老师从来不是文字，他那么普通且亲切至极。从下午到晚上，一群晚辈小子在老师家七嘴八舌，侃天侃地，说些年轻人的时髦，年轻人的忧虑，年轻人的喜好，老师莞尔而笑，时不时插上一两句……此情此景让人想起千年之前那个与小子们论生活之道的夫子……可夫子是如此遥远，留在时间和文字无法淹没的距离里，一步天涯；眼前之师却如此切近，走出书本，走出句子，走下讲台，声息相对，前尘今世都为小子们娓娓道来，那些骑马呼啸的感觉，那些在国外开车经过陌生小镇时上路的冲动……

快近午夜之时，酒酣耳热，老师送我们回学校。开车离去时，一件黑色的皮夹克消失在雨夜凄凄的路上。我突然有这样的感觉，如果配上摩托车，黑色墨镜，估计陈老师有黑帮老大的风范吧，全然不是我所想象的哲学家的样子。不过也有很多人说，海德格尔看着也不像一个哲学家，维特根斯坦像个时髦的小混混，哈贝马斯像个农民。

我打伞走回寝室，路过五舍楼下那棵白色的山茶花，那花在黑夜里如同童话书里闪闪发光的神物，幽幽地在雨中站着，仰望上天。是花开让我觉得美丽，还是我知道了美才学会观照这花呢？我不知道。我只知道，这花让我亲切得几乎要前去拥抱，几乎觉得自己也是一朵白茶花……我能成为白茶花么？在花开花落的匆匆之间，完成自己的天命……

印象 2:点着烟的哲学家

前年，旁观哲学系研究生论文答辩会，有些看人挑担不吃力的嫌疑。会上，年轻老师拼命挑着那些俎上鱼肉的毛病，说得鱼肉们焦头烂额，我几次都怕有些承受力比较差的女生会哭出来。年轻老师自有年轻老师的道理，何况教不严师之惰。陈老师只说了一句话：研究生的论文，其实就是一个作业，能写完整就可以了。说完就默然不语。

中间休息的时候，陈老师一个人默默靠着墙，食指和中指夹着那支冒着白气的烟，缓缓放下，徐徐拿起。平时下课，他身边总是围着很多同学，叽叽喳喳地问问题，谈想法。第一次看到他一个人抽着烟。我居然不忍心上前惊扰这个画面。我的好朋友，也是被答辩的学生之一，居然在我旁边抓紧了一下我的手。我问怎么了，她没有回答我，只是深深地点了点头，然后拉着我走开了。

几年后，我与她在北京重聚。她已然工作，整日奔波于各种琐事之间。我们走在橙黄色的树荫里，夜色让我们都很安全。她突然提起那次答辩会上的事情。她说，这几年她始终无法释怀陈老师默默抽烟时的那幅画面。我追问她为何，她说这只能理解为一种感召，一个启示，只能把这幅画面整个撕下来，藏起来，等到生活理解了它的时候，她才能说清楚它在她生命中的意义。我问她，你后悔么？放弃学术的理想。她答，不后悔。因为她知道自己并不是适合做哲学的人，但她遇见过哲学家了，并且跟着他学习过，朝闻道夕死可矣，此生无憾。我默然。

又有一次，去复旦听一位著名的哲学老师的课。课间，与邻桌一男生攀谈起来，他是这位老师新收的博士，原本是计算机系的。他得知我认识嘉映先生后，立马脸放红光，急切地向我报告，他正是读了陈老师的文章才决定弃理从文，读哲学的。我愕然。

原来这个点着烟的师者，不仅可以解答专业学科上的惑，还可以让人在生活的悬崖刀口做决断。一个曾经抱着哲学梦的人可以放弃美梦，踏踏实实地心甘情愿地回到生活之中；一个曾经对哲学一无所知的人可以决定献身这个危险的事业。是哲学的魅力，还是嘉映先生的魅力呢？这个我还是无法一言以蔽。只能说，自从那个雨夜遇到了那句话，自从不断向嘉映先生求道学道，我像我的朋友，也像那个复旦的男生一样，发现了自己的天命，做了自己的决断。知道自己想做什么，能做什么不能做什么，对于年轻人来说，这才是最重要的。

我们能不能学哲学呢？就像康德说的，哲学是一场大冒险。陈老师也无数次劝导那些想学哲学的年轻人：把哲学当作爱好，无可厚非，也异常可喜；但如果把哲学作为事业，就会困难重重。因为对于哲学而言，没有平庸的哲学家，只有好的哲学家和不好的哲学家。你可能抱有一种对哲学的向往，认为哲学可以回答你生活中所有的疑惑，但实际上不能，哲学从来不直接面对生活中种种的问题。毋宁说，它更像一种启示，一道神谕，你能不能理解它取决于你的能力。这种能力多半是可以训练的，但还有很大一部分，而且是极为重要的一部分，是天赋。因此，你也可能抱有一种哲学理想，希望解决所有智性上的难题，但大多时候，你不得不承认，你一生的努力也许都抵不上一个哲学天才的横空出世；也不得不承认，你一辈子的工作只是为天才做了一个靶子、一个注脚，甚或一小块铺路石；甚至不得不承认，能做一小块铺路石，已然是你的幸运了，至少你还做了什么。最可怕最悲哀的是，当你要盖棺论定之时，却发现自己做的一切都无意义。哲学是危险的工作。只有深入过它的人，才能有这样的劝诫，就像亚里士多德声称年轻人不适合学政治一样。

对于我，对于很多受到嘉映师影响的年轻学子，劝诫不过是劝诫，知道前途漫漫，就只是知道。将来如何，不可预言，无可感知。能感知的只是：于我，这个人是点灯的渡者。就像朋友所说，朝闻道夕死可，从如此师，学如此道，此生又有何憾？将来又有何畏？

焉知三十载

——记“陈嘉映学术三十年”会议记述

叶磊蕾

前几天，首都师范大学哲学系召开了题为“批评与回应：陈嘉映哲学三十年”的会议。会上程炼教授说，“一晃眼，哲学被嘉映搞了三十年”[①]，这是幽默的话，不过他的确被哲学套牢了。这是偶然还是必然呢？倪梁康先生在谈及陈嘉映时说：“陈嘉映总是在想事儿……他的确适宜作一个思想者。我甚至想不出他还能做什么。”[②] 可是，这种适宜这种必然性从何而来又从何说起呢？

陈嘉映学哲学有很多偶然的因素，一路走来，多是断壁绝崖，若不是纵身一跃，如今身在何处就不知道了。无论是当年考北大西语系时因为哑巴德语差点被拒在大学门外，还是后来考哲学系研究生因着熊伟先生的力主而立身其门下，抑或是与“海德格尔”的相遇，还是与“维特根斯坦”的相识，都带着那么多的偶然，几乎没有什么选择，都是被选择的。这些故事就好像是此在命运的诠释，被抛到这个世界上，纵身一跃，是深渊还是澄明，不跃便无从知晓。唯有经年累月的勤勉是可以确定的。在插队的青年点，在班房的防空洞里，在麦田里，在五六平的斗室里，在黑山扈……所有的这些地方都记录着他的前定。陈嘉映哲学三十年，为当下活跃在学界的学者召开这样的会议，在中国学界可以说是首例。这样的会议从来不是无缘由地开，那么多远方到来的同行老友也不是无缘由地来，却总是与那些前定，那些偶然，息息相关。

---

① 程炼：《为〈语言哲学〉“弗雷格”章进一言》。

② 倪梁康：《思者的疑虑》。

一 初识哲学的少年

1952 年，陈嘉映出生于上海的一个普通干部家庭。1958 年，随父亲举家迁到北京。1968 年到内蒙古突泉县插队。1976 年回到北京，考上北大西语系，攻读德语专业。这将近二十多年的时光，虽然不能囊括在“陈嘉映哲学三十年”名下，最多可以叫作“史前史”。但是，只有理解了前面这二十多年的故事，才能明白“陈嘉映哲学三十年”的不易。

“文革”开始以后，陈嘉映和他的两个哥哥陈嘉明、陈嘉曜同在内蒙古突泉县永安公社插队。初到农村的那几年里，生活非常艰苦。饭菜没有一点儿油水，却每天要干很多农活。他们三兄弟就在这样的情况下依然坚持每天读书，在地头读书，在晚上读书，在任何可以闲暇的时候读书。当时的陈嘉映爱好文学和科学，眷恋古典的诗词歌赋，尤其喜好庄子文章。对以马克思为代表的哲学只觉深奥，敬而远之。记得有一次和他闲聊，他很认真地说：“十六岁初读庄子，喜欢得不得了了，从此就从未中断过阅读，我的气质从最基本的层面上看，就是庄子的。”

直至今日，陈嘉映每周必要抽出一天或者两天来阅读诸子和理学，特别关注当下中国哲学的研究现状，虽然他以前很少在文章或者课堂上谈及这方面的关注，仿佛只是个人爱好而已。但是，从 2008 年在讲授“说理与说理方式”到这几年的著作，特别是《哲学·科学·常识》和《说理》，都显露出了他长期以来对中国文史哲传统的积累和心得。就像与会者们普遍认为的那样，陈嘉映致力于用汉语思维来讲述西方传统下的哲学问题，或者说，是在借助西方传统下清晰性和确定性的追求，用汉语来重述中国语境下的人的日常生存问题，为了让问题与理解重新血肉相连。这一点也无疑是当下学界对陈嘉映工作的理解和肯定。不过，那时读着周振甫的《诗词例话》的少年又怎么会知道自己的一生会许给哲学呢？

就在陈嘉映沉浸在中国语文的时候，二哥嘉曜却已经是个对哲学颇有研究的饱学之士了。尽管那时，对中国文学和思想有了相当的阅读量，但当看到哥哥啃的那些大部头的哲学书，嘉映说他那时就像愚鲁未化的初民，感觉到自己的眼界始终囿于个人感受的狭小范围，在哥哥面前甚至还有点自卑，嘉曜那时自然而然成为了陈嘉映的哲学启蒙导师。大哥嘉明是个对语言敏感的日常派，二哥嘉曜却是在理论上颇有造诣的理论家。在两位哥哥针锋相对的启蒙下，嘉映发现，那些原本让他敬而远之的所谓理论书，特别是那些经典马克思的教科书多半是虚张声势的教条，武断的宣传文章，没有什么思想。“这些专家权威的愚蠢刺激起青年人的虚荣和自负，我开始有胆量来阅读理论著作了，一面挑拣教科书里自相矛盾的论断荒诞不经的推理，以为乐事，一面尝试自己来澄清各种哲学概念。”就是在这个时候，那个爱好文学的少年开始找到了一片新的天地。也就是在这个时候，播下了他与维特根斯坦惺惺相惜的种子——把哲学看作一种智性的治疗，对哲学家用词的反省，对日常语言的重视——这些都成就了他未来的哲学道路。

只要环境还没有严酷得像奥斯维辛，年轻人总是会把自己的生命力量彰显出来，聚集在一起发明各种快乐。那时的很多年轻人多是如此，因为怀着对中国未来强烈的责任和忧虑，聚集在一起，有些是通过诗歌，比如白洋淀的那群青年，而这群年轻人则是通过哲学。在陈氏三兄弟的身边，逐渐集结起了一群爱好哲学的青年，相互支持，共同精进。1970 年，在哥哥和一群志同道合的哲学青年的带动下，陈嘉映开始系统阅读哲学书籍。他的阅读和同时代的很多人一样，从马克思、恩格斯、列宁、普列汉诺夫等人的著作开始，然后进入西方古典哲学。读得最多的是黑格尔，然后是康德。此后，凡能到手的哲学书他无所不读：狄德罗、休谟、培根、孟德斯鸠、亚里士多德，朱光潜译的《柏拉图文艺对话》。

这段时期的学习和写作，与其说是为了一己之快乐，不如说是为了在这个晚上只有月光的大草原上维系着对中国前途的忧虑。在农忙“歇气儿”的时候捧读大部头的著作，在夜里为一个抽象概念争得天昏地暗直至天明，在艰苦的环境下，享受着阅读的快乐，燃烧着青年人的梦想。阅读带来了写作的冲动，几乎是开始阅读的同时，陈嘉映也开始了哲学写作。一开始是《逻辑学纲要》和《哲学史名词鉴》。1973 年，他完成了洋洋几万言《理性哲学》。二十啷当岁的少年，才读了几年书，自然写得浅薄，却彰显了一个年轻人异于常人的热情和快乐。阅读的快乐和写作的快乐交相辉映，这些快乐支撑着他所有的生命热情。阅读同时也带来了对西语学习的必要性。但是学习外语在那个年代异常困难，一般的书都很难弄到，何况是外文书。

这一代年轻人的个人生命进程多半与政治历史事件紧密联系着，谁让这是一个政治动荡的年月呢。不知是必然还是偶然，1971 年 10 月林彪去世。1972 年成了政治上最为松动的一年。回到北京的嘉映找到了不少好书。多是俄文、德文、英文的原版书。看不懂就学。那个年代的年轻人学习外语大多经历了这样的过程：下定决心，一手词典，一手教材或者原版书，一词一查，经年累月，坚持不已。陈嘉映学习外语也是如此。学了一段语法和单词之后，弄来了一批原文小册子，也不管是什么内容，先翻阅一下，按着自己的水平，把小册子从能看得懂的到看不懂的依程度高低排列，然后从最能看懂的那本开始读，一开始每一行要查很多单词，异常吃力。到第二本又会遇到新的单词，每看一本都要遇到新的单词。到最后一本看完的时候，读其他英文原著已经不是问题了。虽然都是哑巴外语，可是那种学习的毅力恐是我们这一代人无法想象的。

“文革”后期，陈氏三兄弟先后回到北京城。在翻天覆地的时局中，年轻人又聚在一起，整天在街头晃荡，期待着参与着历史。但是嘉映努力保持镇定，他说过，那个时候，年轻人几乎是不回家的，每天都聚在一起，随时局变化而心情激荡。但是他却认为，无论发生什么，每天必须要坐定读书。这段时期，他受人之托做了些翻译工作。自从弄到了国家图书馆的借书证之后，阅读的范围不断扩大，从弗洛伊德、威廉·詹姆士、格式塔心理学、行为主义心理学，到尼采、罗素、柏格森、杜威……正是这些作家为他提供了一种新的可能性，他们的生活世界与他所了解的世界经验生动地联系在一起，直到这个时候，初始哲学六七年之后，他才开始贴切地进行哲学思考，上了正道。阅读还是和写作联系在一起。不断推翻之前幼稚地写作，却同时发现前面的写作变得越来越困难，因为已经过了不知天高地厚的年龄了，对哲学家的大概念的反省和理解也在逐步加深，对体系的反省也日益明确。也是在那个时候，嘉映的心中有了一本他自己的“the book”。这是一个整体性的工作，却不是为了建立一个哲学体系，更不是在哲学辞典上再加上一连串概念，而是更为基础的整体反省工作。至此之后，陈嘉映哲学三十年，不断阅读和精进的过程中，他都在写他的 the book。无论是《哲学·科学·常识》，抑或《说理》，也许都是在这样的惺惺念念之中，向他的 the book 迈进。

说起对于这段时期所阅读的经典著作，他总是最愿意提到歌德的

《浮士德》。他认为，这部诗剧是他灵魂中一个不可分割的部分。浮士德那种求知的激情和向上的冲动，和庄子所代表的对人生和存在问题的通透豁达、逍遥任性、恬淡自然的境界，在陈嘉映那里，有着某种神秘的共通性却又针锋相对。他曾经举意学尽天下知识，曾经企图把读书当作建功立业的抱负，把它和中国的命运连在一起，谁能想到经历过岁岁年年的积淀，浮士德和庄子神奇地融汇成这个年轻人生命的底色，让这个不知天高地厚的黄毛小子长成为一位恬然自得思辨之乐的思考者。就像陈常燊形容他："俨然一名钻到思想密林深处的拓荒者，如庖丁解牛，游刃有余。"[①]嘉映家里挂着一张照片，是很多年后他重回大草原时留下的。小小的身影站在苍茫无垠的草原上，显得孤独、渺小却倔强。这是一个处于动荡岁月又渴望建功立业的少年的真实写照，奠定了嘉映在哲学道路上的形象。

二 在哲学道上的大冒险

康德在《纯粹理性批判》里把哲学说成是一场大冒险。而作为在哲学这条道上冒险了三十多年的过来人，陈嘉映不止一处地对柏拉图的观点深表赞同，主张三十岁以后研读哲学。年轻人从学应以实学为主，读一点儿哲学当做修养，大可不必究其大意。甚至他认为，本科应该取消哲学。因为初涉人世，对生活尚不明确，生活中的问题如何能与那些概念层面的思考切肤相连？年轻人又尤其容易被抽象的大概念吸引，因为越不明白的东西仿佛越能承载年轻生命中的迷惘，于是会更容易在大概念上空转，丧失了感觉层面的体悟，丧失了生活的形象。哲学是一项澄清的工作，只有不断反思的人，才会不断要求这种智性上的治疗，而对于信仰概念的人，无可疗治。

因此，哲学是危险的工作，就像亚里士多德声称年轻人不适合学政治，柏拉图也主张年轻人三十岁之前不要学哲学。只有深入过它的人，才能有这样的劝诫。焉知嘉映哲学三十载，正是这样的一场大冒险，千钧一发。

1977 年，正当陈嘉映准备前往一家印刷厂当排字工的当口，恢复高

---

① 陈常燊：《穷理盘道要修的真功夫——读陈嘉映先生新著〈说理〉》。

考的消息传出。二十五岁的他决定参加高考，报考了北大西语系德国语言文学专业。结果笔试考了第一，却在口试的时候，一个完整的句子都说不出来。考官以为他是请人代考的，最后弄清了他自学的经历，才打消疑虑，但是留不留成了悬疑。亏得一位韩姓老师的力主才勉强被录取。

进了北大没几周，又恢复了研究生招考。他出于生计需要，决定报考北大外哲所的研究生，毕竟研究生有三十几元收入。笔试顺利通过，面试却在被问及毛泽东《中国革命的策略》中关于矛盾、实践之类时给打蒙了。考官们非常恼怒，也不再问及现代西方哲学的问题，准备不录。这一次是熊伟先生力主留下他，这个考生老大不小，这么多年自学不易，又掌握了几门外语。从此，陈嘉映与素未谋面的熊伟先生结下了师生情谊。后来因着种种因缘，本来报考当代马克思主义的嘉映被转到了熊伟先生名下，学习存在主义。他回忆这段往事时总是喟叹不已，“运命惟所遇，循环不可寻”。

正是这段经历造就了他与海德格尔的相遇，为他今后三十年的哲学冒险指明了第一座灯塔。当时海德格尔在国际上早已风靡一时，其思想早已超越了哲学领域，在宗教、文学、政治、文化等等各个领域都深远影响。但刚从十年浩劫中醒过来的中国，对海德格尔非常陌生。熊伟先生是最早向中国译介海德格尔的学者，但海德格尔的著作却大多是熊先生的节译。工作浩繁而紧要，长期的政治动荡却导致继学者寥寥无几。正是在这样的情况下，熊伟先生引导着刚入学的陈嘉映认识了海德格尔。熊伟先生说：“这书你会不会喜欢我说不定，但可以保证你读完后不会觉得浪费了时间。”就凭熊先生的这句话，他开始攻读这位晦涩透顶的哲人。谁能料到，就是这样的“被读”，成就了一位重要的海德格尔专家，成就了存在主义在中国译介史上的里程碑。

陈嘉映回忆北大读书的时光说自己是一半在用功，一半在玩乐。研究生 3 年，听课不超过 10 堂，多数老师只在考试那天见到过他。他还迷上了桥牌，有过成为专业棋手的想法。后来刚到美国的时候，和一个朋友搭档打过大学第一名。北大期间，学校给研究生提供了一笔访导师、找材料的经费，结果这笔钱陈嘉映拿来作旅游经费，在大江南北好好转了一圈。这趟玩乐成就了后来的《旅行人信札》。这本书所表露出的不仅是一位青年才俊游学时的高山仰止之心，更是一位正在研读海德格尔的思考者对此在生存的体悟心得。就像与会学者普遍认同的，如今学界能用作家笔法写纯粹哲学的，难有陈先生之右。陈嘉映“玩”着文字——写札记写散文写诗歌写小说——“玩”得高兴，也“玩”得精彩，可是哪种玩乐都没有离开思考。倪梁康说：“他平时什么都不做，只是在想，而后把想的记录下来。”

陈嘉映爱玩会玩在朋友中也算是出了名的，爱聚会也爱朋友。他还总是说，读哲学最重要的是觉得有趣，就像孩子在游戏中一样，在思考的游戏中感觉到快乐。沉浸在哲学思考的快乐中，也许是他得以继续哲学大冒险的最重要的动力。会上徐晓女士说，当时她家和嘉映家同住一个院子，来往甚密。她看到嘉映基本都在和各种朋友喝酒聊天，很少看到他埋头读书。其实徐晓女士是想告诉大家，陈嘉映做哲学与一般学者有所不同：他喜欢和各种各样的人聊哲学，听听各种各样的人的想法。所以一般上过他课的人都会奇怪，课堂上常常宾客满堂，一半都不是搞哲学的，多的是搞艺术的、文学的、语言的、教育的，等等，甚至还有商界的实干家，公务员等。

陈嘉映一直抱着一个很特别的观点：一个搞哲学的，不应该只对着搞哲学的人说话，或者想象自己对着全人类说话，在现在这个超级城市的时代，也不可能像苏格拉底那样走到大街上和每一人说哲学，哲学要对政治家、艺术家、经济学家等精英说话，再让他们去启发大众。这个观点表面看来是精英主义的，其背后是和他反对放之四海皆准的普世主义、坚持自然理解的立场有着密切关系，因此也激起了学界诸多批评和回应——比如就与会者而言，坚守哲学救赎论的张志扬、抑或坚持哲学应为科学奠基的张志林——他们认为陈嘉映放弃了哲学的形而上学任务，是一种妥协和放弃。的确这是一场持续的论争，孰是孰非，听者自断。不过对于陈嘉映来说，他的工作正是厘清科学与哲学、真理与常识之间的纠结状态，这也是从初始哲学的少年，成长为一位盘道者的生活所得。他从来没有给出结论，只是在启发道路。对他来说，反思，或者更明确说，概念分析是哲学最重要的任务之一。只有不断倾听不同层面人的困惑，才可能让哲学家保持在与日常反思的切肤联系之上去做二阶的系统反思，才能让哲学家的工作不至于脱离活生生的生活。

对话是 Logos 的一种本质特征，是哲学的天命。陈嘉映一路走来，就是在与各种人的交流争辩中，不断精进。早年是和哥哥们，后来是与各种志同道合的探险者。甚至与他所阅读工作的哲学史上的大家，他也始终保持着一种对话的姿态。所以，对他来说，组成读书小组，相互争辩是哲学探险的重要方式。其中就不得不提黑山扈期间那段非常愉快的时光，也是张志扬先生在会上一再感叹一再肯定的时光。当时毕业后留校工作的陈嘉映到西安参加一个外国哲学会议，结识了一帮志趣相投的年轻人。回北京的火车上，大家开始商量怎么“可持续性交流”。这些人中只有陈嘉映在颐和园北面的黑山扈有个二十多平米的独立小窝，自然而然成了大家谈玄论道的地方。

1981 年到 1983 年，大约每个月聚会一次，读书盘道，争辩真知。这是陈嘉映非常愉快的一段时光，也是一段佳话。朋友带朋友，一拨接一拨，一时间才俊满堂，其中很多名字都是现下独当一面的大家，比如赵越胜、朱正琳、胡平、徐友渔、洪汉鼎、何光沪、甘阳、王庆节。当时甚至流行这样的话——“懂哲学的都在黑山扈了”。一帮年轻人聚在一起，玩乐空谈之余，也想做点事儿。大家商量着组织翻译一套西方现代哲学名著，商量着每人写一部专著。想做事就要有人出头，这人就是甘阳。甘阳对人，对书，对思潮，都有一流的直觉。在他主持下，后来“文化：中国与世界”横空出世，两三年里又出了几十种书，一时蜚声海内外，陈嘉映翻译的《存在与时间》成为其中一部重要的译著，该译本后来在 1995 年获得了国家教委学术成就二等奖，是得奖的唯一一部译著。

1983 年，陈嘉映的命运改变了轨迹。在一次国际会议上导师熊伟结识了宾夕法尼亚州立大学教授科克尔曼斯，一个特别热爱海德格尔的重要专家。熊伟告诉他，中国有一个叫陈嘉映的年轻人在翻译《存在与时间》，科克尔曼斯异常高兴，当场提出，希望陈嘉映到美国去跟他读书。在熊伟先生的帮助下，带着满脑子对于自由民主的想象，陈嘉映到了美国。意外的是，在美国受到的第一个刺激正来自美国人对美国式自由民主的诋毁。学校聚集了众多反叛美国制度的学生，跟你说美国怎么怎么糟糕，中国怎么怎么好，怎么怎么有希望。于是彼此经常倒过来，互相列举大量的事实，为对方的国家制度辩护。争论的结果是双方面的。“肯定是他们被我改变了一些，我也被他们改变了一些。”待了好多年，经历了很多事，离开美国的时候，陈嘉映才觉出这些年的潜移默化——因为亲身的经历，对另一种历史、另一种生活方式才有了具体而细微的体会。

在经历着自己政治理想变化的同时，在宾夕法尼亚州立大学的学习异常艰苦。记得有一次陈嘉映回忆起当时在美国做海德格尔研究时的情景：每天读海德格尔，字字句句在书的哪一页都能记住，每次师生讨论的时候，想起一个海德格尔的句子，就会问："嘉映，这个句子在哪里"，他立马就能说出页码。当时用功之深可见一斑。后来在读书过程中的笔记又成形了《〈存在与时间〉读本》一书；在美国的用功期间又写成了《海德格尔哲学概论》。正是凭着对这位伟大哲人的用功和领会，奠定了陈嘉映作为中国学界中海德格尔研究专家的地位。开"陈嘉映哲学三十年"会议期间，与会学者对他与王庆节的译本，以及其他海德格尔研究著作给予了高度的肯定。也正是在美国读海德格尔读到想吐的时候，他遇到了维特根斯坦。这一次不是"被读"了，而是相见恨晚，爱不释手。从此与海德格尔更多的是存在深处的相依，而与维特根斯坦则是他接下来十几年日夜相对的交谈者。最后他基本转向了语言哲学的研究。面对他的研究转向，有学者认为，他的目的是横跨现象学和分析哲学这两个 20 世纪最重要的思潮。其实读过陈嘉映的《在语言的本质深处交谈》的读者会有这样一个印象，这个人的基本关怀和基本问题一如始终，他从来不是某一个伟大思想家的研究专家，而是一个从问题出发的寻道者，不想成为也从未陷入任何一个学派。就像童世骏先生说的那样："（陈嘉映）更愿意用一些未经'哲学训练'就觉得顺耳的汉语词汇……来讨论我们在使用这些词的时候、在进行这些词所涉及的活动的时候所碰到的一些问题……说到底就是作者领着读者说理或启发着读者说理，与读者一起对说理之理进行自我反思。"①

回到北京已经是 1993 年了，带了将近 1 万美元回来。当时正是美元比值极高的时候，黑市上 1 美元能换十一二元人民币，同时也是利率极高的时候。陈嘉映一算，把这钱存银行里头，就是十来万人民币，一年不就有个 1 万了？一个月就有 800。我有房子住，我还用工作？哥哥嘉曜人在国外，在北京空着一套两室一厅的房子，陈嘉映住进去，开始一种他觉得极为美好的生活。没有电话，没有电视，没有影碟，什么都没有。就是一

---

① 童世骏：《理性、合理与讲理（提纲）》。

张书桌、一台电脑、一个书架。门一关，从早到晚工作。楼下是外院，就在外院食堂吃饭，什么人都不认得，跟卖菜的用手指一下这个那个。不用说话，一天24小时不用说一句话。就这么过，觉得特幸福。

可惜这幸福没有想象中那么扎实。先是钱被一个哥们儿骗走了一半，加上一系列花销，转眼就没了。还有一些朋友说，你应该去工作。朋友王炜当时在北大外哲所，一直非常想让陈嘉映回北大。陈嘉映后来就去北大看了看，一去发现北大把自己除名了。据说80年代末什么时候，教育部曾经下过一个文件，说留学生出国几年未归的先除名，回来重新办，就除名了。刚除了没几个月又下来一个文件，不除了，就挂着。陈嘉映前后脚出国的，全都没除名，单单把他给除名了。费了一点周折，王炜帮忙办了所有手续。过了一年多，陈嘉映终于回到了北大。2002年，他又来到了上海的华东师大。2008年又回到北京，转入首都师范大学哲学系。首都师大对他非常礼遇，也因此成就了这样一个前所未有的会议。

进入了工作，生活就不再像年少时那么波澜壮阔了，一半是政治生活相对平稳，一半是岁月催人沉稳。记得有一次课上谈及理想和抱负时，他说："到了这个年岁已经很少谈理想了，不是没有理想，而是知道怎么让它在夹缝中生存，我们要紧的是做事儿。"经历过动荡岁月的寒窗苦读，经历过他乡的艰辛游学，磨刀功夫几十年，到了21世纪之后，他仿佛进入了收获的季节，开始了大量的写作，几乎年年都有新的著作或者散文集子出版：万德勒的《哲学中的语言学》（译注）（2002），《语言哲学》（2003），《旅行人信札》、《无法还原的象》、《从感觉开始》（2005）；《哲学科学常识》（2007），《西方哲学大观念》（编译）（2008），《维特根斯坦读本》（2010），奥斯汀的《感觉与可感物》（译注）（2010），《普遍性种种》（2011），《白鸥三十载》（2011），《说理》（2011）。

收获的不仅仅是丰厚的著作，收获的是初识哲学以来，他所求到的道，他要把它们放回到自己的汉语体系中来言说。就像这次与会专家所提到的，陈嘉映在近几年开始了一种全新的努力方向，特别是《哲学科学常识》《说理》这些书的出版，标志着他不再只是精通某一方面的专家，或者某一位著名哲学家的诠释者，而是努力回到汉语语境，回到中国当代人所思所惑的问题，进行系统反思。中国不乏那些用汉语写作，关心当代人问题的学人作家，中国学界缺的是深知中国思想传统，对自身话语体系有非凡领悟能力，同时又能深知西方话语体系的哲学家。这个早年爱中国语文爱得如痴如醉，在自己的生命底色中交织着庄子和浮士德的花甲之人，的确让我们有了期待。

焉知三十载，道路阻且长。当年在突泉插队的那个少年，那个自觉不能像哥哥那样读高深理论，只愿沉浸在诗经和庄子的美好文字里、一心怀揣着对中国命运无限热忱的少年，可曾意料到，经过将近半个世纪的风雨洗礼，某一天居然开了一个陈嘉映哲学三十年的会议。会议只两天，怎能说完一个人三十年的求学历程；著作有一打，怎能全数记下何止三十载的心路过往。我们只能期待着当代中国学界所赞扬的“嘉映体”能够为我们带来更多智性上的洗礼和启示；期待着，他的努力能够成为这样一个象征：在当代中国，有思想厚度的哲学家正在进入成熟期。更期待着，到了“陈嘉映哲学六十年”的时候，不仅有来自中国学术圈的学者，更有来自国际学术圈的学者，一起来批评这个中国的哲学家的著作，从而让开启一种真正的国际对话，毕竟哲学从来不只属于一个国度。

（原载《批评与回应：陈嘉映哲学三十年》，陆丁、梅剑华编，华夏出版社 2013 年版）

程广云和他逝去的江湖

——写在哲学系五周年之际

梅剑华

我们已经不适应这个江湖了，因为我们太念旧了！

——《喋血双雄》

记忆总在不断的回顾和新的经历中被改写，尤其是关于人的记忆，纠缠太多道德、利益、品位的考量，而变得飘忽不定。我想在对程广云老师的印象还没有改变之前（天知道还会不会有所改变），先记下一笔，为流逝的岁月做一个见证罢。

初入京城

2003 年暑假，在武汉漂流的我报考了北京大学哲学系中国哲学专业，在那段考研的日子里，一个闯荡江湖的朋友飞鹰来到武汉“隐居”，白天他跟我到自习室看书，看女孩；我读西方哲学史，推荐他看陈嘉映老师的《感人、关切、艺术》；晚上休息的时候我跟他去健身房锻炼，练习散打。夜半回到家里，一个人跑到楼顶上打沙袋。考试结束了，我没有回家，选择在武汉岳家嘴的出租房里过了一个人的春节。2004 年 3 月 8 日初试成绩出来了，我以一分之差败北，失去了以往的理想气概，决定申请调剂。在这期间，我给陈来、陈少明、李翔海、刘小枫等人写信，希望争取到一个复试的机会。其中给我回信的有三个，陈来老师回信建议我调剂首都师范大学；陈少明老师委婉地拒绝了我，因我中哲的分数实在太低，刚刚及格。李翔海则回信问我有没有调剂到其他学校的打算，我即告他从陈来处得知的信息，首都师范大学哲学系可以调剂。

若干年后，我和这三位老师都有了接触，2005 年首都师范大学哲学系成立大会那天，晚饭后我送陈来老师回蓝旗营，还说起他当年的推荐。2006 年冬天和程广云老师去上海复旦大学参加哲学系主任联席会议，在报到的时候，会务人员知道我的名字后，告诉我李翔海老师也参加这次会议，让我去他的房间找他。当时我心头一热，那天晚上在外面聚会结束之后，我去李老师房间拜访了他。当时我的兴趣已经转向了分析哲学，我给他说了我的打算，李老师一再询问我：学过逻辑和数学没有？有没有征求韩林合、陈嘉映老师的意见？没有基础不要随便转专业，说得比较严厉，我有点词穷。回头想来，李老师为我的前途担忧，真是古道热肠。机缘巧合的是，几年以后我成了韩林合老师的博士生、陈嘉映老师的学术助手，他当年的担忧也许大可不必了罢。最近听说李老师移师北大马克思主义学院，惭愧的是一直没能拜访。2007 年秋天，陈嘉映老师在黄山开会，招我过去雅聚，我在那次会议上见到了陈少明老师，中秋之后的那个晚上，我们住在黄山之巅光明顶，晚上月亮升起来了，我们一干小辈找到一方无人光顾的山脊，躺在斜斜的石面上看远处苍茫的群山，看群山之上皎洁的月亮，听少明老师论道孔子中庸。是年秋天，陈老师来北京，我代程恭让老师邀请来我系参加学术报告，陈老师当时做的报告题目忘记了，只记住了一点，当时陈明老师也参加了，在随后的评点中，陈明老师说，这个讲题他阴差阳错地听了三遍，能够同时赶上陈少明老师同一个主题讲座的，除了陈明这种纵游江湖的人又有谁这么凑巧呢？

话说 2004 年 3 月 10 日左右，大学朋友回武汉找我聚餐，大醉一场回到卧室睡下。正朦胧间，电话铃响起，我接通电话，对方问：“是梅剑华么？我是李翔海。”我一个激灵爬起来，酒醒了一半。虽然我在给李老师的信中留下了我的手机号码，但并没有奢求回电。交谈之间，李老师告诉我，如果我愿意去首都师范大学读书，他愿意给那里的中国哲学学科负责人白奚老师推荐我，绝处逢生，我当即答应，准备入京事宜。感激之情不在话下。同时我也从其他渠道得知中央民族大学哲学系也招收调剂考生。因此我做了两手准备，万不得已也可以调剂民族大学。第二天我到网吧搜索白奚老师的信息，意外发现，我以前借过他写的书《稷下学研究——中国古代的思想自由与百家争鸣》，现在回想算缘分所系。

2004年3月13日晚上我坐火车来北京，3月14日上午到了北京，第一次到北京，新奇且茫然。我转了好几路车，先到中央民族大学哲学系，碰巧遇到李泽厚先生的大弟子赵士林老师，好像是和武大的彭富春老师刚聚会结束，和他聊了一会，他大概觉得我水平凑合，给系的秘书叮嘱了下，让我好好准备复试。当时系里的秘书是靳晓芳老师。她建议我住在民族大学后面的家属院简称“一高”的地下室公寓，到北图办理图书证，这样每天可以专心学习准备复试。这样我就在民族大学西门外住下了，一直到复试结束。在这期间，我还拜访了白老师，那次面谈让我决定选择了首都师范大学哲学系。回家之前，我还把在京购买的哲学书籍存放在白老师处。准备复试期间，我去了五道口瞻仰了早期的摇滚天堂、去天安门爬了城楼、去鲁迅日记中经常提到的琉璃厂、去白石桥五塔寺的天则经济研究所听萧功秦老师的讲座、去工人体育馆看“深紫乐队”和崔健的演出。但去的最多的是北大，除了办理实际事务之外，我也混迹其中听了一些讲座。

我第一次在北京住地下室，刚来的时候，我住的那一间空空荡荡就我一个人，孤寂难眠，尤其是起风的时候，冷风卷着楼外的自行车棚顶哗哗啦啦响了一夜，我到北京的第一夜，我想起了张楚在地下室拿着破吉他写歌，闲暇时候看恩格斯《自然辩证法》的情形，人虽异，处境却相同。复试后回到家里读了一段时间的书，6月初回到北京，飞鹰早我在北大未名湖后边觅得一个居所，于是我在北大混迹了一段时间，直到9月12日正式入学。

2004年:一堂课的学生

2004年9月我来首都师范大学从白奚老师读中国哲学专业硕士研究生，但心不止此，常常混迹于北大课堂，首师倒成了我的暂居之所。记得那年秋天陈嘉映老师和刘小枫老师在北大外哲所开设系列讲座，陈老师讲的“科学思维与日常思维”从亚里士多德的天学讲起，后来以此为主题出版了《科学哲学常识》一书，刘老师讲的是菲德罗、共济会等，开始他所谓之古典学的名山事业。我躬逢盛会，都听了下来。同学之间瞎聊，偶或听说政法学院有一个读书班，读点当代西方哲学之类，老师是哲学教研室的程广云。这是我第一次知道有这么个人。我本科读的化学，读中国哲学属于跨专业，需要修一门马克思主义哲学原理课程，这门课程的授课老师是程广云。我装模作样去听了一次课，就没再去。在这个意义上我是程广云的学生，一堂课的学生。从此之后我再没有听过程广云的任何课程。和他在一起闲聊时，我谈哲学的时候多，他倒做了我的听众。

2005 年:被修改的大会发言

2005 年春，宿舍同学赵大建因为和程广云的老乡关系，走得亲密，一日大建对我说，哲学系需要引进一个外国哲学的教授，你有没有人选可以推荐？当时一冲动，就给程打了个电话推荐了一个老师。电话里他的声音冷漠、简单还有点不耐烦。不几日在院里碰到他，打了个招呼，冷冷淡淡。印象中有点像我想象的尼采、卡夫卡心理阴郁却充满抗争的人。我想初次接触程的人，对他的印象并不是很好。这期间耳闻程广云要办一个《多元》杂志，我的几个同学都参与其中如朱慧玲、阿荣、周玉霞、刘君花、曾婷等几个。他们也是程广云哲学读书班的忠实参与者。首师大、《多元》、读书班、程广云这些个词儿在我身边常常冒出来，可跟我似乎没什么关系，我只是个旁观者，我在读克里普克的《命名与必然性》、塞拉斯的《经验主义与心灵哲学》、戴维森的《真理与解释的探究》，汉密尔顿的《数学家的逻辑》。在某种意义上我的精神家园在北大、在更远的地方，首师于我而言只是一个过客。

不过，事情在 2005 年 9 月发生了变化，政法学院哲学教研室的老师经过长期酝酿，准备成立哲学系。2005 年 4 月 25 日，学院通过了哲学系成立的决定，9 月 25 日召开成立大会，由程广云担任哲学系系主任。这次成立大会是哲学系第一次大会，所以各方面都需要大量的准备。大会需要系主任发言、教师代表发言、研究生代表发言、本科生代表发言。一天程广云给我打电话，希望我做研究生代表发言。我也不知道为什么让我来发言，后来和程广云探讨过这个问题，存在几种可能：他看了我 2004 年在《哲学动态》上发表的《2004 年北京市中国哲学学会综述》，觉得文笔还算流畅可读；我在他马哲课堂上的试卷，让他耳目一新，居然在讨论马克思关于必然性概念时候，用到了克里普克的必然性概念；来自周玉霞和朱慧玲的推荐，据说当时本来确定慧玲代表研究生发言，但本科生代表也是一个女生，考虑到男女平衡，我就做了研究生发言代表。我接下任务开始撰写发言稿，开会前一周程广云组织服务大会的学生聚餐，看了我的发言稿。大批了一通："发言稿的第一段是代校长讲话、第二段是代院长讲话、第三段是代我这个系主任讲话，下面就没什么话了。这样的稿子没法用啊。"当时听了，一下明白该怎么写发言稿了，遂推倒重写，第二稿给他再看，未改一字用作了大会的发言稿，后来收在《首都师范大学哲学系成立纪念文集》中。

那次会议，夏年喜老师作为哲学系的书记主持了大会，程广云老师作为哲学系的主任做了主题报告，程恭让老师作为教师代表致辞，我作为研究生代表致辞。2005 年秋三位老师互相支持、同气相投，一时传为佳话。二程、黄金三角的说法不胫而走，于今想来，不免感概系之，有白云苍狗之叹。会议开得很成功，上午是哲学系成立仪式，下午是哲学学术创新会议，结束送完专家之后，在校门口和程闲聊，随便扯了几句学术界的八卦，立刻引起广云老师的兴趣，我想大概是从那时开始，他开始和我的交往密切起来吧。

从 2005 年 9 月到 2006 年 6 月，哲学系举行了 15 场哲学讲座，每次讲座，我都负责海报宣传和会场服务，但我很少听这些讲座，会议的间隙我就溜出来在外边待着，广云老师也在做完介绍后，就溜了出来，碰到我开始瞎聊：从讲座人的学术开始聊，最后扯到李泽厚、杜维明、甘阳、刘小枫、陈嘉映、赵汀阳，学术和思想的关系，中国当前的学术现状和走向，等等。这些闲聊一开始在讲座间隙展开，后来持续到私下聚餐的饭桌上，甚至延续到现在。也大概在那时，彼此之间有了互相的了解，他的志趣大抵在刘小枫和赵汀阳之间。既想追求思想的迷人性，又试图追求思想的清晰性和重要性。这些聊天聊到后来就是要办一个政治哲学的国际会议。

2006 年：政治哲学会议、陈嘉映老师

这一年最关键的有两个，第一个是 9 月底的政治哲学国际会议，第二

个是年底走访陈嘉映老师。从春季开始，广云开始招呼我做《多元》杂志的部分工作，我约了叶闯老师和李麒麟的论文、彭天璞的译文。需要提到的是，当时程恭让老师也创办了《天问》杂志，我作为哲学系中国哲学专业唯一的男生负责了一些具体的事务，我和我的中国哲学专业同学：刘君花、王伟、黄义华担任了《天问》杂志编辑、校对工作，王伟后来读了程恭让老师的博士。其间，硕士师弟杨浩兄也参加进来，杨浩兄晚我一届，他报考的北大哲学，复试未能录取，一日找到首师大寻求调剂的机会，遇到我的室友赵大建，大建遂将杨浩介绍给我，一聊之下，知道他钟情于佛学，我就给程恭让老师作了推荐，杨浩兄果不负期望，成为程恭让老师最为得意的弟子，在 2008 年程广云老师和赵汀阳老师组织的国际奥林匹克征文大赛中获得优秀奖，程恭让老师称其不辱师门。后来杨浩兄考上北大，从汤一介先生学习儒学。程恭让老师在《天问》中开设了昆玉河畔研究生论坛，王伟、刘君花、杨浩和我的文章都先后发表在《天问》几期中，我还曾将《天问》郑重其事地赠送给北京大学哲学系的吴飞老师，吴飞老师因为我的硕士论文与宗教人类学相关，还让我着手翻译一本英国巫术与宗教史的著作。

暑假开始，我们一直在策划政治哲学国际会议，计划邀请 100 人，将国内所有与政治哲学相关的人“一网打尽”，最后到会的大约 60 人，阵容相当齐整。在程广云的提议下我担任了大会的秘书长，大建则担任了大会的会务长。这是哲学系第一次召开大型的国际会议，开会的头一天晚上由于人员的变动，不得不调整会议日程。整整一个晚上我和广云老师都在干这个事儿，分组分类确定地点等，一直熬到早晨 6 点，才出来最终的会议日程表，然后交付印刷。我记得早晨走出国际文化大厦，晨曦初现，我们的精神疲倦而又兴奋，轻松地用着早餐，等待会议开幕式。这次会议开得相当成功，很多后期的发展都或多或少与这次会议相关。比如周濂兄和我们哲学系建立了密切的关系、林国荣兄跟程广云老师读博士、徐向东老师和周濂兄几次成为引进的对象、白彤东老师在我们系做了好几次讲座、刘小枫老师来我们系做了古典诗学的系列讲座、由白彤东老师向我引荐的温海明兄为程恭让老师引荐了中国哲学大家、他在夏威夷大学求学时期的导师安乐哲教授。2007 年 4 月程恭让老师去夏威夷大学哲学系访学三个月，记得4月1号那天上午我和政法学院的行政副院长周长军老师一起去机场送程老师赴夏威夷访学。那次会议的中国哲学学者 Stephen Angle 教授也在我的联系下，受程恭让老师邀请在系里做了讲座，林国华兄的学术受到程恭让老师的高度赞许，建立了学术联系。其他的影响很多，比如说影响了哲学系后来的格局。但于我而言则是和广云老师建立了一种牢固的关系，这种关系似乎不是师生关系，但也不太像朋友关系。用他的话说，是建立了一种合作关系，我知道这是他平等虚无的精神的体现。但正因为他一直坚持这种合作关系的理解，所以我的责任心和归属感与日俱增。最终没能完成去西天取经的夙愿，咬牙切齿决定立地成佛。

2006年夏季开始，我和他见面聊天吃饭的次数要超过任何一个人，几乎全部都是他埋单，我居然也心安理得地享受这一待遇。彼此交流的增多，自然促进了理解的深入。当时我们都想一定要引进一名外国哲学重量级人物。在这之前，我们还曾着力引进柯小刚先生，也就是在柯小刚先生来系讲座聚会的那次，我认识了后来成为广云老师硕士，现在就读于北京大学政府管理学院的毛毛，广云老师曾经的学生、后来从学于北大吴飞老师、现在负笈意大利求学的吴功青兄以及国学功底卓越即将成为程恭让老师博士生的樊沁咏兄。年底，广云就着哲学系主任联席会议的由头，带着我和哲学系另外一名教师朱清华老师一起去上海、广州。在上海，我约了陈嘉映老师，陈老师刚好还约了其他几个朋友，最终我们几拨人凑在一块，在上海浦东陆家嘴东方明珠旁边的俏江南聚餐，同席的有后来日见熟悉的：张志伟老师和孙周兴老师。这次见面，我们初步探知陈老师愿意动动的意图，随后几日到广州中山大学见了鞠实儿老师，鞠老师是嘉映老师好友，他也向我们推荐了嘉映老师，这一系列因素最终促使嘉映老师2008年加盟首都师范大学。广云后来念叨多次，为了请陈老师吃饭，结果没能去上海大剧院看成歌剧《胡桃夹子》。但是引进嘉映老师给他带来的巨大成就感恐怕是一场歌剧无法取代的。2010年的哲学系主任联系会议上，刚上任的北大哲学系主任王博老师碰到其他几个哲学系主任，不无好奇地打听：“程广云这小子是谁?”哲学界的朋友都对广云引进人才的眼界和力度刮目相看。

2007 年:分析哲学、罗生门

这年初夏，广云对分析哲学的热情高涨，我拉了他和夏年喜老师一起读克里普克的《命名与必然性》，每周读一次书，我们读得很认真，他对塞尔的描述理论抱有相当的同情。可就在读书的期间，依然有一些非学术的因素影响了我们的进度，最后我们都放弃了这个读书计划。这个压力来自一次哲学系的进人问题，引起各方的不同意见，我在哲学系待得久，都是老师，因此倾听的机会多。关于这个事件，我至少听到四种不同版本的叙述，有时候连我自己都不知道究竟哪一种描述是真的，“罗生门”在现实中上演了。这也是我第一次重要的经历，让我明白事情并非黑白曲直，可以清清楚楚了结的。也让我明白自己，你能改变的只能是你自己。但不管怎样，广云老师当时真诚、勇敢、抗争、倔强给我留下了深刻的印象，也深刻地影响了我。是年秋天，我留校参加工作。

2008 年:崔健、查尔莫斯

这一年三月初嘉映老师加盟首都师范大学，广云策划了欢迎会，他一再要抬高我的位置，让我也做了个即席发言，他总是把别人捧得很高，总是把自己看得很低，这种风格怕是很多人学也学不来的。暑期奥运会期间，邀请著名新锐哲学家澳大利亚国立大学查尔莫斯教授来哲学系讲座，查尔莫斯教授来之前和我电邮商讨主题，其中一个题目比较技术，讲的是信念与命题，另外他想讲一个一般性的题目，他给了我一些选题，我看到语词之争的题目，觉得这个题目比较能引起嘉映老师的兴趣，就定了这个题目。果然嘉映老师对这个问题有自己的独到看法，稍后撰写了《查尔莫斯语词之争一文的评论》一文。叶闯老师和夏年喜老师也就前一个技术性主题撰写了相关文章，江怡老师和我则就后一个主题撰写了相关文章，同时我还翻译了《语词之争》的讲稿，这些内容都发表在《世界哲学》上。广云老师后来盛赞这次合作模式，认为相当成功，可以延续类似的模式。这年秋天，借着嘉映老师的东风和赵汀阳老师的友情出演，广云老师策划的德国文化节，颇热闹了一阵子。德国文化节的演出部分在

“798”艺术区进行，我和广云老师去“798”艺术区看崔健的演出，那天晚上我护着他第一个冲进现场，他坚持看完了演出。估计除了崔健，他的年龄最大，对他的体质和毅力我表示佩服。

2009年:庐山、明明

夏初，我在嘉映老师的力荐下转到哲学系工作，成了广云的下属、同事兼朋友。是年秋天哲学系主任联席会议，广云带夏老师和我去江西南昌开会。会议之余，我们看了滕王阁。除了嘉映老师，我很少发现如此讨厌开会的人，但他更喜欢私下讨论解决问题。晚上回来后，他就四处电话，拜访要人。开会结束之后，跟随会议方我们集体去了井冈山，一路溜达着看题词，唯独对邓力群1992年上井冈山的题词感兴趣。“上井冈山伟大、下井冈山也伟大”。我想这是邓力群的心声吧。庐山成了我们这次旅程的亮点。在庐山的牯岭镇漫步时，广云老师一再讲以后要常来庐山，我则怂恿着他以后把哲学系人马拉到庐山来开会，他就心领神会地笑笑——他有天生的政治神经。在美庐，他买了中正剑，扬言要用中正剑来劈掉恶人。那种神态，好似小孩打仗游戏。刚到的那天晚上，我们三人去庐山电影院看老电影《庐山恋》，看完后，夏老师和我都想再看一遍。广云说了一句让我们绝倒的话：“不能这么缺德没有人性”——他有自己的美学品位。那次回来，每每都想着庐山，不知道还有没有机会重游庐山。还有没有当年的心境。是年冬天，我和明明结婚，邀了几个好友小聚，广云老师带给我们一首诗：

岁月宛如泥沙
此刻俱已沉下
你们轻巧地走动着
覆盖了破碎的时光
让太阳张开大地的手掌
让命运的手纹布满四方
你们好啊！像一串自由而又快乐的铃铛
一直摇过冬季，摇过夜晚

2010年:普遍性会议、团泊洼的秋天

这一年我开始在北大念博士，4月嘉映老师召集开了一个普遍性会议，我抓了广云老师做发言人，会议最终形成了文集《普遍性种种》（华夏出版社出版）。我翻读了广云老师的文章，内容不逊色于其他几位学者，唯其答问踌躇低调不知所云。这也是广云老师的性子，骨子里他总是谦逊的。是年秋天去深圳广州开会，在蛇口哨口旁的草地上，我挑逗着他做俯卧撑、压腿，最后累了，他躺在草地上朗诵郭小川的《团泊洼的秋天》，这个时候的他，不再锋芒毕露、怨天尤人、愤世嫉俗，他是自由的、放松的、真诚的……

梅剑华2011年5月2日星期一修订于家中

明明的话

我导师，我很骄傲能这样称呼他，这让自己觉得很亲切也很有归属感，虽然在学术上没有任何一点哪怕是小小的贡献，但我仍然很开心能成为他的学生！看了这篇文字，我也有些想给老师写点什么的冲动。

在我眼中，老师首先是个浪漫的诗人，他有着与年龄不大匹配的强烈好奇心，对有悖常理抑或不合规矩的事情常抱着某种顽皮的窥探心理，而这种可爱的特点恰恰是这个麻木的社会所稀缺的东西，这种闪光的琉璃碎片能为我辈不经意间拾取，不失为一大幸事。此外，他还是一个品质异常高尚的性情中人，有着自己心中的事业和理想。对于陌生人，他从不考虑过多，表情也总是平淡得令人敬而远之，这也许正是别人对他第一印象有距离的根源所在。然而，一旦坐下来进入侃大山状态，我们才会发现，原来他是如此不像文化圈里的老学究——那副讲到兴起而眉飞色舞的样子，足以让人产生一种怀旧的幻觉，几个老朋友蹲在花生米就小二的凉棚下，什么身份啊、地位啊全都不作数，海阔天空一路聊才是此刻最无憾的乐事。至于说他品质异常高尚，不曾和他共事的话，是难有深刻体会的。老师在交代任何人办事之前，总会首先在心中盘算着日后怎么感谢对方，别人对他的任何付出，哪怕再微不足道，也会历历在目地植入他心中的回馈

田。对于那些曾给他造成麻烦甚至伤害的人，他却总是淡然视之，先将对方的好处排在优先考虑的范畴，可以的话就搬出他无比强大的宽容心，特赦之，依旧尝以平和的态度对待他们。

我导师是个纯粹的人，他的为人令我感佩，更为我的人生留下了许多启迪与帮助。（我会坚持每天在菩萨面前为他求福，愿广云吾师岁岁平安，身体康健，多福多寿，笑口常开！）

注：这篇文你自己留着看看就完了，我写完虽然挺激动，但思前想后还是决定不发给老师为好，这种东西贸然发了不免造次，权当与君共勉！

补　记

这是一个未竟稿，我曾经承诺广云老师，哲学系十周年的时候，把剩下的五年记忆补齐，再写一个整体的印象。世易时移，好像不再有这种心力劲儿了。剩下的五年，我们之间谈得更多的似乎是诗歌、哲学和人性。他仍然为哲学系做了不少工作：培养年轻人；引进人才如叶峰老师等；推动哲学教育如出版《哲学教育》，召开哲学教育会议。这些该属于年终总结上的东西。在此，我更愿意多谈一点儿私人化的东西。

广云喜欢写诗，九十年代的诗歌还曾入选过诗集。如果他一直写诗的话，也该有好几本诗集了，也是一个颇有名头的诗人了。造化弄人，广云学了哲学，做了系主任，只能忙里偷闲，写上几首。广云喜欢海子的诗歌，但他的风格更近北岛，也许是因为我们还处在北岛所感怀的时代罢。我喜欢他的几首诗中的句子：

我独自面对太阳的刀口

当事实如铁　照彻天空的时候
我独自面对　太阳的刀口
我不需要夜幕　梦
和撒满谎言的满天星斗
让月亮像八月的桂花
像飘满桂香的酒吧
当事实如铁　照彻天空的时候

我独自面对 太阳的刀口

拒绝

血早已冷却 早已冷却
我拒绝你 拒绝一切
拒绝像拒绝一样的安慰
……
不要忘记，血早已冷却 早已冷却
我拒绝一切 拒绝你
拒绝像拒绝一样的问候

都说文如其人，看了广云诗的人大概也会对他这个人多有几分了解吧。2014 年冬，一位熟悉的朋友遭遇不幸，广云在会议间隙赋诗一首：

有感于勇敢思想的人们

那些日子像花
一瓣一瓣地飘
当你俯身拾起的时候
云朵在天空中飞翔
你在灯光中的思想何其明亮
夜在融化
河正流入黑暗
留下伤心的岸

他转发给我，我也即兴和了一首打油诗：

致临界者

那些日子如风
柳叶或者尖刀
当你仰望星空的时候
渔船在死海里漂泊

你在冰川上的血迹已然凝固
海洋硬化
船正驶入极地
留下笔直的舵

最后一句是他帮我改的。广云的诗大概属于感世一类，这也难怪，经世文学向来是中国文学的主流。广云的专业是马克思主义哲学，他的兴趣却在文化哲学和政治哲学。其中文化哲学方面，关于神话的分析颇具新意，读者不妨看他的文本解读：从“愚公移山”到“吴刚伐桂”。不过他只是开了个头，没有深入探讨下去。我记得他的魔幻小说也只写了小半，剧本只有个大纲。我有时戏言，难不成你是模仿李泽厚先生，每个主题都只弄个论纲？私心希望他能把这个神话文本分析继续发展下去……

他从马克思主义理论切入政治哲学研究领域，已近十年。在马克思主义政治哲学研究领域，建立了一套新的话语系统。《无产阶级政治实践合法性的理论论证》一文从马克思的“斗争就是存在”这一宣称出发，重新建构了马克思政治哲学话语系统。在进一步的研究中（参看他的《论非暴力反抗或公民不服从》），他发现，政治哲学中有两套话语体系：一套是基于名词的，如正义、制度、理性，生产力和生产关系、经济基础和上层建筑、社会存在和社会意识。另一套是基于动名词的如斗争、反抗、实践、劳动、交往、生产、分配、交换、消费。基于此种发现，他提出了一种基于动名词体系的政治哲学（见其《从名词体系到动名词体系——唯物史观的一个完整表述》）。他将这一套自己发明的马克思政治哲学体系和罗尔斯的正义论、哈贝马斯商谈理论、博弈论结合起来，形成一套严密清晰有力的政治哲学论说体系。在随后的研究中，他还发掘了政治哲学的历史维度和文学维度。自 2012 年开始，他组织了民国政治哲学讨论会，先后在《战略与管理》发表了《民国三大政治遗产：人民主权・以党治国・政治协商》《革命动员与共和诉求——重评孙中山的三民主义》《革命悖论：反思“文革”》等宏文。自 2014 年开始，他又转入对《水浒传》的探索，做了系列讲座：“冷兵器时代的故事：英雄传奇水浒传”，不久会有专著问世。他在政治哲学上的观点得到了赵汀阳、干春松和徐长福等学者的高度认同。徐长福和他在学术观点上多有契合，徐在我们系做过一次“为人民服务需要以人民同意为前提吗”的讲座，广云则受邀去中大讲了一次孙中山的政治哲学。适逢人大出版一套《政治哲学史》七卷本，干春松主编《中国近代政治哲学史》，邀请广云撰写孙中山一章。他的《无产阶级政治实践合法性的理论论证》的英译收入由赵汀阳和国外学者合编的一本英文《新左派文集》，他是新左派吗？我不知道。但我知道他是斗争派、是反抗派。

广云困苦的一段日子里，曾撰写过一个短篇文言的人性论，其主旨曰：人性本贱。词句已模糊，大概说当你对一个人忠诚付出的时候，他对你的要求会越来越高。稍有懈怠，即被斥为背叛。我体会不深，但能感觉到广云内心的苦难。如此深味人性，广云还是该出手时就出手，仗义执言。他曾坦言：要求很低，只要受助之人日后不责难他，就是最好的回报。广云不是好的下属，却是好的朋友。他对权力是反抗的，对弱者是同情的，也许这就是他的命运吧。他的诗歌、哲学和人性难分难解，编织交融，在这个衰乱的时代遗世而独立。

2016 年 7 月于匹兹堡

编者附记

本书原来是作为《首都师范大学哲学系成立十周年纪念文集》编辑的，由于种种原因未能按时出版，现在结集，仍在我们哲学系发展历程中具有纪念性意义。

本书列入“昆玉河畔·首都师范大学哲学学术丛书”，是《作为公民教育和对话教育的哲学教育》的续篇。

在《作为公民教育和对话教育的哲学教育》一书中，我们曾给“哲学教育”下过这样一个定义：哲学教育是以公民教育为目标模式、以对话教育为实现模式的教育形态。首先，哲学教育不是意识形态教育。它既不是中国古代的伦理政治教育和经学教育，也不是现代的思想政治教育，更不是西方的神学教育。它们之间的区别在于，意识形态教育是灌输特定的价值体系，而哲学教育则是对于一切价值体系的批判和反思。其次，哲学教育不是科学教育。虽然哲学现在被当成是一门学科，但就其本性而言，哲学教育不是学科教育，而是贯穿在其他学科中的通识教育（博雅教育）。哲学教育不是传播特定的知识体系，而是对于一切知识体系的批判和反思。在历史上，哲学教育只是在古典时期，特别是在古代希腊（尤其雅典）才占有核心地位，起着主导作用。中国古代主要是经学教育，欧洲中世纪主要是神学教育，近现代以来，科学教育成为主流，哲学教育一直被边缘化。最近一些年来，在当今中国教育体制改革的探索和实践中，形成了种种新型的教育理念。本书所收集的诸篇文章是本系几位学者在哲学教育以及相关问题上的探讨，以窥斑见豹的形式反映了当今中国各种哲学教育的立场。

陈嘉映强调人文素质教育，反对将哲学教育理解为学科教育、专业教育。其治学和教学风格独特，逻辑严谨，却深入浅出、意味隽永，语言还很具有文学色彩。有人说：读陈嘉映的文章，你会诧异，哲学文章竟然可以这么写！你会觉得，平时感觉抽象的哲学概念一下子变得简单和清晰了！正因为如此，其追随者不仅仅限于哲学界，在艺术界、文学界、史学界也有很多铁杆粉丝，似乎各行各业都有他的粉丝，这在哲学界是罕见的。陈嘉映被认为是“中国最可能接近哲学家称呼的人”，还被《南方人物周刊》评为“2015 年度中国魅力人物”。鉴于其重大成就和广泛影响，本书特选了其有关哲学教育理念和实践如治学、读书和写书等的六篇文章。

白奚的研究领域为中国古代哲学，尤以先秦哲学的研究见长，其代表作《稷下学研究》被誉为“先秦哲学研究的经久砥柱之作”，分别于 2000 年获北京市第六届哲学社会科学优秀成果一等奖和 2002 年第三届中国高校人文社会科学研究优秀成果一等奖。稷下学宫是百家争鸣的主要园地，因为百家争鸣主要就发生在齐国的稷下，因而在某种程度上我们可以将其中部分内容视为对哲学教育的研究，其论述揭示了中国古代最为接近哲学教育理想的一个范例。本书节选了《稷下学研究》中相关的章节，并选录了“稷下学宫与百家争鸣”一文。

公民宗教（civil religion）是陈明借用的卢梭和贝拉等人的概念。在儒教中，相比国教论，公民宗教论颇为低调，仅有下行路线。公民宗教旨在国家建构与国族建构，作为公民宗教的儒教旨在中华民族意识建构。陈明的儒教思考是从作为一个宗教的儒教与作为公民宗教的儒教两个层面展开。公民宗教实际是指一种功能、一种地位。这种功能的发挥、地位的获得，必然以“作为一个宗教的儒教”的存在为基础。因此，首先应该是对“作为一个宗教的儒教”的重建，然后是对“作为公民宗教的儒教”的创建。前者是“厚版本”的儒教，后者是“薄版本”的儒教。2015 年 3 月，陈明在北京市海淀区上庄镇常乐村创建原道书院，并将书院定位于“讲学论道的道场、致敬夫子的礼堂、文人雅集的会所”。书院每年春秋两季祭孔，寒暑两假期中则为中学国学课教师开设培训课，每月还要举办一次面向大众的国学讲座。陈明是当今中国儒教复兴的重镇。从提出文化儒学到提出公民宗教，从 1994 年创办《原道》辑刊到 2015 年创办原道书院，无论在理念上，还是在实践中，陈明都是一个主要代表人物。有鉴于此，本书特选了其有关公民宗教、《原道》辑刊和原道书院的三篇文章。

叶峰主要从事数学哲学、心灵哲学、逻辑学方面的研究，是一个颇具有科学气质的哲学研究者，其主要成就是提出了一种自然主义的、严格有穷主义的、唯名论的数学哲学，其代表作是《二十世纪数学哲学——一个自然主义者的评述》，所有这些与其所受教育背景是密不可分的——本科学的是数学专业。本书收录了他的一个访谈，在访谈中他以个人经历阐述了他独特的哲学教育风格。

“‘清华哲学学派’与‘学’的自觉”和“立学与立教：重建儒家信仰的社会化途径”，是本书所收录的陈鹏的两篇文章，前者简述了“清华哲学学派”建立中所蕴含的“学”的自觉，以见其对于中国现代学术之建立的意义，后者基于儒家社会化的本旨以及社会学的视野研究了儒家精神在当前形势下如何在人群中落实、在现实中展开的问题。

首都师范大学哲学系成立于2005年，在短短十年内从一个名不见经传的“十几个人七八条枪”的学术队伍迅速发展成为拥有如陈嘉映、白奚、陈明、叶峰等著名学者和拥有本科专业、硕士点、博士点、博士后科研流动站的学术和教育重镇，其中第一届系主任程广云功不可没。作为主要创始人，他既有哲学教育的理念，也有哲学教育的实践。本书收录其两篇文章“哲学教育的历史、现状与未来”和“当代中国大陆的思想政治教育与公民教育”，就是关于哲学教育的比较系统的论述。这些论述在一定程度上表达了首都师范大学哲学系的建系理念。

本书还收录了三位年轻学者的相关文章：朱慧玲的“和古往今来的思想家对话”代表了我系国际交流的水准和成就，叶磊蕾的两篇文章反映了作为哲学家的陈嘉映在学生中的学者魅力和导师风范，梅剑华的文章记述了以程广云为代表的首师大哲学系初期的艰难创制历程。

总之，首师大哲学系创建以来虽然至今只有二十余人规模，却有自己独特的哲学教育理念和实践，并且兼容了当今中国几种主要的哲学教育立场。这是一种多元一体格局，充分反映了蔡元培的“兼容并包”的理想，毫不夸张地说，这在全国哲学院系独树一帜。

本书的编辑过程是：先由编者检索本系所有教师有关哲学教育成果，经遴选后再由各位作者审阅。本书所收录的各篇文章均经作者本人修定。全书按照“论文”“演讲”“访谈”“随笔”四种文体序列编订，体例统一。

在本书的编辑过程中，系主任程广云做了很多工作，包括全书的架构、篇目的选定等。他是一个追求完美的人，如果没有他的细心谋划和精心设计，便没有此书现在的模样。感谢各位作者认真审定自己的作品，没有他们的鼎力支持，本书也没有现在的面目。感谢中国社会科学出版社的冯春凤女士，我们的“昆玉河畔丛书”的大部分书稿都是经由她之手出版的。

夏年喜

2016 年 10 月 10 日

北京夕照寺